ROSSI

DIE LEGENDE

MICHEL TURCO

ROSSI

DIE LEGENDE

COPRESS

Titel der Originalausgabe
„Rossi. La Légende“

Bildnachweis
Cover: imago images (www.imago-images.de)
Innenteil: Jean-Aignan Museau: S. 51, 54 unten, 55, 56, 105, 106, 107, 108, 109, 110, 111, 112; privat: S. 49, 50; Claudio Vitale: S. 52, 53, 54 oben.

9., durchgesehene Auflage – Taschenbuchausgabe 2024

Copress Verlag in der
Stiebner Verlag GmbH
Lothstraße 4, 80335 München
www.copress.de

Übersetzung aus dem Französischen: Andreas Bredenfeld
Redaktion: Julia Niehaus, lektorat plus, Berlin
Layout: Dirk Brauns, Berlin
Covergestaltung: Pierre Sick

Bibliografische Information der Deutschen Nationalbibliothek
Die Deutsche Nationalbibliothek verzeichnet diese Publikation in der Deutschen Nationalbibliografie; detaillierte bibliografische Daten sind im Internet über http://dnb.dnb.de abrufbar.

ISBN 978-3-7679-1295-3

Gedruck bei Balto print, Litauen

Dieser Titel ist auch als E-Book erhältlich (ISBN 978-3-7679-2085-9).

VORWORT

Es gibt Sportler, die sich als echte Ausnahmeerscheinung erweisen. Zu dieser Kategorie gehört Valentino Rossi. Genau in dem Moment, in dem der Grand-Prix-Zirkus in den Adelsstand erhoben wurde, hat dieser Motorradrennfahrer die Latte höher gelegt. Er hat es verstanden, diesen Entwicklungsschub für seinen eigenen Aufstieg zu nutzen. Pünktlich zum Anbruch des goldenen Zeitalters der von dem spanischen Unternehmen Dorna Sports organisierten MotoGP-Meisterschaft trat Rossi auf den Plan und sorgte mit dafür, dass aus den Grand-Prix-Rennen die Großereignisse wurden, die sie heute sind. Das war perfektes Timing.

Als Rennfahrer ist Rossi in Dauer-Höchstform, seit er als Jugendlicher seine Karriere begann. In einem Alter, in dem die meisten Motorradpiloten ihre Laufbahn schon längst beendet haben, verlangt er sich bei der Arbeit alles ab und lernt nach wie vor ständig dazu. So schafft Rossi es, in allen Wettkämpfen, an denen er teilnimmt, Saison für Saison sein überragendes Niveau zu halten. Er analysiert seine Schwachpunkte und sucht sie zu beseitigen, um top zu bleiben. Er stellt sich jeder Bewährungsprobe ohne Wenn und Aber und investiert mehr als jeder andere.

Es gibt niemanden, der auch außerhalb der Rennstrecke so viel dazu beigetragen hat, dass der Motorrad-Grand-Prix in neue Dimensionen vorstößt, wie Rossi. Er ist ein Superstar, wie er im Buche steht, und hat eine weltweit angesehene Marke geschaffen, an der im Motorradsport niemand vorbeikommt. Heute ist Rossi in seiner Karriere an einem Punkt angelangt, wo es darum geht, den Blick in die Zukunft zu richten – als Rennfahrer wie auch als Gesicht der eigenen Marke. Mit der ambitionierten Nachwuchsarbeit auf den Schotterpisten seiner Ranch führt er junge italienische Motorradtalente an den MotoGP heran. Als Vorbild kann er den jungen Piloten, denen er echtes Interesse entgegenbringt, unabhängig von ihrem Leistungsstand wertvolle Erfahrungen vermitteln.

Ich bewundere sein Engagement und seinen Drang, sich immer wieder selbst zu übertreffen, um in jeder neuen Saison der Beste zu sein. Dieser Drang ist sicherlich der Tatsache zu verdanken, dass es ihm einfach Freude macht, sich auf den leistungsstärksten Motorrädern mit den besten Rennfahrern der Welt zu messen. Es ist höchst inspirierend, sich vor Augen zu führen, was er alles erreicht hat und wie er sich zu einem der faszinierendsten Piloten im Paddock entwickelt hat. Alles, was er tut, macht ihm einen Riesenspaß, an dem er uns sowohl auf der Piste als auch außerhalb der Rennstrecke teilhaben lässt.

Wayne Rainey

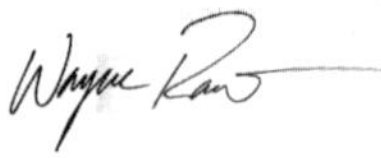

INHALTSVERZEICHNIS

EINLEITUNG

EIN HELLER STERN AM MOTORRADHIMMEL

Am 18. August 1996 feiert Valentino Rossi auf dem Brno Circuit seinen ersten WM-Sieg. Damals fährt der 17 Jahre junge Bursche aus Tavullia eine Aprilia RSR 125 und kreuzt die Klingen mit Rennfahrern wie Jorge Martínez, Emilio Alzamora, Lucio Cecchinello, Garry McCoy, Masaki Tokudome oder Noboru Ueda. Bei diesem unvergessenen Großen Preis von Tschechien wurde ein Stern in seine Umlaufbahn geschossen. Niemand ahnte jedoch, welchen unglaublichen Weg dieser Stern am Motorradhimmel zurücklegen würde. 23 Jahre später zieht Valentino Rossi immer noch seine Bahn und behauptet seinen festen Platz am Firmament. So etwas hat es in der Geschichte des Motorradsports und überhaupt im Sport noch nicht gegeben. Der italienische Rennpilot wurde in allen Klassen, in denen er angetreten ist, Weltmeister und erhob das Motorradfahren zu einer Kunst und einer Wissenschaft. Mit seinem unstillbaren Wissensdurst in Sachen Technik und der angeborenen Gabe, die richtigen Leute um sich zu scharen, aber auch mit der Fähigkeit, sich immer wieder selbst zu hinterfragen, hält er sich an der Spitze und bewahrt sich dabei jenes kindliche Gemüt, das ihm scheinbar ewige Jugend verleiht. Seit über zwei Jahrzehnten feiert Valentino Rossi nicht nur andauernd Erfolge, sondern transformiert das Grand-Prix-Universum und wird in diesem Universum zu einer Legende. Besser gesagt: zu der Legende.

Es ist immer heikel, die Verdienste eines Champions mit denen von Champions anderer Epochen zu vergleichen. Als größter Champion galt lange Zeit Mike Hailwood, der ebenfalls neun Weltmeistertitel – davon vier in der Königsklasse – einfuhr. Bevor er in die Formel 1 wechselte, verschaffte sich der 1981 verstorbene Brite als Motorradrennfahrer Respekt und Bewunderung, weil er sich mit jeder beliebigen Maschine und auf jedem beliebigen Untergrund durchsetzte. Darum nimmt „Mike The Bike" auch einen ganz besonderen Platz im persönlichen Pantheon von Valentino Rossi ein, der sich mit großer Begeisterung mit der Geschichte des Motorsports beschäftigt. Ein weiteres Beispiel ist Wayne Rainey: Der dreifache 500er-Weltmeister aus den USA verhalf dem Namen Yamaha Anfang der 1990er-Jahre zu großem Glanz. An diesen Erfolg konnte die Marke erst wieder 2004 anknüpfen, als Valentino Rossi auf den Plan trat. Der bewundert seit jeher den Siegeswillen und das Selbstvertrauen, mit dem Rainey jedes Wochenende aufs Neue seinen Gegnern trotzte, von denen die meisten leistungsstärkere Motorräder fuhren als er. Wenn man nach der Statistik geht, könnte man auch Giacomo Agostini mit 15 Titeln und 122 Siegen zum größten Champion der Motorsportgeschichte ausrufen. Allerdings gibt Valentino Rossi dabei zu bedenken, dass Ago die meisten seiner Erfolge in einer Zeit errang, in der er kaum Widersacher hatte und seine MV Agusta-Rennmaschinen der Konkurrenz drückend überlegen waren. Seit der ersten Motorrad-Weltmeisterschaft im Jahr 1949 gab es immer wieder ausgezeichnete Piloten und überragende Champions.

Aber nur Valentino Rossi ist es gelungen, zur Inkarnation dieser Disziplin zu werden, die vor allem in Italien und Spanien durch ihn zu einer prominenten Sportart wurde, die inzwischen genauso viele Zuschauer vor die Fernsehgeräte lockt wie der Fußball, der Radsport oder die Formel 1. Mit seinem Charisma zieht Rossi Fans aller Altersstufen von 7 bis 77 in seinen Bann. Er hat bewirkt, dass Tausende junger Menschen mit Begeisterung die Grand-Prix-Rennen verfolgen und eine immer größere Leidenschaft für den Motorradsport entwickeln. Aber auch die Großmüttergeneration hat den kommunikationsfreudigen Burschen mit seinem Enthusiasmus in ihr Herz geschlossen. Er ist die Galionsfigur einer Sportart, die bis dahin mit einnehmenden Protagonisten nicht gerade gesegnet war. Der Italiener muss nach seinen Pressekonferenzen durch geheime Türen entschwinden, sich am Flughafen hinter seiner Sonnenbrille verstecken, damit ihn niemand erkennt, den Lieferanteneingang nehmen, wenn er sich mit Freunden im Restaurant trifft. Er ist prominent und populär wie ein Rockstar und bekannter als jeder Motorradrennfahrer vor ihm. Valentino Rossi hat das Gesicht des Motorrennsports verändert – mit seinem Riesentalent, seiner Fantasie und vor allem seiner tief verwurzelten Leidenschaft. Mit diesen Eigenschaften behauptet er sich auf höchstem Niveau gegenüber heutzutage deutlich jüngeren Kontrahenten und wurde zu einer Ikone mit einer konkurrenzlosen Erfolgsbilanz – zu einem Stern mit einer ganz eigenen Umlaufbahn.

I.

KINDHEIT IN TAVULLIA

„Manche Lehrer geben ja mit Vorliebe Bemerkungen von sich, die die Schwächeren und weniger Selbstsicheren in Angst und Schrecken versetzen. Mit Selbstsicherheit hatte ich, ehrlich gesagt, nie ein Problem. Damit war aber auch klar: Die Schule und ich, wir passten einfach nicht zueinander. Ich hatte wenig Interesse am Unterricht. Meine Lehrer haben das schnell mitgekriegt. Sie warfen mir die finstersten Prophezeiungen an den Kopf – die sich zum Glück nicht bewahrheitet haben. Der schlimmste Schwarzmaler war mein Kunstgeschichtslehrer. Dieses Fach war mir, neben Mathe, am meisten verhasst. Glaubst du wirklich, dass du von deinen dämlichen Motorradgeschichten leben können wirst? fragte er mich immer wieder. Wenn ich daran zurückdenke, muss ich grinsen."

Der Vater war in gewisser Weise der Vorläufer des Sohnes. Graziano Rossis Karriere war bei Weitem nicht so ruhmreich wie die seines Sprösslings, aber auch er hatte Ende der 1970er-Jahre eine kurze Berühmtheitsphase. Und er hätte sicher weitere Erfolge errungen, hätte ihn nicht eine Reihe von Unfällen und Verletzungen gezwungen, den Motorradrennsport an den Nagel zu hängen und auf den Autorennsport umzusatteln. Den Fahrinstinkt und die Liebe zur Geschwindigkeit verdankt Valentino auf jeden Fall seinem Vater. Auch eine gewisse Exzentrik und die starke Persönlichkeit hat er von ihm geerbt. Graziano war früher Lehrer, hat viel für Literatur und insbesondere für Alberto Moravia übrig und kultiviert seit jeher einen eigenwilligen Look: die Haare im Nacken zusammengebunden, Hemd und Hosenträger. In jungen Jahren sorgte er zusammen mit seinen Freunden für Aufsehen, als er eine Henne an der Leine durch die Straßen von Pesaro spazieren führte. Noch heute macht er nichts so, wie es alle anderen machen. Wenn er zum Beispiel seinen Sohn bei einem Grand-Prix-Rennen besucht, bucht er kein Hotelzimmer, sondern schläft lieber auf einer Matratze im Kofferraum seines BMW-Kombi – und nicht nur wegen seiner notorischen Knauserigkeit. „Ich bin froh, dass ich diese Alternative habe und nicht so wohnen muss wie die Leute, die bei den Grand-Prix-Events arbeiten", erläutert er. „Ich habe keine Lust, ein Wohnmobil zu fahren, aber im Hotel will ich auch nicht schlafen. Valentino hat meistens am Abend Zeit. In seinem Wohnmobil möchte ich, obwohl dort Platz genug wäre, aber erst recht nicht übernachten, weil er nie vor ein Uhr ins Bett geht." Das alles spricht eindeutig für den Kofferraum des BMW.

Graziano Rossi wird am 14. März 1954 als Sohn eines Möbeltischlers in Pesaro geboren. Seine Mutter ist Hausfrau. Die Motorradleidenschaft packt ihn wie viele junge Leute seiner Generation, die in der Gegend aufwachsen, in den Jugendjahren. Pesaro, wo Benelli seine Motorräder herstellt, hat viele Motorradrennfahrer hervorgebracht. „Pesaro war die Hauptstadt des Motorradsports", resümiert Graziano. „Überall sonst in Italien träumten die Jungs von einer Fußballerkarriere. Wir dagegen wollten alle Rennfahrer werden." Graziano stillt seinen Wettkampfhunger mit Rennduellen, die er sich auf dem Weg zur Schule mit seinen Freunden liefert – „Bergab war ich der Schnellste", beteuert er – und trifft sich ansonsten mit Stefania Palma, die einmal Valentino zur Welt bringen wird. Stefania, Jahrgang 1957, ist die Tochter einer Krankenschwester und eines Lastwagenfahrers, der genauso motorradbesessen ist wie sein späterer Schwiegersohn. Graziano und Stefania kennen sich von Kindesbeinen an. „Wir waren praktisch Nachbarn", erinnert sich Stefania. Eine Freundschaft aus Kindertagen verbindet Graziano auch mit einem gewissen Valentino, ebenfalls Motorradnarr. Dank seiner bastlerischen Fähigkeiten ist er in der Lage, aus den unmöglichsten Teilen absolut abenteuerliche fahrbare Untersätze zu bauen. Mit vereinten Kräften schrauben Graziano und Valentino ihre erste Motocross-Maschine zusammen. Mit diesem Gefährt bestreitet Graziano seine ersten Rennen. Seinen Eltern ist bei dem Gedanken, dass ihr Sohn im Rennfahrertempo unterwegs ist, gar nicht wohl. Sobald sie alt genug sind, jobben die beiden Freunde in Kneipen und Bars des Küstenstädtchens, um ihre Leidenschaft zu finanzieren.

Dann schlägt eines Tages das Unheil zu: Valentino ertrinkt in der Adria. Graziano ist am Boden zerstört. Er beschließt, zu Ehren des verstorbenen Freundes das gemeinsam begonnene Abenteuer fortzusetzen. Einige Jahre später wird er seinen Sohn nach ihm benennen. „Alle denken, Valentino heißt Valentino, weil er zwei Tage nach dem Valentinstag geboren wurde“, sagt Graziano. „In Wahrheit hieße er auch dann Valentino, wenn er im Dezember zur Welt gekommen wäre.“ Kurioserweise legt Rossi ausgerechnet 1979, im Geburtsjahr seines Sohnes, seine beste Grand-Prix-Saison hin. Nachdem er bereits seit fünf Jahren Rennen fährt, erringt Graziano in der 250-cm^3-Klasse auf dem Rundkurs im jugoslawischen Rijeka seinen ersten Weltmeisterschaftssieg. Vier Monate zuvor hat Valentino in Urbino, einer Kleinstadt im Landesinneren einen Steinwurf von Tavullia entfernt, das Licht der Welt erblickt. Im selben Jahr gewinnt Graziano mit einer 250er Morbidelli mit der Nummer 46 zwei weitere Rennen – eines in den Niederlanden und eines in Schweden. Nach zwei weiteren Podiumsplätzen in der Tschechoslowakei und in Spanien belegt der temperamentvolle Italiener schließlich Rang 3 in der Weltmeisterschaft hinter den beiden Kawasaki-Werksfahrern Kork Ballington aus Südafrika und dem Australier Gregg Hansford.

1980 zieht Familie Rossi von Pesaro nach Tavullia in ein Landhaus am Ortsrand an der Straße nach Montecchio. In dem markanten Gebäude mit dem riesigen Hochspannungsmast im Garten lebt Graziano noch heute mit seiner zweiten Frau Lorena, der Mutter von Tochter Clara. Stefania arbeitet als Vermesserin in der Gemeindeverwaltung. Graziano treibt seine Karriere voran. Zwei Jahre zuvor haben sich die beiden das Jawort gegeben. „Er war damals rekonvaleszent“, erzählt Stefania, „und erholte sich von einem Sturz, bei dem er sich eine Gehirnerschütterung zugezogen hatte. Vielleicht war das der Grund, warum er heiraten wollte. Wir waren zu jung. Diese Ehe konnte nicht von Dauer sein.“ Zehn Jahre später lassen sich Graziano und Stefania scheiden. Auch sie heiratet ein zweites Mal und bringt ein weiteres Kind zur Welt: Luca Marini, Valentinos Halbbruder. Auch ihn packt das Motorradfieber. Luca ist Mitglied der VR46 Academy und Grand-Prix-Fahrer in der Moto2. Ende der 1970er-Jahre hat sich Graziano Rossi einen Namen gemacht und steigt nach drei Siegen in der 250-cm^3-Klasse in die 500-cm^3-Klasse auf. Fortan gehört er zum Team Suzuki von Roberto Gallina. Unglückseligerweise macht ein Autounfall im Januar 1980 den Schwung, den seine Karriere gerade aufnimmt, zunichte. Statt seiner brilliert Marco Lucchinelli auf der RGV 500, dem Motorrad des italienischen Teams. 1982 wechselt der Rennfahrer aus Tavullia ins Team von Giacomo Agostini. Er ist immer noch schnell, steht aber im Ruf, ein Hitzkopf zu sein. Die anderen Fahrer wissen das und kommen dem Italiener nicht zu nahe, weil der es fertigbringt, jeden Moment ohne Fremdeinwirkung zu Boden zu gehen. „Wir waren immer auf der Hut, wenn er vor uns fuhr", berichtet Kenny Roberts, einer seiner Kontrahenten bei den 500er-Grand-Prix-Rennen. „Wenn man ihn überholen wollte, war man gut beraten, weit auszuholen und ihm genug Platz zu lassen." An diese Zeiten hat Valentino natürlich keine Erinnerung, aber die Loblieder auf den ungestümen Fahrstil seines Vaters hat er im Ohr: „Ihm war wohl zuzutrauen, bei einem Rennen mit mehreren Sekunden Vorsprung in Führung zu liegen und ein paar Kilometer vor dem Ziel ganz ohne fremdes Zutun eine Bauchlandung hinzulegen." Nach einem Sturz bei 230 km/h in Imola fällt Graziano ins Koma. Der Arzt Claudio Costa rettet ihm das Leben.

Nachdem er sich von diesem schlimmen Unfall erholt hat, beschließt Graziano, seine Haare wachsen zu lassen – erst als sein Sohn den Weltmeistertitel in der 500-cm³-Klasse holt, wird er seinen legendären Zopf abschneiden – und seine Rennfahrerkarriere zu beenden. Stefania, die seit Langem keine ruhige Minute mehr hat, ist sehr erleichtert. Ganz vom Motorradmilieu lassen will Rossi Senior allerdings nicht: Immer wieder besucht er seine Rennfahrerfreunde an der Strecke oder lädt sie zu ausgiebigen Familienabenden zu sich nach Hause ein. „Ich habe nie so einen Bekanntheitsgrad erreicht wie Valentino. Ich brauchte mich nicht zu verstecken und hatte keinen Fanclub", erläutert Graziano, der bis heute seinen Hippie-Look pflegt und kaum Falten hat. „Ich hatte genau fünf Freunde." Grazianos Popularität gehört zwar recht bald der Vergangenheit an, aber der kleine Valentino genießt sie in vollen Zügen. Marco Lucchinelli, Franco Uncini, Virginio Ferrari, Loris Reggiani, Maurizio Vitali, Enzo Gianola und Luca Cadalora gehören für ihn zu den vertrauten Menschen seiner frühen Kindheit. Sein Vater fährt zwar keine Rennen mehr, macht sich aber weiterhin in seiner Werkstatt zu schaffen.

So kommt es, dass Valentino schon als Dreijähriger auf seinem ersten motorisierten Zweirad sitzt. Der Vater bemerkt dazu: „Man brauchte ihm nicht viel zu sagen. Er war sehr aufmerksam und hatte eine schnelle Auffassungsgabe. Den Rennfahrerinstinkt hatte er da bereits." Stefania ist zunächst alles andere als begeistert von der Idee, dass ihr kleiner Junge zum Motorradfahrer wird, merkt aber bald, dass Valentino eben nicht Graziano ist. „Ich hatte Angst", erinnert sie sich, „aber dann sah ich, dass er das alles mit einer großen Selbstverständlichkeit anging. Wenn Graziano Rennen fuhr, machte ich mir mehr Sorgen. Deshalb war ich übrigens nie bei den Rennen dabei." Während die Mutter sich wünscht, dass ihr Sohn etwas Ordentliches lernt und kein Geschwindigkeitsfanatiker wird, zeigt der Vater seinem Sohn bei jeder sich bietenden Gelegenheit, wie man auf zwei oder vier Rädern Spaß hat. Diese Welt zieht Valentino schnell in ihren Bann. Er reißt, ohne mit der Wimper zu zucken, das Vorderrad seines Fahrrads in die Höhe und ahmt akrobatische Kunststücke nach, die er sich bei Rennen im Fernsehen abgeschaut hat. „Dabei habe ich dann auch meinen ersten heftigen Sturz gebaut", erzählt er. „Das war 1984. Ich hatte kurz zuvor gesehen, wie Randy Mamola auf seiner 500er Honda – eigentlich eher neben ihr – eine unglaubliche Rodeo-Einlage ablieferte. Zu Hause wollte ich dann genau das Gleiche mit meinem BMX-Rad machen, und das ging übel aus." Irgendwann wird selbst Graziano etwas mulmig angesichts der halsbrecherischen Aktionen seines Sohnes. Er baut ihm ein Gokart, das deutlich mehr Stabilität bietet. Sich mit einem Rasenmähermotor zu begnügen, mit dem die Modelle, die man auf den Gokartbahnen der Umgebung mieten kann, normalerweise ausgerüstet sind, kommt allerdings nicht infrage. Graziano baut einen 100-cm^3-Motor in ein verstärktes Chassis ein, und Valentino erlernt die Kunst des Driftens und Gegenlenkens. „Mit Loris Reggiani und ein paar anderen bretterten wir regelmäßig mit alten Opel Asconas oder Ford Escorts über unbefestigte Pisten", erzählt Graziano. „So verrückt es klingt: Wir haben es nicht geschafft, so schnell zu fahren wie Valentino mit seinem Gokart." Auch Reggiani kann sich gut an diese Zeiten erinnern: „Valentino war immer mit von der Partie", bestätigt der ehemalige italienische Motorradrennfahrer. „Er war ganz klar ein großes Talent – sowohl auf zwei als auch auf vier Rädern. Er hatte einen unglaublichen

Gleichgewichtssinn und dazu die Mentalität eines Anführers. Er musste sich pausenlos in alles und jedes einmischen. Er hatte den Willen und auch die Kraft, sich zum Mittelpunkt einer Welt zu machen, die sich dann um ihn zu drehen hatte." Wenn sein Vater einmal nicht mit ihm zur Gokartbahn fährt oder das Wetter so schlecht ist, dass der Motor nicht anspringen würde, sitzt Valentino stundenlang gebannt vor dem Fernseher und führt sich Motorrad- oder Formel-1-Rennen zu Gemüte. Seine Helden heißen Kevin Schwantz, Ayrton Senna, Alain Prost, Loris Capirossi, Nigel Mansell, Doriano Romboni. „Mein Favorit war Kevin Schwantz", verrät Vale. „Deshalb trug ich auch einen Kevin-Schwantz-Helm. Ich bewunderte seinen spektakulären Fahrstil und das optische Styling seiner Motorräder – vor allem in dem Jahr, in dem er mit der Pepsi-farbenen Suzuki antrat."

Bei dieser „Ausbildung" hat das schulische Lernen das Nachsehen. Das Problem ist nicht, dass der kleine Valentino den Anforderungen nicht gewachsen wäre. „Er ging in Tavullia zur Grundschule, aber das Lernen machte ihm keinen großen Spaß", berichtet Stefania, die es gern gesehen hätte, wenn ihr Sohn Ingenieur geworden wäre. „Er war aber begabt und hatte ein hervorragendes Gedächtnis. Um ihn zum Arbeiten zu bewegen, las ich ihm aus seinen Büchern vor, während er es sich auf dem Sofa oder Bett gemütlich machte. Auch später auf der Oberschule war deutlich zu spüren, dass er sich für die Schule nicht besonders interessierte. Er machte seine Hausaufgaben, aber keinen Strich mehr." Für Valentino ist die Schule vor allem der Ort, an dem er mit seinen Kumpels zusammen ist, während sein Zuhause für den Traum steht, den die Freunde seines Vaters verkörpern. Getrieben von seiner angeborenen Neugier, folgt er ihnen auf Schritt und Tritt. Bei jeder Gelegenheit fragt er ihnen Löcher in den Bauch. „Er war erst vier oder fünf Jahre alt", erinnert sich Graziano. „Aber er gab niemals Ruhe. Das ging so weit, dass sich Loris oder die anderen unauffällig verdrückten, sobald er aufkreuzte." In der Schule ist Valentino auf andere Weise in seinem Element – allerdings weniger im Klassenraum als vielmehr auf dem Pausenhof. Vale hat bereits damals einen Clan um sich geschart, der praktisch unverändert bis heute existiert. Der ehemalige Bürgermeister von Tavullia, Bruno Del Moro, kennt die Jungs gut, weil er lange Zeit Dorfschullehrer war. „Als sich seine Eltern 1990 trennten, meldete seine Mutter ihn in der Schule in Pian del Bruscolo in der Nähe von Montecchio an", erinnert er sich. „Aber Valentino schaffte es, den Kontakt mit seinen Kameraden nicht abbrechen zu lassen. Mehrmals musste ich Briefe konfiszieren, die Vale über seinen Mittelsmann Uccio den Mädchen schickte, die in Tavullia zur Schule gingen. Der Inhalt war mitunter ganz schön freizügig." Del Moro tituliert die Clique liebevoll als „Horrorschüler". „Man sah ihnen an der Nasenspitze an", sagt Del Moro, „dass keiner von ihnen Lust hatte zu lernen." Maria Antonietta Donati unterrichtete Valentino von seinem neunten bis zu seinem elften Lebensjahr. Sie kann sich gut an diese beiden Jahre erinnern, die sie gern als die beste Zeit ihres Berufslebens bezeichnet. Eine respektvolle, aber lebhafte Klasse. „Valentino war sehr aufgeweckt", berichtet sie. „Er kam auch dann gut zurecht, wenn er seine Hausaufgaben nicht gemacht hatte. Seine Aufsätze waren ausgesprochen kurz und immer witzig. Darauf war stets Verlass. Im Unterricht war sein Betragen immer vorbildlich. Vale war schon damals bei allen beliebt. Er verstand sich mit jedem gut und war vielseitig interessiert, spielte sehr gerne Fußball und Gitarre." Sein Banknachbar Uccio Salucci und er sind schon damals unzertrennlich. „Ich weiß heute nicht mehr so genau, was sie an den Nachmittagen getrieben haben", erzählt die Lehrerin weiter. „Ich habe ihnen jedenfalls immer wieder eingeschärft, dass Landstraßen keine Rennstrecken sind." In den beiden Jahren, in denen Signora Donati in Tavullia unterrichtete, wurde die Klasse gleich dreimal vom Unglück heimgesucht: Ein Mädchen erstickte an dem Kohlenmonoxid, das aus dem heimischen Kamin austrat, und zwei Jungen kamen bei Verkehrsunfällen ums Leben.

Nach der Scheidung der Eltern macht Valentino einen Sprung in seiner charakterlichen Entwicklung. Er wird selbstsicherer und unabhängiger. Seine Begeisterung für Wettkämpfe nimmt weiter zu. Nachdem er sein Talent beim Gokart-Fahren bereits gezeigt hat, entdeckt der Rossi-Clan 1989 das Pocket Bike, das damals schlagartig populär wird. An der Küste werden mit Strohballen improvisierte Rundkurse angelegt. Überall schießen Pocket-Bike-Vermietungen aus dem Boden. Im Sommer kann man mit den Mini-Motorrädern zu jeder beliebigen Tages- und Nachtzeit Rennen veranstalten. Häufig liefern sich junge Leute nach dem Besuch eines der vielen Nachtlokale an der Adriaküste Rennduelle am Strand. Bei den

Rossis steht eine Entscheidung an. Der Vater träumt nach wie vor von Autorennen. Auch für den Sohn hat dieser Traum bereits konkrete Züge angenommen. „Ich kann mich noch genau an den Moment erinnern, in dem wir beschlossen haben, dass ich den Motorradrennsport anpeilen werde“, erzählt Valentino, der in früheren Jahren Formel-1-Weltmeister hatte werden wollen. „Ich war 13 Jahre alt. Zwei Jahre war ich abwechselnd Gokartrennen und Pocket-Bike-Rennen gefahren. Gokart-Fahren ist vor allem in der Anfangsphase die seriösere Angelegenheit, weil es auch auf niedrigem Leistungsniveau schon recht professionell zugeht. Als Knirps findet man das Fahren auf vier Rädern prestigeträchtiger – vielleicht weil man noch klein ist und sich auf einem vierrädrigen Gefährt wichtiger vorkommt. Für mich jedenfalls war das Gokart-Fahren eine ernsthafte Sache, während ich das Motorradfahren eher als Spiel betrachtete. Nach und nach hatte ich trotzdem genug vom Gokart-Fahren. Im Winter 1992 war ich mit meinem Vater im Auto zwischen Tavullia und Cattolica unterwegs. Wir schwiegen. Irgendwo auf der Höhe von San Giovanni in Marignano sagte ich: Warum fahren wir eigentlich nicht Motorradrennen? Nie werde ich den Gesichtsausdruck meines Vaters vergessen. Zum einen freute er sich, denn das Motorrad war immer seine große Leidenschaft, auf der anderen Seite spürte ich seine Sorge, weil Motorradfahren viel gefährlicher ist als Gokart-Fahren. Und was meine Mutter dazu sagen würde, konnte ich mir lebhaft vorstellen …“ Den Ausschlag für das Motorrad gibt schließlich der wirtschaftliche Aspekt. „Diese kleinen Maschinen kosteten nicht viel. Eine Karriere als Autorennfahrer ist eine ganz andere Hausnummer“, erläutert Graziano. „Die kostete damals und kostet auch heute noch ein Vermögen. Schließlich müssen die Fahrer für ihren Platz hinter dem Steuer meistens bezahlen. Dazu hatten wir nicht das Geld. Deswegen entschieden wir uns für den Motorradsport. In diesem Bereich versprach Valentino sehr erfolgreich zu werden.“ Rossi übernimmt die Nummer 46, mit der sein Vater zu seinem ersten Grand-Prix-Sieg fuhr, setzt sich seinen Helm im Kevin-Schwantz-Design auf, den er mit seinem Lieblings-Ninja-Turtle verziert hat, und bestreitet 1991 sein erstes echtes Rennen. Noch im gleichen Sommer legt er insgesamt 15 Siege hin – ganz so, als hätte der Bursche die Umlaufbahn gefunden, in der er als strahlend heller Stern aufgehen sollte.

Diese mitunter unkontrollierbare Energie, die allen, die ihm nahestehen, immer wieder zu schaffen macht, hat sich Valentino bis heute bewahrt. „Er hatte immer seinen eigenen Kopf", bestätigt Carlo Pernat. Der Italiener hat den Tag nicht vergessen, an dem er bei Aprilia fast seinen Hut nehmen musste wegen des jungen Rossi, der damals gerade seinen ersten Weltmeistertitel geholt hatte. Das war im Herbst 1997, ein paar Wochen nach dem letzten Grand Prix. In dem Jahr war Jacques Villeneuve mit seinem Williams-Renault Weltmeister in der Formel 1 geworden. Valentino ist ein eingefleischter Fan des kanadischen Rennfahrers. Sein großer Traum: Er möchte Villeneuve unbedingt persönlich kennenlernen. Jeden Tag drangsaliert er Carlo Pernat mit der Bitte, ein Treffen zu arrangieren. Aprilia und Renault verhandeln damals gerade über ein Co-Branding-Projekt und planen die gemeinsame Produktion eines Motorrollers. Dem Chef des italienischen Renndienstes gelingt es, anlässlich der Preisverleihung der „Caschi d'Oro" – der „Goldenen Helme" – im Rahmen der Motor Show in Bologna eine Abendveranstaltung auf die Beine zu stellen. „Wir hatten alle hohen Tiere von Renault und endlos viele Journalisten eingeladen", erzählt Carlo. Das Fernsehen war da. Und wer war nicht da? Valentino. Um 20 Uhr waren alle auf der Suche nach Valentino. Er war verschwunden, mit seinen Kumpels oder einem Mädchen verduftet … Genaueres habe ich nie erfahren. Er hat mir nie auch nur die geringste Erklärung geliefert. An dem Tag hätte man mich um ein Haar an die Luft gesetzt."

Valentino war immer schon ein Langschläfer. Selbst vor einem Grand-Prix-Rennen bringt er es fertig, bis in die frühen Morgenstunden wach zu bleiben und im Paddock herumzugeistern. Nicht selten muss man an die Tür seines Wohnmobils klopfen, damit er die Testläufe nicht verschläft. Rossano Brazzi, sein Chefmechaniker zu Aprilia-250-Zeiten, erinnert sich an ein Rennen, bei dem Valentino fast das Warm-up versäumte: Brazzi will sein Motorrad einstellen und wartet auf ihn, schließlich muss er ihn am helllichten Tag lautstark aus dem Bett trommeln, damit er sich in seine Lederkombi wirft. In seiner ersten Saison im 500er-Grand-Prix passiert ihm das gleiche Missgeschick in Barcelona. In dem Jahr ist Graziano für den Weckdienst zuständig. Unglücklicherweise kommt auch der Vater nur schwer aus den Federn. Valentino braucht ein bisschen länger zum

Anziehen und kann nur noch ein paar Runden fahren, bevor das Warm-up zu Ende ist. Damit sich das nicht wiederholt, bittet er inzwischen seinen Chefmechaniker, ihn jeden Morgen aus dem Bett zu holen. „Ich habe einen ungewöhnlichen Stoffwechsel", erklärt er. „Das ist übrigens auch der Grund, warum ich nie Probleme mit der Zeitverschiebung habe, wenn ich in der Welt unterwegs bin. Ich habe eine innere Uhr, die dafür sorgt, dass meine Lebensgeister immer am Nachmittag erwachen. Es stimmt, dass ich morgens nur langsam anlaufe und mich erst schlafen lege, wenn andere Leute zur Arbeit aufbrechen. Es stimmt auch, dass das absolut nicht der Rhythmus ist, den man bei einem Spitzensportler vermuten würde, aber es bedeutet nicht, dass ich ungesund lebe, trinke und esse, was ich will, oder nicht trainiere. Ich gehe einfach am Nachmittag in den Fitnessraum und nicht am Vormittag. Ich war schon immer gerne nachts wach. Da ist es – zumal auf den Rennstrecken – ruhig, und ich kann mich obendrein frei bewegen, ohne erkannt zu werden." In jungen Jahren handelt sich Rossi mit seiner Morgenmüdigkeit immer wieder Probleme ein, insbesondere nach dem Schulwechsel, als er auf einmal ins zehn Kilometer entfernte Pesaro fahren muss. Den Bus zu erwischen, ist immer wieder ein Drama. Unzählige Male muss Stefania ihn zur Schule fahren, weil er den Bus verpasst hat oder weil sein Motorroller gerade wieder in der Werkstatt ist. In der dunklen Jahreszeit kommt noch die Kälte dazu.

Deshalb kommt Valentino auf die Idee, sich eine Ape zuzulegen – jenes dreirädrige Kultmobil aus dem Hause Piaggio. Der Schlafgewinn ist beachtlich. Außerdem macht es Spaß, auf dem Weg in die Stadt die Straße als Rennstrecke zu nutzen. Hinzu kommt, dass das Gefährt eine Fahrgastzelle hat, die ihn im Winter praktischerweise vor dem für die Gegend typischen Nieselregen schützt. Die Idee findet bei seinen Klassenkameraden rasch Nachahmer, sodass sich die Landstraßen um Tavullia innerhalb kurzer Zeit in einen noch aufregenderen Tummelplatz verwandeln als zu Zweiradzeiten. Immer mehr wilde Wettrennen werden ausgetragen. Valentino erlangt allmählich eine gewisse Bekanntheit – vor allem bei den Carabinieri, die seine Teufelsritte kritisch beäugen und es auch nicht gerne sehen, dass die Fahrzeuge mit 140-cm^3-Motoren bis zum Anschlag aufgemotzt werden. „Unser Verhältnis zur Dorfpolizei war immer ein bisschen speziell", gibt Rossi zu. „Wir haben nie geklaut und uns nie als

Hooligans aufgeführt. Wir fuhren einfach gerne schnell und hatten unseren Spaß daran, Räuber und Gendarm zu spielen."

Alles fing an, als Valentino und die anderen Cliquenmitglieder einer nach dem anderen ihren 14. Geburtstag feierten. „Endlich durfte ich ganz offiziell mit einem Motorroller auf der Straße fahren und musste mir die Benelli von meinem Vater nicht mehr heimlich ausleihen", erzählt er. Uccio, der ein paar Monate jünger ist, erbt eine Aprilia SR 50 Reggiani Replica. Valentino bekommt eine Viper in Gelb und Violett. „Die waren großartig", erinnert sich Valentino, „und sahen aus wie MotoGP-Maschinen." Die Roller werden im Nu entdrosselt und bringen danach genug Leistung, damit die Jungs auf den Straßen der Umgebung an ihren Bestzeiten arbeiten können. „Zylinder, Vergaser, Getriebe, Auspuff – alles wurde umgebaut. Wir werkelten an der Aufhängung und zogen japanische IRC-Reifen auf", erinnert sich Vale. „So kamen wir auf 100 Stundenkilometer. Entsprechend häufig blieben wir allerdings auch liegen." Jeder Straßenabschnitt wird zur Rennstrecke umfunktioniert, vor allem die berühmte, asphaltierte und 22 km lange Panoramica, die Gabicce Monte und Pesaro miteinander verbindet und seit je die Motorradfreaks aus der Gegend anzieht. „Damals", so Valentino weiter, „haben sich die Mädchen nicht für uns interessiert. Sie standen mehr auf ältere und reifere Kerle. Wir hatten also nach der Schule nichts anderes zu tun, als uns Wettrennen zu liefern." Wenn er sich abends von seinen Kumpels in Tavullia verabschiedet, kann er die sechs Kilometer bis Montecchio, wo er mit seiner Mutter lebt, ganz allein im Kampf gegen die Uhr zurücklegen. „Es heißt, da hätte ich meine Fahrkünste erworben", schmunzelt er. Der Chef der Carabinieri schließt Frieden mit ihm, als er 1997 seinen ersten Weltmeistertitel holt. Im selben Jahr entdeckt der Heranwachsende die Freuden des Party-, Bar- und Nachtlebens. Dabei schlägt er bisweilen über die Stränge: Mit Freunden – und im Beisein seines Vaters – feiert er seinen ersten Titel, kurz bevor er nach Indonesien aufbricht. Nachdem er das eine oder andere Glas geleert hat, baut er auf dem Heimweg einen Unfall mit einem Porsche 928, den Graziano testen sollte. Er verletzt sich am Kopf und wickelt sich, als er nach dem Sieg im indonesischen Sentul aufs Podium klettert, zum Spaß einen Verband um den Kopf. Noch einmal mit dem Schrecken davongekommen.

Während die Ordnungshüter Valentino auf dem Kieker haben, genießt er bei der Kirche und beim Dorfpfarrer Don Cesare hohes Ansehen. Der Pfarrer ist des Lobes voll für Valentino: „Er ist von Grund auf ein guter Mensch", sagt er. „Man hört ihm gerne zu, und er hat es vor allem verstanden, bescheiden zu bleiben. Ihm ist der Ruhm nicht zu Kopf gestiegen. Der Sport ist für ihn nach wie vor so etwas wie ein Spiel. Er hat sich die Offenherzigkeit eines kleinen Jungen bewahrt und verhält sich, wie ein Vorbild es sollte. Er ist bis heute mit der Gruppe von Menschen zusammen, mit der er groß geworden ist und mit der ihn echte Freundschaft verbindet." Vor einigen Jahren herrschte im Dorf eine allgemeine Flaute. „Valentino hat dem Dorf wieder Leben eingehaucht", bekräftigt der Kirchenmann. „Wirtschaftlich war das für uns ein Segen, denn der Tourismus beschränkte sich auf die Küste. Hierher verirrte sich kein Tourist." 2003 reiste der Pfarrer mit dem Fantross nach Deutschland. Valentino führte ihn durch die Boxen und stellte ihn allen vor. Der Fanclub hatte aus gegebenem Anlass einen Campanile aus Pappmaschee gebaut und das Glockengeläut von Tavullia aufgenommen, um es über die Lautsprecheranlage auf dem gesamten Gelände des Sachsenrings erklingen zu lassen. Valentino kam aber nur als Zweiter ins Ziel, und die ganze Inszenierung fiel aus. Für Don Cesare war dieser Ausflug unvergessliches Erlebnis. In seinem Arbeitszimmer ist seine Motorradpassion übrigens seit jeher ebenso präsent wie sein Priesteramt: Unter einem Papierstapel lugt das Magazin des Fanclubs hervor; an der Wand hängen eine Ikone des Märtyrers San Pio, dessen Reliquien in seiner Kirche aufbewahrt werden, und direkt darunter eine Zeichnung, die Rossi auf seinem Motorrad zeigt. Draußen hat ein Unbekannter in die Kirchenmauer die Abkürzung WLF geritzt, die der Held am Kragen seines Leder-Rennanzugs trägt und die für „Viva la figa" steht – eine Huldigung an das weibliche Geschlechtsorgan. Der Pfarrer nimmt daran keinen Anstoß. Es scheint, als vertraue er Valentino blind. Für Don Cesare sind die Jahre viel zu schnell vorbeigegangen. Er erinnert sich genau, wie er in den umliegenden Dörfern die Kinder zum Bibelunterricht versammelte. Seine Stimme ist inzwischen etwas zittrig geworden, aber sein Gedächtnis ist ganz klar. Vale war für ihn schon immer ein Junge mit Hummeln im Hintern. „Ich weiß, dass er auch ein sehr guter Radfahrer war", erzählt er. Geschickt, flink und nicht aufzuhalten – für viele trifft diese Beschreibung bis heute auf Valentino zu. Auch seine Mutter sieht das so: „Genau wie mir ist ihm Freiheit sehr wichtig“, betont sie. „Ich rufe ihn oft an, aber viele Worte machen wir nicht. Er begreift schnell. Oft hat er die Antwort schon parat, bevor ich meine Frage überhaupt gestellt habe.“ Stefania erklärt auch, warum er sich in Tavullia so wohlfühlt: „Seine Freunde stellen keine Ansprüche an ihn“, stellt sie fest. „Neue Freundschaften zu schließen findet er schwierig, denn da muss man etwas investieren und behutsam vorgehen. Dazu hat er weder Zeit noch Lust. Außerdem fühlt er sich hier geborgen. Hier ist der einzige Ort auf der Welt, wo er leben kann wie jeder andere auch.“

II.

ÜBUNG MACHT DEN MEISTER

„Ich war immer schon Motorradfahrer – selbst wenn ich auf dem Gokart saß. Schon als ich zweieinhalb Jahre alt war und noch nicht einmal Fahrrad fahren konnte, träumte ich vom Motorradfahren. 1982 kaufte mir mein Vater ein Mini-Cross-Motorrad. Er fuhr damals Autorennen, hatte seine Grand-Prix-Karriere nach einem schweren Unfall in Imola aufgeben müssen. Zu jener Zeit waren diese Kleinmotorräder das Einzige, was es im Handel gab. Meine Rennstrecke waren das Haus und der Garten. Mit diesem Mini-Cross-Motorrad fing alles an. Damals begannen meine Renn- und Wettkampfleidenschaft und mein Spaß daran, mich mit anderen zu messen."

Anfang der 1990er-Jahre kommt in Italien das Pocket Bike groß in Mode. „Ich sah diese Maschinen und wollte sofort eine haben", erinnert sich Valentino. „Ich bin meinem Vater so lange auf die Nerven gegangen, bis er mir ein Pocket Bike gekauft hat. Ich sehe es noch vor mir: Es war schwarz und sah aus wie die Honda Elf von Ron Haslam." Kaum hatte er sich zum ersten Mal auf sein neues Spielzeug gesetzt, bekam ihn niemand mehr herunter. Mit angeklebten Knieschützern raste Valentino über den Asphalt. Er war einer von vielen kleinen Jungs, die von früh bis spät Parcours unsicher machten, die bis dahin für ferngesteuerte Modellautos reserviert gewesen waren, und Supermarktparkplätze mit Strohballen in Rennplätze verwandelten. Auf das bloße Fahrvergnügen folgte bald das erste Rennen. „Das war im Sommer 1991 in Miramare", erzählt Rossi. „Vielleicht war das sogar eines der ersten Rennen in der Geschichte des Pocket Bikes überhaupt. Ich erinnere mich noch gut an die etwas verrückte Atmosphäre und an die Beleuchtung, denn es war schon Abend. Wir fuhren wie jeden Mittwochabend in Cattolica und anschließend nach Miramare. Es waren wahnsinnig viele Zuschauer da, als ginge es um die Weltmeisterschaft. Wir waren 20 Fahrer am Start, und ich war selbst am meisten überrascht, dass ich als Erster ins Ziel fuhr. Bis dahin war ich noch nie der Schnellste gewesen." Im gleichen Sommer gewinnt Vale an die 15 Rennen. Er trägt bereits die Nummer 46, mit der sein Vater 1979 zu seinem ersten Grand-Prix-Sieg gefahren war, und auf dem Kopf stolz seinen Arai-Helm (einen Kevin Schwantz Replica), den er mit seinem Lieblings-Ninja-Turtle beklebt hat. Dieses Maskottchen ist bis heute sein ständiger Begleiter – als Bauchtattoo und als Motorradlackierung. Die Pocket-Bike-Begeisterung in Italien war für Valentino Rossis Karriere ein wichtiger Faktor. Das Gleiche gilt im Übrigen für Marco Melandri und Manuel Poggiali, zwei weitere italienische Weltmeister. „Als ich im Dezember 1989 zum ersten Mal auf der Strecke in Cattolica fuhr, war Melandri schon da", erinnert sich Valentino. „Er war erst sieben und schon ein Phänomen. Das Pocket Bike hat mir enorm viel gebracht. Wir traten zu viert oder fünft gegeneinander an, stießen mit der Verkleidung aneinander und touchierten uns in jeder Kurve. Dadurch habe ich gelernt, aggressiv und kämpferisch zu fahren und an den anderen vorbeizuziehen. Das Pocket Bike war auch deswegen ein gutes Fahrtraining, weil wir häufig auf holprigem und rutschigem Untergrund fuhren. Diese Maschinen waren zwar klein, aber schwer zu bändigen."

Schon zu dieser Zeit verblüffte Valentino alle Welt mit seiner Intelligenz, Begeisterung und Neugier. Er probierte alles aus, was es auszuprobieren gab, bekam jede Schwierigkeit in den Griff und erprobte seine Fahrkünste auf Rennstrecken, die noch niemandem in den Sinn gekommen waren. Diese Art, sich mit einer Sache in allen ihren Facetten auseinanderzusetzen und sich nicht einfach nur von dem Impuls leiten zu lassen, den Nebenmann auf der Rennstrecke zu überholen, sollte ihm während seiner gesamten Karriere erhalten bleiben und seine besondere Stärke ausmachen. „Mich hat immer erstaunt, wie viel Spaß er bei den Rennen hatte", erzählt seine Mutter Stefania. „Er war immer begeistert – egal, ob er gewann oder nicht. Bei den Gokartrennen hat er wohl auch gelernt, Niederlagen wegzustecken. Er kann sehr enttäuscht sein und in Tränen ausbrechen, wenn er nicht das erreicht, was er sich in den Kopf gesetzt hat. Aber er verdaut es auch sehr schnell, und dann belastet es ihn nicht länger."

Ende 1991 steht Familie Rossi vor einer schweren Entscheidung. Valentino fährt nach wie vor Gokartrennen und zusätzlich zu seinem Vergnügen mit Freunden auf dem Pocket Bike. Nachdem er bei der Italien-Meisterschaft in Parma den fünften Platz belegt, steht er mit einem Bein in der EM und in den Startlöchern für eine Karriere als Autorennfahrer. Er ist gerade mal zwölf, und eine viel versprechende Zukunft scheint vor ihm zu liegen. Bis zu diesem Zeitpunkt hat sein Vater diese Entwicklungsrichtung immer forciert. Besser als jeder andere weiß er, wie gefährlich man als Rennfahrer auf einem zweirädrigen Untersatz lebt. Das Problem: Gokart-Fahren wird mit der Zeit eine kostspielige Angelegenheit, und Erfolg im Rennsport auf vier Rädern ist aussichtslos, wenn das Geld fehlt. „Auf dem Niveau, das ich erreicht hatte", erinnert sich Vale, „hätte ich ein Budget von zehn Millionen Lire (rund 50.000 Euro) gebraucht, um mit dem Gokart-Sport weiterzumachen. So viel Geld hätten meine Eltern auch unter größten Opfern nicht aufbringen können." Unterdessen entwickelt Valentino eine immer stärkere Leidenschaft für das Pocket Bike, ohne den Erfolg dabei allzu wichtig zu nehmen. „Ich fuhr aus Spaß – genau wie zuvor mit meinem Gokart", versichert er. „An die Zukunft habe ich dabei überhaupt nicht gedacht, auch wenn ich irgendwo davon träumte, in die Fußstapfen meines Vaters zu treten und Grand-Prix-Fahrer zu werden." Auf Drängen des Sohnes votiert Familie Rossi schließlich für das Motorrad. „Wenn ich wirklich auf vier Rädern hätte weitermachen wollen, hätten wir bestimmt eine Lösung gefunden, aber meine Motorradpassion war letztlich stärker. Schlussendlich war die Entscheidung für den Motorradrennsport mein persönlicher Entschluss."

Das Pocket Bike wird für den Heranwachsenden, der über 1,80 m groß werden wird, schnell zu klein. Valentino überredet seinen Vater, ihn zu einer Testfahrt auf dem Rundkurs von Misano zu begleiten, für die er sich die Aprilia 125 seines Freundes Maurizio Pagano aus Gatteo a Mare ausleiht. „So kam es", erzählt er, „dass ich an einem normalen Wochentag im November 1992 meine ersten Runden auf einer echten Rennstrecke drehte – mit einer Sportausführung der Aprilia Futura 125, die damals weit verbreitet war." Selbst in der Gegend von Rimini sind die

Tage im November eher kühl. Davon lässt sich der junge Rossi nicht abschrecken. In einer gelb-roten Lederkombi, die Dainese für seinen Vater angefertigt hatte, und mit dem Arai Schwantz Replica auf dem Kopf legt Valentino mit sichtlicher Begeisterung die ersten Kilometer zurück. „Alles kam mir unendlich vor, weit weg und ganz nah zugleich – die Tribünen, die Kiesbetten, die Hügelketten am Horizont", erzählt er. „Das war auch das erste Mal, dass ich auf einem Zweirad geschaltet habe ... Hinzu kam, dass dieses Motorrad für mich mit meinen 13 Jahren ganz schön groß und schwer war. Es war immerhin ein Straßenmotorrad und wog mit 150 Kilogramm so viel wie eine MotoGP-Maschine." Wie benommen von diesem ersten Kontakt mit einem großen Motorrad, lässt Valentino es ruhig angehen. Er versucht nicht, sofort auf Zeit zu fahren, sondern kostet ganz in Ruhe seine ersten Emotionen auf einer 125er-Sportmaschine aus. Mit hellwachen Sinnen nimmt er alle Informationen auf, die ihm zuströmen, und speichert sie ab. Er macht sich ein genaues Bild von den Herausforderungen, die anstehen, und hat keine Zweifel, dass er sie meistern kann und wird. Damit ist die Entscheidung für den Motorradrennsport endgültig besiegelt.

Im Frühjahr 1993 wird es ernst. Valentino hat soeben seinen 14. Geburtstag gefeiert. Damit hat er das gesetzliche Mindestalter erreicht, um in Italien auf einer 125er bei Rennen starten zu können. Auch wenn der Motorradrennsport nicht so kostspielig ist wie Gokart-Fahren, ist doch Einiges an Investitionen für Material und Reisen nötig. Da Graziano Rossi in der Welt des Rennsports nach wie vor gut vernetzt ist, ist es für ihn keine große Mühe, die erste Saison für seinen Sohnemann zu organisieren. Bei Virginio Ferrari stößt er gleich beim ersten Anruf auf offene Ohren. Dem einstigen Vizeweltmeister der 500-cm³-Klasse – inzwischen Teammanager – fällt es nicht schwer, Claudio Castiglioni dazu zu bewegen, Grazianos Sohn unter die Arme zu greifen. Der Chef von Cagiva bietet Valentino einen Platz im Team von Claudio Lusardi an, das bei den italienischen Sport-Production-Meisterschaften das Maß aller Dinge ist. Familie Rossi trägt die Reisekosten und beteiligt sich an den Betriebskosten des Teams, das im Gegenzug das Motorrad und die Ersatzteile zur Verfügung stellt. Das erste Testrennen findet auf dem Rundkurs in Magione auf einer Cagiva Mito statt.

Weil Valentino in Urbino geboren ist, wird er bei der damals in Italien sehr beliebten Sport-Production-Meisterschaft der Gruppe C zugeordnet. Es gibt so viele angehende Rennfahrer, dass man sie nach ihrer Herkunft aus vier geografischen Gebieten einteilt. Valentino hat das Glück, in einer nicht sehr leistungsstarken Gruppe zu landen und nicht in der Gruppe B der Fahrer aus der Emilia Romagna oder in der Gruppe A der Norditaliener. „Das erste Training in einer neuen Wettkampfklasse ist ein Erlebnis, das du nicht vergisst", erzählt Vale. „Wenn ich an mein erstes Training in Magione zurückdenke, erinnere ich mich jedenfalls noch an jede kleinste Kleinigkeit. Ich war alles andere als schnell. Es kam mir so vor, als würde ich in erster Linie gegen mein Motorrad antreten und nicht gegen meine Gegner. Genau wie auf der Aprilia, auf der ich mich in Misano versucht hatte, hatte ich das Gefühl, ein Riesenmonstrum zu steuern." Auch Graziano hat diesen denkwürdigen Tag nicht vergessen. „Er fuhr aus der Boxengasse heraus und lag gleich in der ersten Kurve am Boden", erinnert sich Rossi Senior. „Er schob das Motorrad zurück, wir reparierten es, und er fuhr gleich wieder los ... Sechs Runden später stürzte er ein zweites Mal. Wir fragten uns, ob das, was wir taten, die Mühe wert war, oder ob es ein Fehler gewesen war, einen Motorradfahrer aus ihm machen zu wollen ... Er war den Tränen nah." Entmutigt, mit hängenden Schultern und gesenktem Blick trottete Valentino zu den Boxen zurück. Erst viel später würde er lernen, Anfangsfehler zu analysieren, und erkennen, dass es sinnvoller ist, seine Grenzen in Ruhe auszuloten, ehe man versucht, sie zu überschreiten. Vorerst blieb er dabei, in der Anfangsphase immer die gleichen Fehler zu wiederholen. Das zeigte sich in der 125-cm^3-, der 250-cm^3- und der 500-cm^3-Klasse, aber auch auf vier Rädern beim Ferrari-Test – 180-Grad-Drehung in der ersten Kurve – oder bei der Rallye-Weltmeisterschaft in Großbritannien, wo er in der ersten Wertungsprüfung von der Strecke abkam. „Ich brauchte Zeit, um zu begreifen, dass es keinen Sinn hat, das Pferd von hinten aufzuzäumen", räumt er ein, „und dass man erst einmal seine Maschine beherrschen sollte, bevor man versucht, mit ihr die Grenzen auszutesten. Aber ich gebe zu, dass ich in dem Moment damals ein bisschen entmutigt war." Sein Vater ist zwar auch beunruhigt und wird von Zweifeln geplagt, versucht aber trotzdem, Valentino wieder aufzurichten. „Das hier kann dein Beruf werden, wenn du es wirklich willst“, redet er ihm gut zu. „Solche Momente, in denen du die Kraft aufbringen musst, zu reagieren und zu zeigen, ob du stark oder schwach bist, sind die wichtigsten Momente im Leben eines Rennfahrers.“ Valentino bringt diese Kraft auf, als er bei seinem ersten Rennen Neunter wird, und er wird sie im Verlauf seiner Karriere immer wieder aufbringen und damit alle Stürze, die seinen Weg an die Spitze begleiten, vergessen machen. „Neben der Angst vor der Niederlage ist es die Entschlossenheit, die einen großen Champion ausmacht“, sagt Jeremy Burgess. Der australische Techniker betreute Rossi seit seinem Debüt in der Königsklasse bis 2013.

Von nun an sind die Weichen gestellt. Trotz vieler weiterer Stürze lernt Valentino in seiner ersten Saison in der 125er-Sport-Production-Meisterschaft ständig hinzu. Dennoch kommt er für seinen Geschmack nicht schnell genug voran. „Ich trat im Kreis der Top Ten auf der Stelle. Erst zum Jahresende wurde ich ein bisschen schneller“, berichtet er. Auf dem Rundkurs in Binetto fährt Rossi um seinen Einzug ins Finale der italienischen Meisterschaft. Trotz eines Sturzes in der Qualifikation passiert er die schwarz-weiß karierte Zielflagge als Sechster. Das reicht für einen Startplatz beim Finale in Misano. Valentino rechnet sich gute Chancen aus, schließlich ist er mit dem Terrain in Misano, wenige Kilometer von seiner Heimatstadt entfernt, bestens vertraut.

Alle gehen davon aus, dass Roberto Locatelli mit einer Aprilia, die vom Werk in Noale vorbereitet wurde, und Andrea Ballerini, sein Teamkollege aus dem Rennstahl Lusuardi, den Titel unter sich ausmachen werden. Ballerini hat zwei Maschinen – eine wurde vom Cagiva-Rennservice, die andere von Claudio Lusuardi vorbereitet. Das Material, das Rossi für seine erste Saison in der Sport-Production-Klasse mitbringt, kann da nicht mithalten. Als sein Teammanager ihm anbietet, mit dem Zweitmotorrad von Ballerini zu fahren, reibt sich Valentino die Hände. Nachdem er bislang noch bei keinem Qualifikationsrennen glänzen konnte und im Rennen oft schneller ist als bei den Tests, erobert er sich jetzt die Poleposition. Es ist das erste Mal. „Leider war ich am Startgitter dermaßen aufgeregt, dass ich den Start komplett vergeigt habe. In die erste Kurve ging ich schon nur noch als Zwanzigster”, erzählt er. Ballerini und Locatelli kann er zwar nicht mehr einholen, aber einen Platz auf dem Podest erkämpft er sich trotzdem. „Seit diesem Tag", fügt Rossi hinzu, „hat Misano für mich einen ganz besonderen Zauber."

Loris Reggiani hatte den Sohn seines Freundes Graziano bei einigen Rennen beobachtet und erinnert sich, dass Valentino alles daransetzte, sich einen Namen zu machen: „Sein Motorrad war nicht trendy, aber davon ließ er sich nicht beirren. Er fuhr sehr aggressiv und versuchte die unmöglichsten Manöver. Man musste kein Hellseher sein, um zu erkennen, dass er den anderen etwas voraus hatte. Auch wenn damals nicht absehbar war, was für eine Karriere er hinlegen würde, merkte man, dass er das Zeug dazu hatte, es ziemlich weit zu bringen."

1994 wird Valentino zum offiziellen Cagiva-Piloten befördert. Nachdem Ballerini und Locatelli in die nächsthöhere Klasse aufgestiegen sind, hat der Junge freie Bahn. Graziano denkt trotzdem nicht daran, ihm das Leben leicht zu machen. Obwohl der Rennbetrieb in dieser Phase noch eine Freizeitbeschäftigung ist, stellt der Vater ihm ein ziemlich volles Programm zusammen. Zur Sport-Production-Saison kommt noch eine Teilnahme an der italienischen 125er-Meisterschaft auf einer Sandroni. Die Sandroni ist eine Sonderanfertigung mit einem von Guido Mancini entworfenen Rahmen und einem Rotax-Aprilia-Einzylinder. Peppino Sandroni, der aus Pesaro stammt, gewinnt einige Sponsoren, die die Saison des jungen Rossi finanzieren. „Mein Vater war der Meinung, dass ich meine Zeit verschwenden würde, wenn ich mich noch eine weitere Saison mit der Sport Production begnügte", berichtet Vale. „Er legte Wert darauf, dass ich möglichst schnell auf ein echtes Rennmotorrad umstieg und mir nicht auf einer Straßenmaschine schlechte Angewohnheiten zulegte. Später wurde mir klar, wie recht er hatte." Dennoch ist das Verhältnis zwischen Graziano und seinem Sohn in dieser Zeit nicht immer einfach. Seit der Scheidung seiner Eltern lebt Valentino bei seiner Mutter. Dort hat er mehr Ruhe als in der Zeit, die er bei seinem Vater verbringt, der weniger nachgiebig ist oder es zumindest mit der Einhaltung von Zeitplänen deutlich genauer nimmt. „Ich habe oft das Gegenteil von dem gemacht, was er mir gesagt hat", räumt Valentino heute ein. „Ein Sohn muss sich von seinem Vater emanzipieren. Das ist normal. Aber wenn seine Ratschläge gut waren, habe ich sie auch befolgt. Ich glaube, dass ich immer zwischen guten und schlechten Ratschlägen unterscheiden konnte.“ Graziano blieb das nicht verborgen: „Ich glaube, er hat mir nie wirklich zugehört. Er neigte eher dazu, das Gegenteil von dem zu tun, was ich ihm sagte. Mit Worten können Eltern ihren Kindern ohnehin nicht viel beibringen. Durch die eigene Haltung können sie ihnen mehr vermitteln. Zum Beispiel glaube ich, dass sich Valentino seine Art, das Leben so zu nehmen wie es ist und sich selbst nicht allzu wichtig zu nehmen, bei mir abgeschaut hat.“ Auch seine Trainingsmethoden hat Valentino seinem Vater zu verdanken. Bevor er die Motor Ranch gründete, verbrachte der Rennfahrer aus Tavullia viele Stunden damit, in einem stillgelegten Steinbruch mit verschiedensten Motorrädern und Autos seine Runden durch den Staub zu drehen. „Driften war immer Grazianos Leidenschaft“, erinnert sich Valentino. „Mit der ganzen Bande haben wir uns stundenlang Duelle geliefert, das Driften trainiert und geübt, wie man den Drift mit dem Gaspedal lenkt. Es war seine feste Überzeugung, dass man auf diese Weise am besten lernte, wie man seine Maschine kontrolliert. Damit war er seiner Zeit weit voraus.“

Im Rahmen der Italienmeisterschaft wurden damals nur fünf Rennen im ersten Halbjahr veranstaltet. In der Sport-Production-Klasse muss Valentino vier Regionalrennen bestreiten, bevor er an vier landesweiten Runden teilnimmt. Mit dem Wechsel zwischen den beiden ganz unterschiedlichen Motorrädern, mit denen er in dem Jahr unterwegs ist, kommt er gut zurecht. Dabei ist die Sandroni nicht gerade einfach zu fahren. Das Entscheidende für Valentino ist allerdings, dass er sich mit einem echten Rennmotorrad vertraut machen und mit erfahrenen Fahrern wie Ballerini und Locatelli, Cremonini oder Omarini messen kann. Rossi wird 14. in Monza, muss in Vallelunga einen Sturz und in Misano einen Mechanikschaden hinnehmen und bekommt Hilfestellung von Aprilia: Carlo Pernat beschließt, Sandroni einen guten Motor zu überlassen. In Mugello wird Valentino daraufhin knapp hinter dem damaligen Grand-Prix-Fahrer Gabriele Debbia Fünfter. In der Sport-Production-Meisterschaft fährt er in Misano seinen allerersten Sieg ein. Er trägt damals die Nummer 26. Beim letzten Rennen genügt ihm der dritte

Platz, um sich den Titel zu sichern. Das ist zu schaffen – er ist auf dem Weg dahin, als Stefano Cruciani ihn in der letzten Runde streift und ihm den Podestplatz vor der Nase wegschnappt. Nach Beschimpfungen und Rempeleien wird Cruciani jedoch wegen unsportlichen Fahrens disqualifiziert und muss den dritten Platz Valentino überlassen, der somit Sport-Production-Meister wird. „Diese Saison gehört bis heute zu meinen schönsten Erinnerungen", versichert er. „Das Ende war zwar turbulent, aber letztlich waren wir ja alle Freunde. Die Stimmung im Fahrerlager war fantastisch. Am Abend waren alle in Partylaune. Wir haben auf den benachbarten Parkplätzen Motorroller-Rennen veranstaltet – ohne Licht, damit uns keiner erwischt ... Wir waren alle ein bisschen durchgedreht und haben uns weggeschmissen vor Lachen." Die Rennergebnisse und das Talent des jungen Rossi verfehlen nicht ihre Wirkung auf Aprilia-Sportdirektor Carlo Pernat. Er sieht in Valentino bereits den Nachfolger von Max Biaggi, der dem italienischen Hersteller im gleichen Jahr (1994) seinen ersten 250er-Weltmeistertitel beschert. „Ich mochte ihn sehr, weil er mich an Kevin Schwantz erinnerte", bekennt der Genuese. Für die neue Saison stellt er Vale für die Teilnahme an der Italienmeisterschaft, aber auch an der Europameisterschaft – sozusagen das Sprungbrett zur Grand-Prix-WM – eine Aprilia RS 125 zur Verfügung.

1995 werden die meisten EM-Rennen am gleichen Ort und Tag wie die Grand-Prix-Rennen ausgetragen. Für den jungen Rossi ist das ein Glücksfall, denn so kann er Rennwochenende für Rennwochenende seine Leistung mit der seiner älteren Kollegen vergleichen. „Für mich war das wie ein Weckruf", erinnert er sich. „Auf manchen Strecken war ich vier Sekunden langsamer als die Poleposition-Zeit des Grand Prix." Stundenlang läuft sich Valentino rund um die Piste die Sohlen ab und beobachtet ganz genau die Rennfahrten der Piloten, die für ihn damals noch Vorbilder oder sogar Helden sind. So entsteht auch die Freundschaft mit Haruchika Aoki, der damals auf dem Weg zu seinem ersten Weltmeistertitel ist. „Die japanischen Fahrer habe ich immer bewundert", so Rossi. „Norick Abes Rennen in Suzuka 1994 zum Beispiel werde ich nie vergessen. Was für eine unglaubliche Attacke ... Jeden Morgen vor der Schule habe ich mir immer wieder die Videokassette mit dem Grand Prix angeguckt.“ Nach Abes Unfalltod legte sich der junge Rossi zu Ehren des Japaners für eine gewisse Zeit den Spitznamen „Rossifumi“ zu. Renntechnisch gibt es in der Saison 1995 für Valentino allerdings nicht viel zu feiern. Zwar gewinnt er mit Leichtigkeit die Italienmeisterschaft, aber auf europäischer Ebene muss er allerhand einstecken. Mit seinem HRC-Kit, das seine Honda in ein echtes Geschoss verwandelt, eilt Lucio Cecchinello von Sieg zu Sieg. Mit dieser Situation will Valentino sich nicht ohne Weiteres abfinden. Entsprechend häufig muss er die „Clinica Mobile“ des Doktor Costa aufsuchen: Bei einem Duell demoliert sich Valentino ein Fingerglied, das ihn seither jeden Tag an seinen früheren Rivalen erinnert. „Lucio hatte ein gutes Motorrad, mit dem er umzugehen wusste“, räumt er ein. „Anders als ich. Ich fuhr damals oft über meine Verhältnisse. Als ich ihm in Assen auf den Fersen bleiben wollte, um ihn dann zu überholen, berührten sich unsere Maschinen, und ich wurde davongeschleudert. Es war eine der übelsten Bruchlandungen der Saison. An meinem linken kleinen Finger sind die Spuren dieses Unfalls für immer zu sehen.“

Auch Cecchinello hat das Scharmützel mit Rossi nicht vergessen. „In dem Jahr gewann ich acht von elf Rennen“, erinnert sich der heutige LCR-Honda-Teammanager. „Ich hatte mehr Erfahrung und obendrein mit der RS 125, die das Team Pileri für mich vorbereitet hatte, auch die schnellere Maschine. Davon ließ sich Valentino allerdings nicht beirren. Er war damals ein verrückter Hund und ließ nie locker. Von den Rennen, die wir gemeinsam bestritten haben, sind mir krasse Situationen im Gedächtnis geblieben. Er konnte dich an den unmöglichsten Stellen überholen – vor allem dort, wo du damit nicht rechnest. Du legst dich eng in die Innenkurve, und er überholt dich auf der Außenbahn. Wenn du weiter ausholst, zieht er innen an dir vorbei … Er war absolut unberechenbar.“ Trotzdem kann Valentino gegen Lucios Überlegenheit und gegen die Überlegenheit von dessen Honda nichts ausrichten. Obendrein muss er zum Saisonende noch eine Handgelenkfraktur hinnehmen, die er sich bei einem Sturz beim Motocross zuzieht. Diese Disziplin wird er übrigens aufgeben, als ihm bewusst wird, mit welchen Risiken sie für einen Rennfahrer verbunden ist. So folgt er mit einiger Verspätung doch noch den Ratschlägen seines Vaters. Seine Verletzungen und die dadurch bedingten Fehlzeiten tun dem Verhältnis zu den Lehrern nicht gerade gut: „Ich weiß nicht, wie oft ich mir in der Schule anhören musste: Merkst du nicht, dass diese blöden Motorräder dir nichts bringen außer Schrammen? Du solltest lieber etwas lernen!“ Trotz der Stürze und Blessuren holt sich Valentino den dritten Platz bei der Europameisterschaft – das reicht, damit sich die Pforten des Grand Prix für ihn öffnen.

III.

IN EINER LIGA MIT DEN GROSSEN

„In der Saison 1996 hatten wir eine Menge Spaß. Genauer gesagt: Ich hatte eine Menge Spaß. Ich war durchgedrehter denn je – es war echt krass! Auf der Piste hatte ich keinerlei Respekt. Vor niemandem. Für mich waren alle Rennfahrer gleich. Ich machte keinen Unterschied zwischen den Veteranen, die um den Weltmeistertitel fuhren, und blutigen Anfängern wie mir. Ich wollte einfach nur schnell – und zwar richtig schnell – fahren. Sobald sich dazu die Gelegenheit bot, sobald sich eine Lücke auftat, zögerte ich keine Sekunde und gab Gas. Ich wollte alle und jeden überholen. Koste es, was es wolle. Mit anderen Worten: Ich trieb sie alle in den Wahnsinn."

Seine ersten Schritte im Grand Prix tut Valentino unter der Obhut von Giampiero Sacchi. Der gebürtige Römer und damalige Manager von Max Biaggi stellt auf Drängen von Carlo Pernat ein Grand-Prix-Team aus Aprilia-Fahrern zusammen, damit die italienischen Weltmeisterschaftshoffnungen einmal in Erfüllung gehen werden. „Valentino und Gino Amisano haben mir die Sache leicht gemacht", erläutert Sacchi. „1995 konnte ich mir ganz in Ruhe ein Bild vom Talent des jungen Rossi machen, weil die Europameisterschaftsläufe orts- und zeitgleich mit den Grand-Prix-Rennen stattfanden. Ich erkannte, dass dieser Bengel echtes Potenzial hatte, auch wenn er verdammt temperamentvoll war. Als mir der inzwischen verstorbene Gino Amisano, der Begründer der Marke AGV, finanzielle Unterstützung für den Aufbau eines neuen Teams anbot, ergriff ich die Gelegenheit beim Schopf." Aprilia stellt 250er-Maschinen für Luca Boscoscuro und 125er für Valentino Rossi zur Verfügung. „Sacchi hatte den richtigen Riecher", erinnert sich Valentino. „Er wusste genau, welche Typen er ansprach, und hat aus ihnen eine starke Truppe geformt." Für seinen Einstieg in die Liga der Großen erbt der junge Rookie das frühere Motorrad von Werksfahrer Stefano Perugini. Was die Technik anbelangt, übernimmt einmal mehr der erfahrene Mauro Noccioli die Aufgabe, die Maschine einzustellen. Der Mann aus der Toskana arbeitet seit frühesten Weltmeisterschaftszeiten mit Valentino zusammen – die Chemie zwischen dem jungen Burschen und ihm stimmte einfach. Ende Februar trifft sich das AGV-Team für die ersten IRTA-Tests der Saison in Jerez. Jetzt erst realisiert Rossi, welche Schwierigkeiten vor ihm liegen. „Das war ein echter Schock“, bekennt er. „Alle fuhren dermaßen schnell, dass ich dachte: Mit denen werde ich nie mithalten können. Es sei denn, ich fange sofort an, anders fahren zu lernen, ehe die Weltmeisterschaft beginnt.“ Genau das wird ihm mehr oder weniger gelingen.

Der erste Grand Prix der Saison findet in dem Jahr in Malaysia statt, auf dem Rundkurs von Shah Alam. Nach dem 13. Platz im Training schafft Valentino es als Sechster ins Ziel. Eine starke Leistung – trotzdem ist es eine andere Erfahrung, die dieses Weltmeisterschaftsdebüt prägt: „Ich war aus der dritten Reihe gut gestartet und schloss sofort zur Spitzengruppe auf. Ich fuhr an siebter oder achter Stelle, als sich bei Dirk Raudies, direkt vor mir, der Motor festfraß. Ich bremste instinktiv und änderte meine Fahrlinie, damit wir nicht zusammenstießen. Der hinter mir fahrende Martínez konnte nicht mehr ausweichen und stürzte. Er war in dem Jahr offizieller Aprilia-Fahrer und großer Titelfavorit. Mir war in dem Moment nicht klar, dass ich soeben einen der ‚Unberührbaren‘ zu Fall gebracht hatte. Nach dem Zieleinlauf standen der Spanier und sein Kompagnon Angel Nieto auf einmal vor mir, beschimpften mich und drohten mir. Einer meiner Mechaniker stellte sich schließlich schützend vor mich.“ Auch Sacchi kann sich gut an den Vorfall erinnern: „Solche Szenen gab es im Laufe der Saison mehrmals. Die Alten kamen nicht damit klar, dass ein junger Bursche wie Valentino sie als x-beliebige Gegner betrachtete. Sie erwarteten Respekt. Ich weiß nicht mehr, wie oft Martínez wutentbrannt zu mir kam und mir klar machen wollte, dass Rossi auf der Piste eine zu große Gefahr für die anderen darstelle.“ Bei den nächsten beiden Rennen in Indonesien und in Japan wird Giampieros Schützling jeweils Elfter; beim ersten Saisonrennen auf europäischem Boden in Jerez verpasst er ganz knapp den dritten Podiumsplatz. „Ich kam als Zweiter aus der letzten Kurve, fuhr aber als Vierter ins Ziel", erinnert er sich. „Am Wochenende darauf erging es mir in Mugello genauso. Mein Motorrad war wirklich nicht das allerschnellste." Doch Valentino denkt nicht daran, sich diesem Schicksal zu fügen. Mehr als einmal kommt er von der Piste ab bei dem Versuch, mit halsbrecherischen Attacken das Leistungsmanko seiner Aprilia zu kompensieren. „Ich war schnell, machte aber zu viele Fehler. Damit vermasselte ich eine Menge", räumt er ein. Schließlich spricht Giampiero Sacchi ein Machtwort. „Ich habe ihn mir unter vier Augen vorgeknöpft", erzählt der italienische Manager. „Ich sagte zu ihm: Von mir aus kannst du dich in der letzten Runde hinlegen. Ich habe auch nichts dagegen, dass du einen Podiumsplatz ergattern willst. Aber geh nicht aufs Ganze, wenn du als 15. in die dritte Kurve fährst! Du musst ruhiger werden. Manchmal vergaß er schlicht und einfach, dass seine Reifen noch kalt waren. Im Nachhinein scheint mir, dass ein junger Fahrer Stürze braucht, damit er sich weiterentwickelt. Letztlich kann er nur so lernen, wo seine Grenzen sind." Damals war der Teammanager jedoch nicht erbaut davon, wie viel Arbeit Valentino den Mechanikern machte und welche Kosten er durch seine Kapriolen verursachte. „Nach einem EM-Lauf in Misano ging es bergauf", so Sacchi weiter. „Dass er sich dort durchsetzte, gab ihm Selbstvertrauen." Ungeachtet seiner Stürze verfolgt Aprilia, wo er einen Dreijahresvertrag unterschrieben hat, Valentinos Entwicklung aufmerksam.

In der zweiten Hälfte der WM geht Carlo Pernat in die Offensive und überlässt Sacchis Team einen Werkszylinder und eine Carbon-Bremsscheibe, weil Stahl den Bärenkräften des jungen Bengels nicht gewachsen ist. Das zahlt sich schon bald aus. In Österreich wird Valentino Dritter und steht damit zum ersten Mal auf dem Podium. Zwei Wochen danach sichert er sich in der Tschechischen Republik die Poleposition und fährt vor dem spanischen Veteran Jorge „Aspar" Martínez seinen ersten Sieg ein. Aus „Rossifumi" wird „Superfumi". Von allen Siegen, die er mit Valentino erlebt hat, hat Carlo Pernat den Triumph in Brno am meisten genossen. „Bis zu diesem Sieg fragten sich alle, ob es richtig gewesen war, einen Dreijahresvertrag mit ihm abzuschließen", sagt Pernat, damals Sportchef des Werks in Noale und rechte Hand von Aprilia-Chef Ivano Beggio. „Ich hatte mich mächtig für Valentino ins Zeug gelegt. Beggio war nicht überzeugt, als ich 1995 anfing, Valentino zu unterstützen. Deswegen fühlte sich der Sieg in Brno für mich ungefähr so an, als hätte ich im Casino nach lauter Pleiten den Jackpot geknackt. Valentinos erster Grand-Prix-Sieg war für mich ein ähnliches Erlebnis wie der erste Titel, den Aprilia 1992 mit Gramigni in Südafrika holte." Trotz einer Menge Pech gegen Saisonende – Zündkerzendefekt in Imola und in Eastern Creek, eine Verletzung in Rio und ein Zusammenstoß mit Tokudome in Barcelona – hatte Valentino Rossi eine entscheidende Hürde genommen. Er schließt seine erste Grand-Prix-Saison als Neunter ab und fühlt sich gerüstet, einen Gang höher zu schalten. „Solange du keinen Grand Prix gewonnen hast, weißt du nicht, ob du das Zeug dazu hast", stellt er fest. „Auch wenn es sich albern anhört: Erst nach diesem Sieg in Brno wusste ich, dass ich gewinnen konnte, dass ich dazu in der Lage war."

1997 reiht sich dann ein Sieg an den anderen. Ein paar Monate zuvor hat sich der italienische Pilot gegen seinen Vater und gegen Carlo Pernat durchgesetzt, die ihn beide dazu bewegen wollten, kein weiteres Jahr mit der 125er zu verlieren und direkt in die 250er-Klasse zu wechseln. Ihr Argument: Valentino sei zu groß für die kleine Aprilia und wäre mit der Zweizylindermaschine besser bedient. Pernat führt außerdem an, Valentino könnte dann 1998 mit einer 250er-Werksmaschine um den Weltmeistertitel fahren. Das kommt für Valentino überhaupt nicht infrage: „In diesem Punkt ließ ich nicht mit mir reden", berichtet er. „Ich wollte nicht die Klasse wechseln, bevor ich nicht 125er-Weltmeister war. Ich war immer der Meinung, dass ein Rennfahrer einen Schritt nach dem anderen tun und nichts überstürzen sollte. So habe ich es stets gehalten." Aus dem gleichen Grund wird er später Honda vertrösten, als die HRC ihm eine NSR 500 anbietet. Ein Jahr zum Lernen, ein Jahr zum Siegen – das ist und bleibt seine Devise. Valentino wird zum Aprilia-Werksfahrer befördert, behält aber dennoch seinen Platz im Team von Giampiero Sacchi und bekommt dort eine 125 RSR. Jan Witteveen – damals Rennchef – bereitet seine Maschine mit großer Sorgfalt vor. „Wir hatten bereits begonnen, seine Sitzposition zu verbessern", erklärt der Niederländer. „Valentino war sehr schlank und nicht besonders schwer, aber er war schon damals überdurchschnittlich groß. Deshalb musste der Lenker weiter nach vorne. Auch die Position der Fußrasten musste verändert werden. Was die Motorisierung angeht, hatte ich für ihn einen Zylinder mit geringer Leistung, aber höherem Drehmoment entwickelt, damit er eine längere Übersetzung fahren konnte. Er verstand schon damals viel von Motorradtechnik und hörte immer aufmerksam zu. Mit Sacchi und Noccioli pflegte Valentino einen sehr familiären Umgang. Sie arbeiteten, aßen und schliefen zusammen. Sie waren ständig im Austausch. Dadurch lernte er in seiner ersten Grand-Prix-Saison enorm viel." Rossi arbeitet nicht nur an der Aerodynamik, er trainiert, den Gashebel verstärkt nach dem On-Off-Prinzip zu bedienen, um für ein mageres Kraftstoff-Luft-Gemisch im Motor zu sorgen und damit mehr Leistung herauszuholen.

„Ich wusste, dass ich mich mit so einem Motorrad leicht würde behaupten können", erklärt er. „Dass ich den Titel holte, war deshalb nicht überraschend. Aber dass ich elf von 15 Grand-Prix-Rennen gewinnen und so wenige Fehler machen würde, hatte ich nicht erwartet." Hatte er 1995 insgesamt 20 Stürze und 1996 immer noch 15 Stürze gebaut, waren es 1997 nur noch drei. „Mein erster Rennsieg gab mir mein Selbstvertrauen zurück", fügt er hinzu, „und da ich ein gutes Motorrad hatte, konnte ich auf der Strecke viel entspannter sein und bis zum Ziel die Konzentration besser halten. Wenn du in die Offensive gehst, um die mangelnde Leistung deines Materials wettzumachen, wirst du irgendwann kopflos. Und wenn du öfter Stürze hinlegst, sagst du dir irgendwann, dass Asphalt eigentlich zu hart ist, um die ganze Zeit auf dem Boden zu liegen." Schon beim ersten WM-Rennen in Malaysia ist Rossi klar, dass keiner seiner Gegner ihm das Wasser reichen kann. Haruchika Aoki tritt nicht mehr an, Jorge Martínez ist auf dem absteigenden Ast, und die Hondas von Ueda und Manako sind einen Tick schwächer als seine Aprilia. Auch für Giampiero Sacchi steht außer Frage, dass sein Schützling triumphieren wird. „Das war einfach vorgezeichnet", beteuert der damalige AGV-Teammanager. „Das wurde mir schon beim ersten Rennen in Shah Alam klar: In der Startaufstellung wechselten wir im allerletzten Moment die Reifen, der Verantwortliche der Irta drückte beide Augen zu. Die Mechaniker brachten in der Eile aber nur drei von vier Muttern wieder an den Tauchrohren an! Und dann geht Sakata, der allein an der Spitze fährt, eine Zündkerze kaputt, und Valentino gewinnt das Rennen. So viel Glück in so kurzer Zeit – das musste einfach sein Jahr werden." Den einzigen groben

Schnitzer leistet er sich in Suzuka: Beim zweiten Rennen der Saison stürzt er in der letzten Runde. „Ich dachte, ich könnte gewinnen, aber ich habe mich wie ein Trottel angestellt", sagt Rossi rückblickend. Als er zu den Boxen zurückkehrt, winkt er trotz des Sturzes in die Menge und legt auch sein Lächeln nicht ab, mit dem er die Herzen des Publikums erobert. Noch heute wirkt Valentino selbst nach einer Niederlage nicht wie ein Geschlagener. Dieser Charakterzug gehört zu seinen Stärken und macht ihn umso populärer. Nach Meinung seines Vaters hat Valentino zwei Persönlichkeiten. Wenn er an den Start geht, ist er ein anderer, als in dem Moment, in dem er nach dem Rennen den Helm abnimmt. „Wie alle Champions", erläutert sein Vater, „von Mick Doohan bis zu Max Biaggi verwandelt sich Valentino in einen anderen Menschen, sobald er das Visier herunterklappt. Von diesem Moment an sind alle um ihn herum seine Feinde. Mir ist dieses Umschalten übrigens nie gelungen. Sobald er vom Motorrad steigt, ist er wieder Valentino. Niederlagen oder Enttäuschungen verdaut er sehr schnell. Das ist eine Fähigkeit, die vielen anderen Rennfahrern fehlt." Auf den Missgriff in Japan folgen zwei Siege in Jerez und Mugello, ein zweiter Platz in Österreich und zwei überzeugende Siege in Frankreich und in den Niederlanden. „Den Sieg in Assen werde ich nie vergessen", sagt er. „Weil es ein kalter Tag war, hatten wir beschlossen, die Abdeckung auf der Carbon-Bremsscheibe zu lassen. Die wurde dadurch leider sehr schnell heiß, sodass der Bremshebel an den Lenker schlug. Ich hatte Schwierigkeiten, beim Fahren das Hebelspiel nachzustellen, und musste langsamer fahren, um das hinzubekommen. Da zogen alle an mir vorbei. In einer unvergesslichen Aufholjagd überholte ich in der letzten Runde meine Kontrahenten wieder und gewann das Rennen. Dieser Lauf in Assen ist für mich bis heute das schönste Rennen in dieser Klasse." Auch in Imola, in Deutschland, in Rio und in England setzt sich Rossi durch.

In Donington, das in der Nähe des berühmten Sherwood Forest liegt, klettert er in Robin-Hood-Verkleidung aufs Podium. Das ist einer seiner ersten Späße, über die man in aller Welt schmunzelt und die den jungen italienischen Piloten noch berühmter machen. „Diese Auftritte", erinnert er sich, „haben wir uns damals bei unseren Chihuahua-Stammestreffen in der Bar in Tavullia ausgedacht, die unser zweites Zuhause war. Da trafen wir uns abends, plauderten und ließen uns diese Gags einfallen." Den „Tribu dei Chihuahua" gründete Valentino in sehr jungen Jahren zusammen mit seinen Kumpels. Lange Zeit zierte der Name sein Helmvisier. Zu den Chihuahua gehören Uccio, Pirro, Caroni, Nello, Bagaro, Mambo, Fuligna, Gabba, Cico, Cecco, Tia Musto, Bisci, Lele, Filo, Yuri, Pane, La Matta, Spungo, Pedro, Gabbia und Piwi. „Ich kenne niemanden, der seinen Freunden so sehr die Treue hält wie Valentino", beteuert Carlo Pernat. „Das gehört zu seinen Stärken. Er ist seit eh und je mit den gleichen Freunden zusammen, als wäre er immer noch 15. Sie passen auf ihn auf und helfen ihm, er selbst zu bleiben." Ein Einzelgänger war Valentino Rossi nie. Schon als junger Bursche brauchte er Freunde um sich, mit denen er Spaß haben und bei denen er nach der Schule bleiben konnte. Da sein Vater permanent unterwegs und seine Mutter durch ihre Arbeit in der Gemeindeverwaltung von Tavullia eingespannt war, war Valentino oft auf sich gestellt.

Uccio und Valentino kennen sich schon sehr lange. Die Saluccis wurden für Valentino eine Art Zweitfamilie. „Damals wohnten wir nur einen Steinwurf von der Schule entfernt", erzählt Uccios Vater Rino. „Man kann wohl sagen, dass Valentino als Kind öfter bei uns war als bei sich zu Hause." Uccio erinnert sich lebhaft: „Seit der Einschulung saßen wir in der Klasse nebeneinander", erzählt er. „Bis zum Gymnasium wichen wir uns nicht von der Seite. Valentino war intelligent. Er hatte ein unglaublich gutes Gedächtnis. Das Lernen fiel ihm leicht, machte ihm aber keinen Spaß." 1997 fragt Valentino ihn, ob er Lust hätte, ihn zu den Rennen zu begleiten. So wurde Uccio zum Chauffeur, Putzmann und Koch seines Freundes aus Kindertagen. Sein Aufgabenfeld veränderte sich im Lauf der Zeit. Von Saison zu Saison übernahm der treue Schildknappe immer höhere Posten im Rossi-Universum. Heute gehört er zum Management des Sky Racing Teams VR 46. Außerdem leitet er gemeinsam mit Alberto Tebaldi die VR 46 Academy und die damit verbundenen Aktivitäten auf der Motor Ranch. Uccio und sein Vater waren auch die ersten Schlachtenbummler, die Valentino bei seinen Rennen anfeuerten.

Die Gags, mit denen Valentino seine Siege garniert, werden zwar meistens in der Dorfbar aus der Taufe gehoben, aber es gibt noch einen zweiten Ort, an dem sie ausgeheckt werden: ein kleines Lokal an den Stufen, die zum Castello di Tomba führen. Hier hat der „weltweite" Valentino-Rossi-Fanclub Tavullia seinen Sitz. Offiziell wurde er im August 1997 gegründet, im Jahr des WM-Titels in der 125-cm^3-Klasse. Die Präsidentschaft hat seit Jahr und Tag der allseits anerkannte und respektierte Vater Salucci inne. Mit einer Handvoll unentwegter Fans zog Rino schon kreuz und quer durch Europa, als Valentino sich noch in der Europameisterschaft seine Sporen verdiente. Damals nannte sich die Truppe ganz einfach „Supporter Tavullia". Bis heute bildet sie den harten Kern des Fanclubs. Flavio Fratesi, Kommunikationschef des Fanclubs des neunfachen Weltmeisters, erinnert sich genau an die Saison 1996, in der Valentino erstmals bei Grand-Prix-Rennen antrat. „Valentinos alter Freund Uccio Salucci kam zu mir und bat mich, eine *Tifosi*-Truppe auf die Beine zu stellen, die den Sohn von Graziano und Stefania unterstützen sollte", berichtet er. „So kam es, dass sein Vater zum Präsidenten berufen wurde, und genau wie ich hat Rino sein Amt bis heute nicht aufgegeben. Anfangs hatte der Club etwa zehn Mitglieder. Mit den Freunden aus dem Dorf waren es nach kurzer Zeit 200." Flavio, Uccio und Rino, Michele Alberti, Patrizio Federici, Maurizio Maggioli, Franco Franca und einige andere halten bei jeder Gelegenheit die Farben des Clubs VR 46 hoch. Flavio und Rino nehmen als Repräsentanten des Fanclubs an allen Reisen teil.

Unterstützt wird der Club seit Langem von Pizzabäcker Paride, dessen Lokal sich früher genau gegenüber befand. Dieser Lebenskünstler ist dafür zuständig, die Fahrten für die Fans und nach den Rennen die Partys und Essen für Valentino und seine Entourage zu organisieren – also für den Stamm der Chihuahua, jene Getreuen, die früher vor allem die Aufgabe hatten, heimlich, still und leise die witzigen Bemalungen und sonstigen Verkleidungen vorzubereiten, für die ihr Champion berühmt ist. Angesichts der vielen Siege, die er eingefahren hat, ist die Liste mittlerweile endlos. Legendär ist die Ehrenrunde 1997 in Mugello mit Claudia Schiffer auf dem Sozius – genauer gesagt mit einer aufblasbaren Puppe, die er so getauft hatte. Er spielte damit auf Gerüchte über eine Romanze zwischen Max Biaggi und Naomi Campbell an, denen Paparazzi auf dem Flughafen aufgelauert hatten. Die Gummipuppe war schon 1996 angeschafft worden. Da Valentino in dem Jahr in Mugello nicht gewann, wurde sie bis auf Weiteres im Schrank verstaut. „Um Biaggi so richtig auf den

Arm zu nehmen, wollte Valentino ursprünglich, dass wir Claudia Schiffer nach Mugello einladen", erzählt Carlo Pernat. „Aber ihr Agent verlangte drei Millionen Lire. Obendrein hätte man sie im Privatjet einfliegen lassen müssen. Dazu war Beggio natürlich nicht bereit. So begnügte man sich mit einer Gummipuppe für 10.000 Lire, die weltbekannt wurde."

Viele weitere Scherze gingen um die Welt, obwohl sie häufig Insider-Charakter hatten. Valentino hat so oft den Hanswurst gespielt, dass selbst Rino Salucci Mühe hat, den Überblick über alle diese Eskapaden zu behalten. „Vale hat immer neue Überraschungen auf Lager", so der Fanclub-Präsident. Bei seinem ersten WM-Titelgewinn färbt er sich die Haare grün, weiß und rot. Während der Fußball-WM ist er in den Niederlanden mit orangefarbenen Haaren und vor seinem ersten 250er-Sieg in Donington mit grünem Schopf zu sehen. „In dem Jahr musste ich mir schließlich eine Glatze rasieren, weil meine Haare komplett runiert waren", gesteht Valentino. Kurz darauf sieht man ihn in Imola seinen Chefmechaniker Rossano Brazzi mit einer unvergesslichen Topffrisur imitieren. 2003 verrichtet Valentino in Brno Zwangsarbeit: Mit seinen als Sträflingen verkleideten Kumpels klopft er Steine am Streckenrand, weil offensichtlich alle Welt von ihm erwartet, dass er mit seiner Honda RCV jedes Rennen gewinnt. 1999 in Jerez fällt ihm, als er mit Uccio die Rennstrecke zu Fuß abgeht, ein Plastik-Klohäuschen am Streckenrand ins Auge. Das bringt ihn auf eine verrückte Idee: Auf der Ehrenrunde stellt er sein Motorrad vor dem mobilen WC ab und verschwindet für einen Moment darin, bevor er auf das Podium klettert. „Das war mein bester Gag", findet Valentino. In seiner persönlichen Hitliste ebenfalls ganz oben rangieren die Aktion „Polleria Osvaldo" bei seinem 250er-Debüt und die Polizeikontrolle wegen überhöhter Geschwindigkeit, der er sich 2002 mit seiner Honda RCV in Mugello unterziehen muss.

Die Aktion „Polleria Osvaldo" – hinter dem Namen verbirgt sich eine fiktive Hühnerfarm, deren Besitzer sich angeblich als neuer Rossi-Sponsor betätigt – ging auf eine alte Geschichte um die Fußballmannschaft des Dorfes und ein Huhn zurück. Im Italienischen wird jemand als „pollo" (Huhn) bezeichnet, der ein bisschen naiv ist – so naiv wie Valentino damals im Vergleich zu Harada und Capirossi. Die Polizeikontrolle war eine augenzwinkernde Geste an die Adresse derer, die Valentino vorwarfen, bei der MotoGP-Meisterschaft mit einem schnelleren Motorrad unterwegs zu sein als seine Kontrahenten.

1998 stieß ein Auftritt auf scharfe Kritik bei der italienischen Presse: Als Marcellino Lucchi in Mugello den Grand Prix in der 250-cm^3-Klasse vor Rossi und Harada gewinnt, steigt Valentino in Badekleidung, Badelatschen, Sonnenbrille und mit Strandtuch um den Hals aufs Podium. „Ich war überglücklich, dass ich Harada und Capirossi hinter mir gelassen hatte. Aber die Leute hatten das Gefühl, ich hätte Lucchi die Show gestohlen, der an diesem Tag seinen ersten Grand Prix gewonnen hatte. Mir wurde vorgehalten, ich hätte ihm seinen Ehrentag vermasselt. Das war zugegebenermaßen eine unglückliche und dumme Aktion. Nach diesem Rennen beschloss ich, solche Spektakel nur noch zu veranstalten, wenn ich gewinne." Als er sich anschickt, die Kunst der 500er zu erlernen, legt er sich den Künstlernamen „The Doctor" zu, den er bis heute trägt. Seither sieht man ihn nach seinen Rennen regelmäßig im weißen Kittel und mit Stethoskop in der Hand seine Maschine abhorchen. Andere Aktionen sind gehaltvoller, wie die in Malaysia 2004: Eine Woche zuvor war dem Rossi-Clan das Lachen vergangen, als Valentino beim Großen Preis von Katar in die letzte Startreihe strafversetzt wurde. Als Revanche fegt er in Sepang die Piste mit einem Besen und trägt dabei ein T-Shirt mit der Aufschrift „La Rapida", der Name einer Reinigungsfirma, die beim MotoGP für Sauberkeit sorgt. Der – etwas vorschnelle – bitterböse Gag richtet sich gegen den spanischen Fahrer Sete Gibernau, der bei der Rennleitung in Katar dagegen protestiert hatte, dass Jeremy Burgess den für Valentino vorgesehenen Startplatz gesäubert und damit gegen das Reglement verstoßen hatte. Manche Aktionen entstehen aus dem Moment heraus, wie der Kuss, den er seiner Yamaha 2004 nach seinem unglaublichen Sieg in Welkom gibt, andere in letzter Minute, wie das T-Shirt mit der Aufschrift „Che spettacolo!", mit dem er beim Großen Preis von Australien ins Ziel fährt und mit seinem Sieg den ersten Triumph im Zeichen der Marke mit den drei Stimmgabeln im Logo feiert. „Ich wollte unbedingt mit diesem T-Shirt auf das Podium steigen", erzählt Valentino. „Nach dem Großen Preis von Malaysia bat ich Uccio und Gibo, das T-Shirt für Phillip Island entsprechend bedrucken zu lassen angesichts meiner Chancen, in Australien den Titel zu holen." In den vergangenen 20 Jahren hat die Clique aus

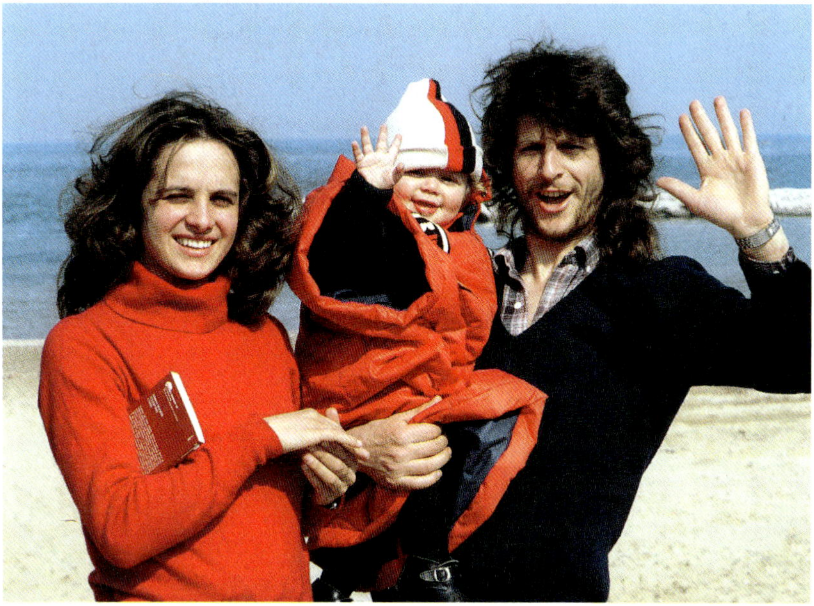

Valentino Rossi, geboren am 16. Februar 1979 in Urbino, mit seinen Eltern Stefania und Graziano.

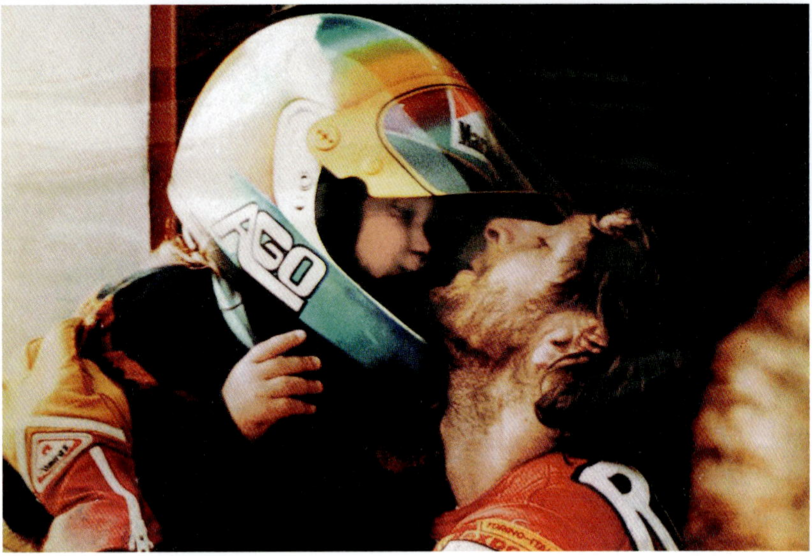

Der Vater ist Grand-Prix-Pilot – die Ansteckung mit dem Rennfahrervirus ist vorprogrammiert.

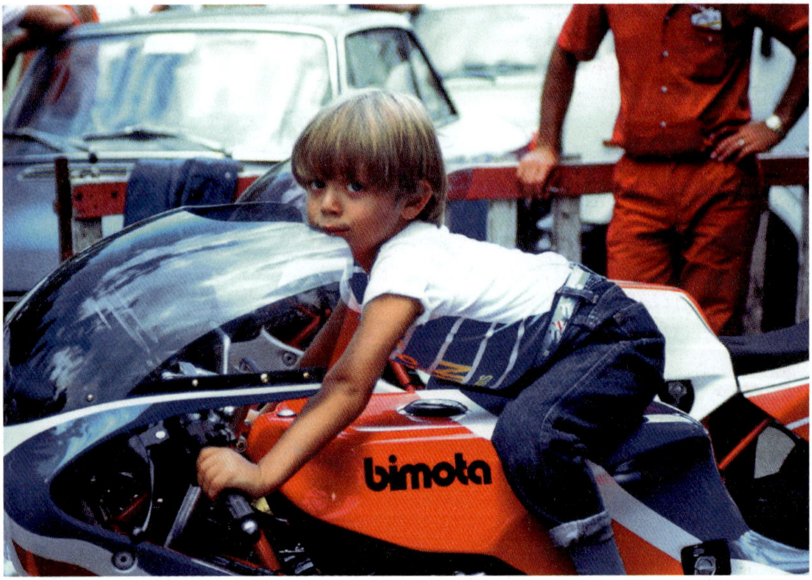

Kaum hat Rossi laufen gelernt, posiert er mit beiden Händen am Lenker.

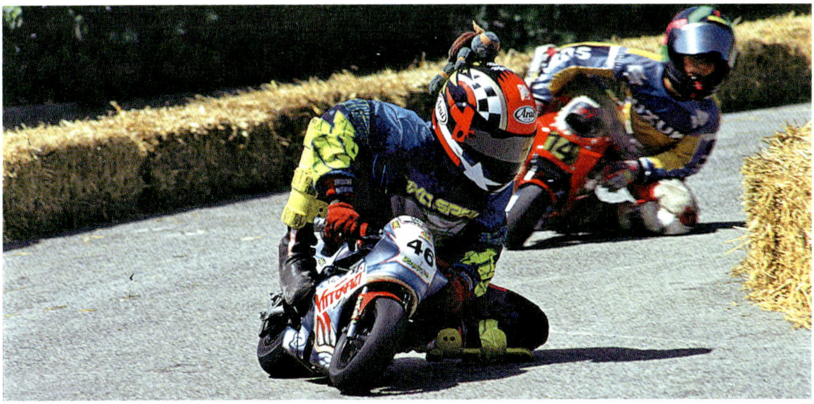

In der Mini-Bike-Schule.

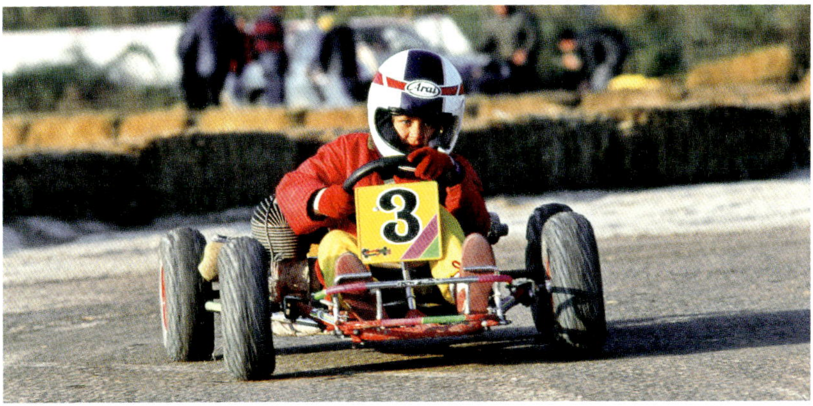

Bevor sich Valentino dem Motorradfahren verschreibt, fährt er Rennen auch auf vier Rädern.

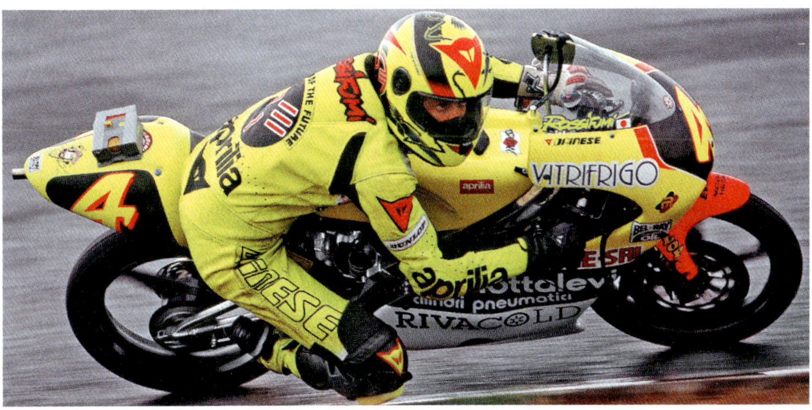

1995 verdient sich Rossi seine Sporen in der 125er-Europameisterschaft.

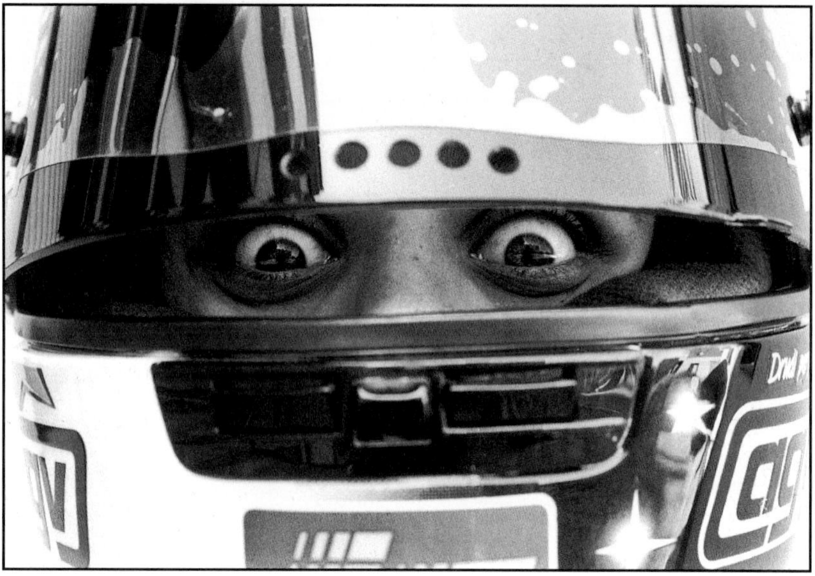

Vom ersten Tag an bereichert Valentino Rossi den Grand-Prix-Zirkus mit Sinn für spektakuläre Auftritte und Kommunikationsfreudigkeit. Seine unverbrauchte Art und seine Lebensfreude verändern das Image des Motorradsports in der breiten Öffentlichkeit.

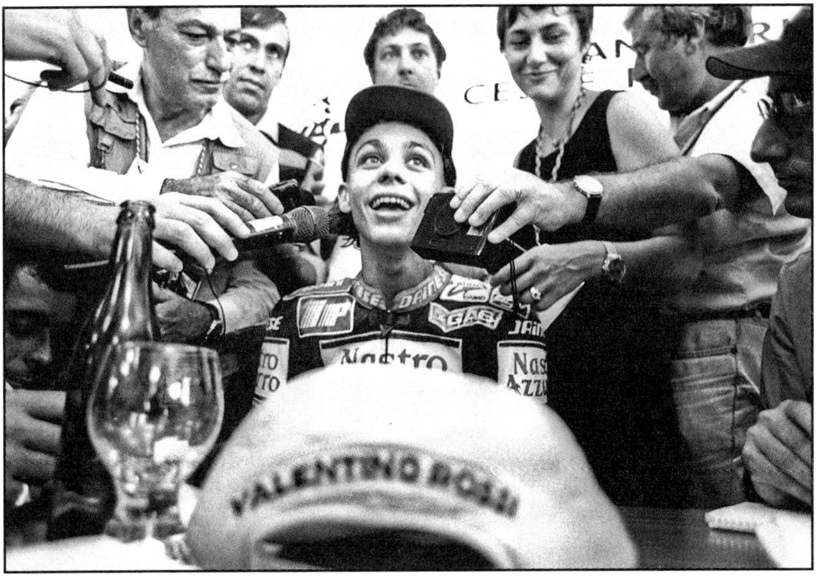

Als er 1997 seinen ersten Weltmeistertitel holt, ist Valentino noch ein junger Bursche. Seine Pressekonferenzen gestaltet er aber auch damals schon wie ein Vollprofi.

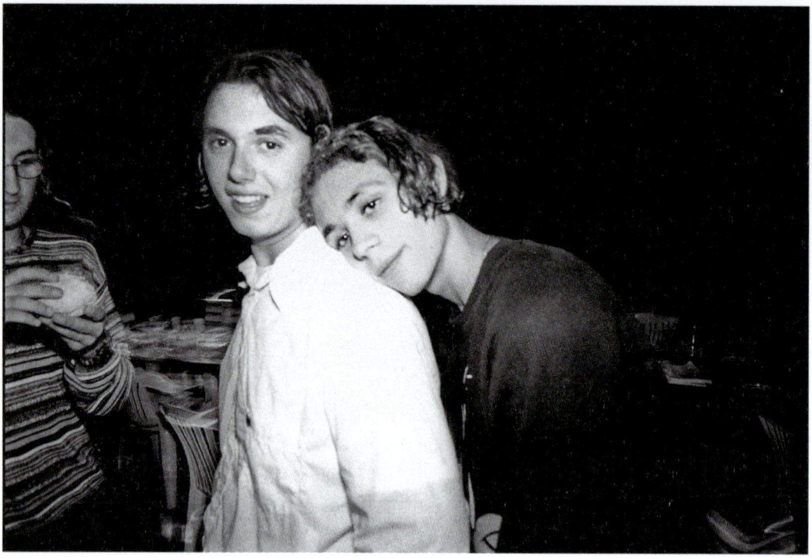

Mit Uccio verbindet Valentino eine mehr als 30-jährige Freundschaft.

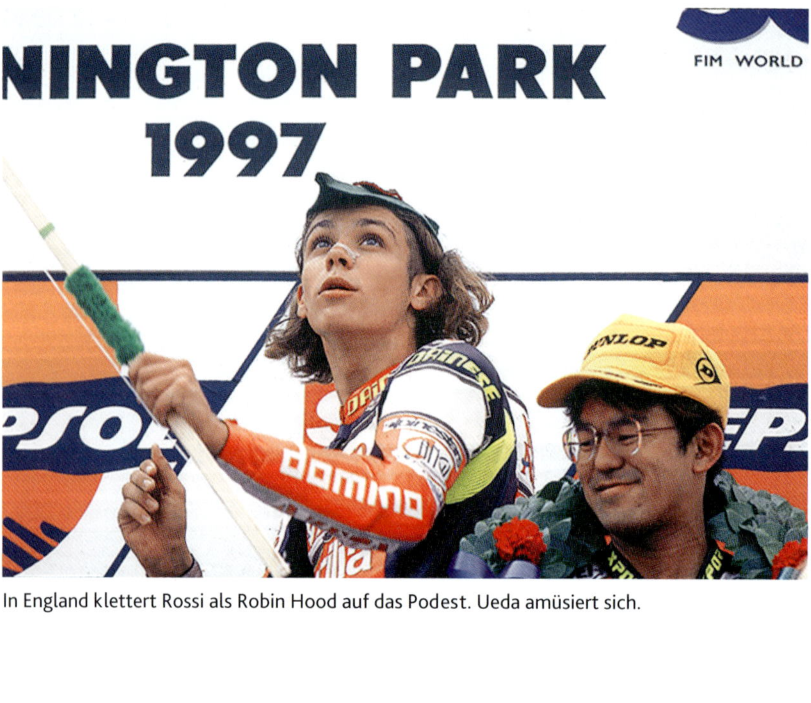

In England klettert Rossi als Robin Hood auf das Podest. Ueda amüsiert sich.

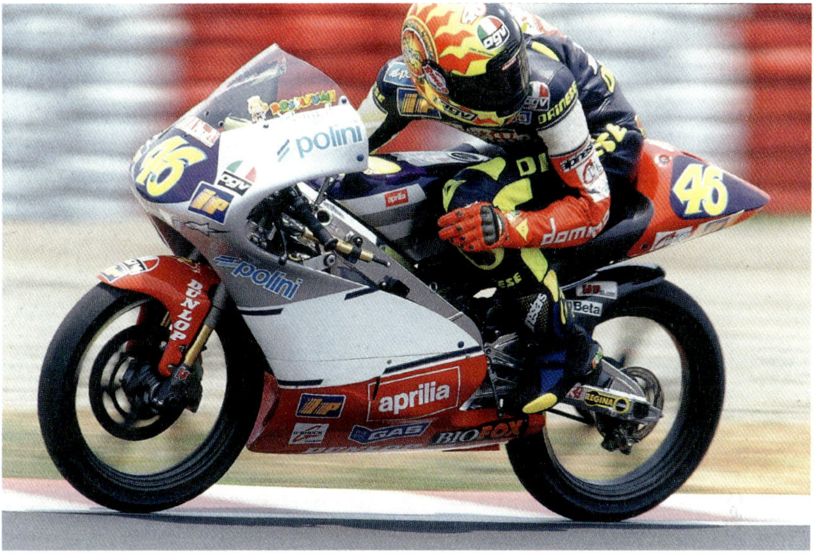

1997 gewinnt Valentino elf von 15 Grand-Prix-Rennen und lässt alle anderen weit hinter sich.

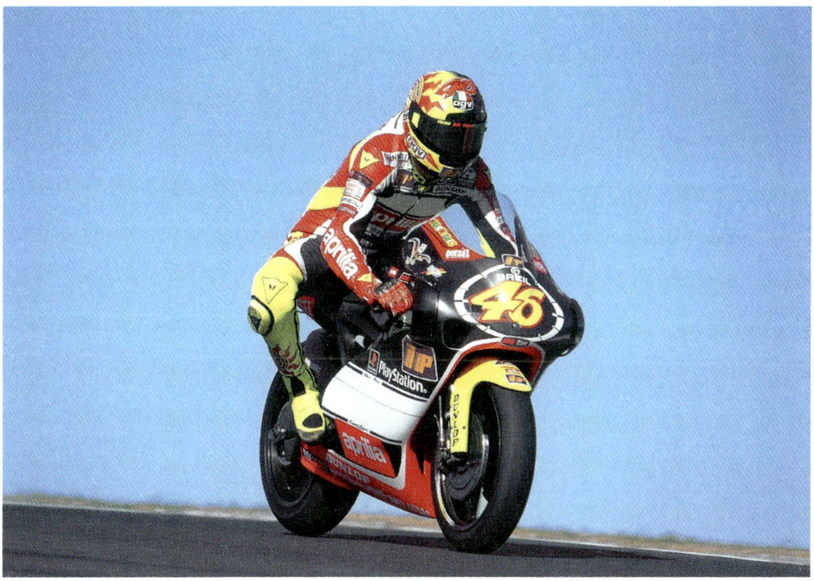

Ein Jahr zum Lernen, ein Jahr zum Siegen. 1999 wird Rossi in seiner zweiten Saison in der 250-cm³-Klasse Weltmeister. Damit endet das Aprilia-Abenteuer.

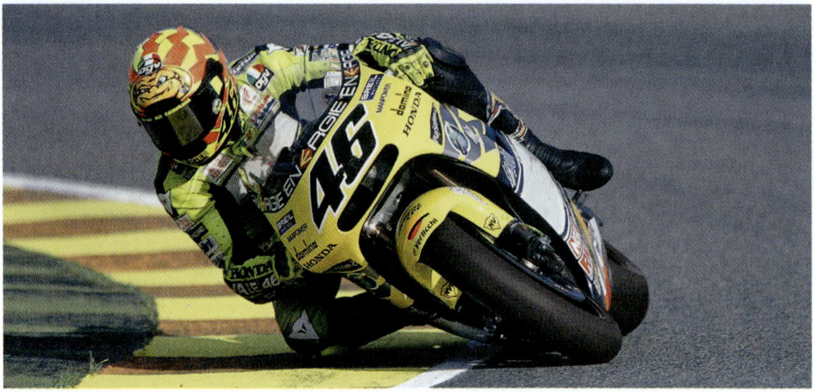

2001 wird Valentino Rossi der letzte Weltmeister in der Geschichte des 500er-Grand-Prix – ein Titel, der dem Italiener besonders viel bedeutet.

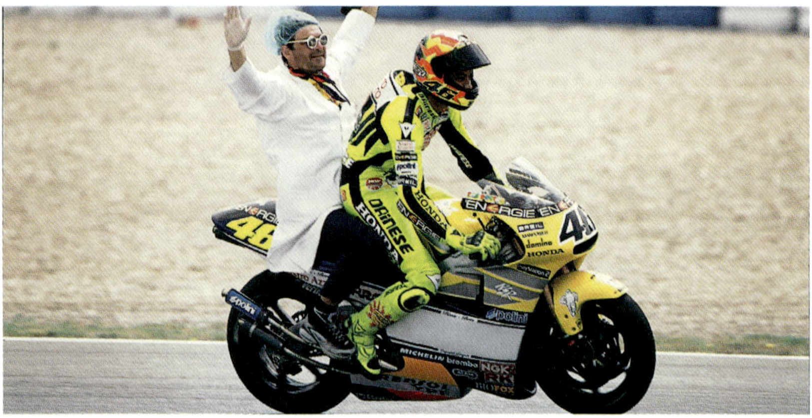

Auf seiner Honda werden die Späße des „Doktors" fortgesetzt – und seine Siege zahlreicher.

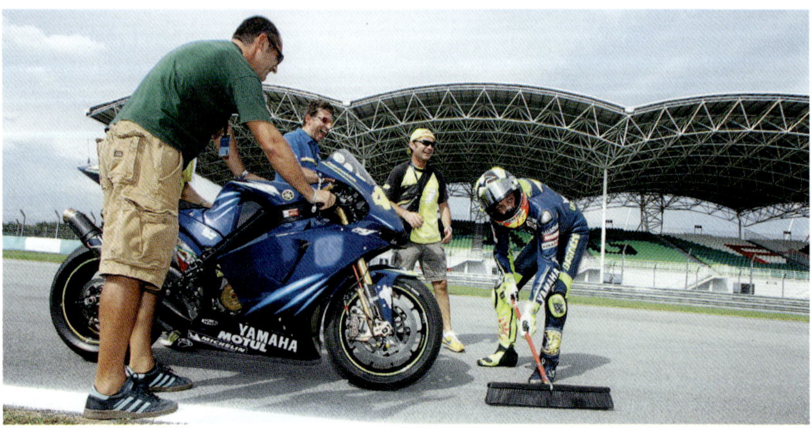

Auf dem Circuit von Sepang ist Valentino 2004 auf dem Weg zu seinem ersten WM-Titel mit Yamaha, verulkt seinen Rennkollegen Sete Gibernau und rechnet mit dem Honda-Lager ab.

Tavullia so viele T-Shirts kreiert, dass sich heute niemand mehr auch nur ansatzweise an alle erinnert. Ähnlich schwer fällt es Rino Salucci, alle Spitznamen aufzuzählen, die sich der Mehrfachweltmeister im Laufe der Zeit zugelegt hat. In jeder Saison kamen, passend zur jeweiligen Situation, neue hinzu – von „Folletto" und „Rossifumi" über „Valentinik" und „Cosmico" bis zu „Dottore". Auf diese Weise wurde Valentino Rossi nach und nach der Nabel von Tavullia.

Nach dem Einstieg in den Grand-Prix-Zirkus entwickelt Valentino sehr rasch eine große Leidenschaft für die Dekoration seiner Motorräder. Erste Nahrung erhält diese Leidenschaft durch den Kontakt zu den vielen japanischen Piloten, die damals das Hauptfeld in der 125-cm^3-Klasse bilden. Die Japaner geben den Zubehörherstellern neue Impulse und gehen radikal neue Wege, was das Deko-Design im Motorradsport angeht. „Die Grafiksprache der Japaner gefiel mir unheimlich gut – bei den Helmen ebenso wie bei den Lederkombis", sagt er. „Ich bewunderte ihre Liebe zum Detail." Einer der wenigen, die das verstehen, ist Masao Furusawa. Er lässt dem Italiener die Freiheit, seine M1 mit Stickern zu bekleben und, wie ein junger Bursche seinen Motorroller, optisch aufzupeppen. Auf diese Weise hat der Yamaha-Rennchef Rossis Vertrauen leichter gewonnen, als jeder andere vor ihm. Den Sinn für die Dekoration seiner Motorräder, der mit der Zeit zur Obsession geworden ist, lebt Valentino vor allem nachts aus. Wenn im Paddock Ruhe eingekehrt ist, die Mechaniker die Maschinen fertig montiert und ihr Werkzeug weggeräumt haben, schleicht sich Vale gern in die Werkstatt, um mit seinen Motorrädern allein zu sein. Dort kann er Stunden damit verbringen, sich über kleinste Details Gedanken zu machen oder in tief empfundener Verbundenheit seine Maschinen zu bewundern. „Die Entscheidung, wie mein Motorrad farblich gestaltet oder beklebt wird, habe ich nie jemand anderem überlassen", betont er. „Es durfte auch noch nie jemand außer mir einen Aufkleber daran anbringen – es sei denn, es geht um den Aufkleber eines Sponsors oder Technikpartners. Inzwischen darf Roby als Einziger meine Nummer auftragen, weil für diesen speziellen Lack ein besonderes technisches Verfahren nötig ist." Valentino wendet sich seiner Yamaha M1 heute ebenso zärtlich zu wie einst seinen Fahrrädern, die er als kleiner Junge mit Aufklebern verziert hat. Seine Akribie grenzt dabei manchmal ans Pedantische.

Soweit sich Aldo Drudi zurückerinnern kann, war das schon immer so. Aldo wird 1958 wenige Kilometer von Tavullia entfernt an der Adriaküste geboren. Er studiert Grafik in Pesaro und ist passionierter Motorradfahrer. Graziano Rossi lernt er kennen, als er bei Morbidelli angestellt wird und sich dort um die Deko der Rennmaschinen kümmert. Der Chef des italienischen Herstellers war auf ihn aufmerksam geworden, weil ihm das selbstkreierte Design von Drudis Maschine auffiel. Aldo und Graziano sind Freunde seit der Zeit, als Valentino sprechen lernte. Als Aldo für Arai arbeitet und unter anderem die Helme von Luca Cadalora, Loris Reggiani und Kevin Schwantz designt, sucht Valentino ihn oft in seiner Werkstatt auf, um ihm über die Schulter zu schauen. „Er interessierte sich für jedes Detail und kannte das Helmdekor aller Grand-Prix-Piloten", erzählt Aldo. 1996 wird das Design der Aprilia-Maschinen des AGV-Teams natürlich einem Freund der Familie Rossi anvertraut. „Anders als die meisten anderen Fahrer, mit denen ich arbeite, hat Valentino sehr genaue Vorstellungen, wie sein Dekor aussehen soll", sagt Drudi. „Wir tauschen unsere Ideen aus; das ist immer sehr interessant. Er ist der Einzige, mit dem ich eine echte Zusammenarbeit pflege." Die meisten Figuren, Maskottchen, Symbole und sonstigen Deko-Elemente, die Valentino Rossi in den letzten 20 Jahren zur Schau getragen hat, stammen von Aldo Drudi. Ihm verdankt der italienische Fahrer auch das Gelb, das für die Marke VR46 steht. Dieses Gelb wurde von der letzten Version des Arai-Helms übernommen, den Kevin Schwantz Anfang der 1990er-Jahre trug. Mond und Sonne sind seit eh und je seine ständigen Begleiter. „Diese Idee hatte er, als er 16 war", verrät Aldo. „Er sieht darin die zwei Seiten seiner Persönlichkeit." Auch wenn es darum geht, sich neue Glücksbringer auszudenken, die die bösen Mächte fernhalten, kennt Valentinos Fantasie keine Grenzen. „Aus diesen Dingen schöpft er eine Menge Energie", sagt Aldo, der die Eingebungen des Piloten jederzeit bereitwillig umsetzt. „Wenn er eine schlechte Phase hat, müssen wir uns etwas ausdenken, das ihn aus diesem Tief wieder herausholt."

IV.

EINE ITALIENISCHE GESCHICHTE

„Meine Fehde mit Max Biaggi begann im Jahr 2000 direkt nach meinem Wechsel in die 500-cm^3-Klasse. Genauer gesagt: Da begann unsere Fehde auf der Rennstrecke. Verfeindet waren wir schon seit meiner ersten Grand-Prix-Saison 1996. Biaggi und ich haben eigentlich nie miteinander geredet. Jedenfalls nie länger als die paar Augenblicke, die man braucht, um sich gegenseitig ein paar Schimpfwörter an den Kopf zu werfen. Das heißt aber nicht, dass ich ihn hasse. Wir waren nie Freunde, aber Hass ist etwas anderes. Dieser Ausdruck ist viel zu stark, als dass man damit unser Verhältnis beschreiben könnte. Sagen wir so: Uns verbindet gegenseitige Abneigung."

Assen, Niederlande, Samstag, 28. Juni 1996. Am Tag vor dem siebten Rennen der Saison ergießt sich aus großen schwarzen Wolken ergiebiger Dauerregen über der Rennpiste. Seit Beginn des Wochenendes ist nicht nur die Luft, sondern auch die Stimmung kühl – vor allem in der Box des AGV-Teams. Angesichts der vielen Kapriolen seines jungen Rennpiloten reißt Giampiero Sacchi allmählich der Geduldsfaden. Am Abend beschließt der italienische Manager, Valentino eine Standpauke zu halten und ihm seine Verantwortung vor Augen zu führen. Rossi erinnert sich so gut, als wäre es gestern gewesen: „Sacchi sagte zu mir: Vale, wenn du so weitermachst, wirst du enden wie Kevin Schwantz." Zur Erinnerung: Ein Jahr zuvor hatte der Texaner wegen seiner vielen Verletzungen die Karriere an den Nagel hängen müssen. „Wenn du so werden willst wie Biaggi, musst du dich ändern! Daraufhin sagte ich mir: Verdammt nochmal – ich mache weiter wie bisher!" Lieber wollte ich auf die Nase fallen, als dem Römer nacheifern, mochte er noch so oft Weltmeister sein. Tags darauf macht Valentino wenige Runden vor dem Ziel einen Fahrfehler, als er gerade dabei ist, sich vom

20. auf den 2. Platz vorzuarbeiten. Eine weitere Gelegenheit für Giampiero Sacchi, sich die Haare zu raufen. Seit Rossis Grand-Prix-Debüt wurde über die Rivalität zwischen Biaggi und dem Rennfahrer aus Tavullia viel geschrieben. Insbesondere den italienischen Medien lieferte sie Stoff für viele polemische Auseinandersetzungen. Der Altersunterschied zwischen den beiden beträgt acht Jahre. Biaggi war schon ganz oben angekommen, als den Namen Rossi noch niemand gehört hatte. „Schon als ich noch ein Bürschlein war und das Grand-Prix-Geschehen im Fernsehen und in den Zeitungen verfolgte, mochte ich seine Art nicht", erläutert Valentino. „Ich fand ihn arrogant und eingebildet." Die Rivalität kann allerdings zunächst nicht auf der Rennstrecke ausgetragen werden, weil die beiden Piloten nicht in den gleichen Klassen antreten. Solange keine Waffengleichheit besteht, muss sich Valentino auf andere Weise von Biaggi abgrenzen, der bald von der gesamten Rossi-Clique zur Karikatur eines überheblichen Römers stilisiert wird. Valentinos damaliger Manager Gibo Badioli ist an diesen Ränkespielen nicht unbeteiligt. Sein Schützling bedarf eines Antipoden, damit sich sein Status als Publikumsliebling weiter festigt. Gibo baut diese Gegenfigur mit auf und serviert ihm einen Erbfeind quasi auf dem silbernen Tablett. „Valentino ist ein Kannibale", sagt Carlo Pernat. „Er ist ein Rennfahrer, der seine Gegner verspeist." Der frühere Aprilia-Rennchef erinnert sich sehr genau an das erste Scharmützel zwischen den beiden Piloten. „Das war in Japan, in einem Restaurant in Suzuka, beim zweiten Grand Prix der Saison 1997. Valentino lief Max über den Weg und behandelte ihn von oben herab. Daraufhin rief Max ihm zu: Schaff du erstmal, was ich geschafft habe – dann können wir uns gerne von Gleich zu Gleich unterhalten." Wenige Tage zuvor hatte Valentino nach dem ersten Lauf in Malaysia auf die Frage eines italienischen Journalisten, ob er davon träume, der Biaggi der 125-cm³-Klasse zu werden, erwidert: „Nein, ich glaube eher, dass Biaggi davon träumt, der Rossi der 250-cm³-Klasse zu werden." Im gleichen Jahr kocht die Rivalität zwischen den beiden Italienern hoch, als Valentino bei seiner Ehrenrunde in Mugello eine aufblasbare Claudia-Schiffer-Puppe auf dem Sozius mitnimmt. „Damals prahlte Biaggi mit einer angeblichen Affäre mit Naomi Campbell", erinnert er sich. „Die italienischen Journalisten haben die Geschichte auf ihre Weise interpretiert und Feuer an die Lunte gelegt."

Immerhin ist Valentino ehrlich genug, zu seiner Lust am Provozieren zu stehen: „Ich galt schon immer als Unruhestifter. Das liegt natürlich an den Attacken, die ich in meinen frühen Grand-Prix-Jahren gegen Biaggi geritten habe. Damals war er der Unberührbare in Person, dem die Journalisten zu Füßen lagen. Ich hingegen habe ihn völlig anders wahrgenommen. Kurioserweise hing, als ich 14 war, ein Poster von ihm in meinem Zimmer, das ihn auf seiner Honda 250 zeigte. Ich zählte zu seinen Fans, weil ich Italiener bin genau wie er. Mir gefiel sein aggressiver Fahrstil. Ich hatte immer schon Hochachtung vor Fahrern, die so drauf waren. Damals wusste ich allerdings noch nicht, was für ein Mensch er ist. Als ich anfing, seine Interviews zu lesen, habe ich meine Meinung über ihn geändert. Dass er immer Ausreden suchte und sich ständig über sein Motorrad oder seine Reifen beklagte, ging mir entschieden gegen den Strich. Daraus habe ich in der Folge nie ein Hehl gemacht." 2001 stellt sich Valentino mit seinem Hang zum Provozieren allerdings selbst ein Bein, als er so weit geht, Biaggi bei einer Rangelei an der engen Treppe zum Podest in Montmelo ins Gesicht zu schlagen. Biaggi erklärt die Schrammen an seiner Nase bei der anschließenden Pressekonferenz damit, dass ihn auf dem Weg aufs Podest eine Mücke gestochen habe. Eine nette Geschichte. Max Biaggi soll Gibo Badioli angerempelt haben, sodass dessen Brille zu Boden fiel. Daraufhin soll Rossis Manager den Römer heftig weggeschubst haben. Dieser wiederum setzte sich zur Wehr, bis Carlo Fiorani, der Sportdirektor des Honda-Repsol-Teams, ihn schließlich packte. In diesem Moment soll sich Valentino mit einem unglücklich platzierten Fausthieb eingeschaltet haben. Der erklärt den Vorfall damals so: „Es ging alles sehr schnell. Die Stimmung war wegen des Rennens noch ein wenig angespannt. Ich sprach mit Gibo und stand dabei an dieser Engstelle, als Max sich vorbeidrängelte." Biaggi kontert mit einer weniger unbeschwerten Version: „Nach einem qualitativ hochwertigen Rennen kam es bedauerlicherweise zu einem unerfreulichen Vorfall, der von Personen verursacht wurde, die sich an diesem Zugang zum Podest weder aufzuhalten brauchten noch aufhalten durften und eine sehr spannungsgeladene Situation zwischen Valentino und mir heraufbeschworen haben. Der Zusammenstoß ist inzwischen Geschichte, aber er hinterlässt bei mir einen bitteren Nachgeschmack. Damit ist für mich alles gesagt. Weitere

Fragen dazu möchte ich nicht beantworten. Bitte haben Sie dafür Verständnis." Nach dieser Episode gehen die englischen Tageszeitungen *The Daily Telegraph* und *The Times* mit dem Wahl-Londoner Rossi hart ins Gericht. „Die Rauferei mit Biaggi wirft einen Schatten auf Rossis Triumph", heißt es dort. In Italien veröffentlicht das Wochenmagazin *Motosprint* zu dem Vorfall eine Karikatur. Sie zeigt eine Marmorbüste auf dem Dorfplatz von Tavullia, die den Anstifter Gibo Badioli darstellen soll. An der Statue hängt ein Schild mit der Aufschrift: „Gewidmet dem unzähmbaren Helden, dem es in seiner Furchtlosigkeit gelang, Sympathien für Max Biaggi zu wecken. Ein leuchtendes Beispiel für törichtes und unsportliches Verhalten. Tavullia in tiefer Anerkennung."

Der Italiener hat es zwar immer besser als jeder andere verstanden, seine Rivalen durch Provokation dahin zu bringen, wo er sie haben will, aber er hat auch immer wieder Grund, sich über Biaggi zu beklagen. Unvergessen sind in diesem Zusammenhang der Große Preis von Japan 2001 und das üble Manöver des Römers, der auf der Start- und Zielgeraden bei über 250 km/h den Ellenbogen ausfährt und Valentino von der Piste zu drängen versucht. Rossi fängt sich wieder und überholt schließlich seinen Widersacher, dabei zeigt er ihm den Stinkefinger. Zu diesem bedauerlichen Vorfall ist die Szene an der Podesttreppe in Montmelo das um zwei Monate verzögerte Nachspiel. Den WM-Verantwortlichen gelingt es zwar, den beiden Italienern eine Art Burgfrieden zu verordnen, aber ihr Verhältnis bleibt konfliktgeladen. „Er hat immer versucht, mich einzuschüchtern, aber das hat nie geklappt", versichert Valentino. „Besonders gern schnitt er mich haarscharf oder drängte sich bei vollem Tempo ganz knapp vor mich, wenn ich bei einem Training auf der Boxenstopprunde war oder meine Ehrenrunde drehte wie 2002 in Donington. Ich habe ihn in solchen Fällen entweder ignoriert oder mich mit einer Provokation meinerseits revanchiert. Ich weiß noch, dass ich mir 2000 in Motegi einen Spaß daraus gemacht habe, bei seinen Starttests gegen Ende eines Trainings sein Hinterrad zu touchieren und ihm damit auf die Nerven zu gehen. Jedes Mal, wenn er sich umdrehte, winkte ich ihm zu." Solche Kleinkriege sind zwar zwischen Grand-Prix-Piloten nicht unbedingt an der Tagesordnung, aber allzu selten sind sie auch nicht. Während seiner Grand-Prix-Anfänge hat Valentino diesbezüglich viel von Jorge Martínez gelernt. „Aspar“ war deutlich älter als Rossi und sehr einfallsreich, wenn es darum ging, den Frechdachs aus Tavullia in seine Schranken zu weisen. Der zog seine Lehren daraus.

Am 31. August 1997 holt Valentino auf dem Brno Circuit seinen ersten Weltmeistertitel beim Großen Preis von Tschechien. Zwar reicht es an diesem Tag nur zum dritten Podestplatz hinter Ueda und Manako, aber nach neun Siegen kann rechnerisch niemand mehr den Vorsprung des Aprilia-Piloten aufholen. Somit hat Valentino seine Mission bereits drei Rennen vor Saisonende erfüllt. „Ich bin unheimlich gerne in der 125-cm^3-Klasse gefahren“, verrät er, „und es war sehr wichtig für mich, diesen Titel zu holen und damit das Abenteuer, das ich Jahre zuvor mit dem Cagiva Cup begonnen hatte, zum Abschluss zu bringen.“ Ab sofort kann er seinen Wechsel in die 250-cm^3-Klasse vorbereiten. Dort hat sich im gleichen Jahr ein gewisser Max Biaggi an die Spitze gearbeitet. Für den gebürtigen Römer ist es bereits der vierte 250er-WM-Titel hintereinander, aber diesmal ist Carlo Pernats einstiger Schützling auf einer Honda zum Weltmeisterschaftstitel gefahren. Eine Schmach für den italienischen Motorradhersteller, der die 250-cm^3-Klasse bis dato dominiert hat. Der frühere Sportdirektor von Aprilia erinnert sich: „Biaggis Triumph schmerzte uns umso mehr, als er nie gewürdigt hat, was wir für ihn getan haben. Bei Valentino kam so etwas nie vor.“ Max Biaggi wechselt mit einer Honda und dem Team Kanemoto in die 500-cm^3-Klasse. Rossi muss sich also weiter gedulden, bis er sich mit seinem Lieblingsfeind messen kann. Immerhin kann er sich bei seiner Lehrzeit in der 250-cm^3-Klasse an den beiden ehemaligen Weltmeistern Tetsuya Harada und Loris Capirossi reiben, mit denen er ein Team bildet. Mit dem 125er-WM-Titel in der Tasche stellt Valentino Bedingungen. Er möchte nicht mehr mit Sacchi und vor allem nicht mehr mit Mauro Noccioli zusammenarbeiten, der für seinen Geschmack etwas zu autoritär ist und sich zu sehr in sein Rennverhalten einmischt, und fordert, Loris Reggianis früheren Chefmechaniker Rossano Brazzi anzuwerben. Reggiani hatte Valentino versichert, dass Brazzi genau der richtige Techniker sei, um in der 250-cm^3-Klasse in die Offensive zu gehen. Das Problem: Brazzi und Capirossi haben sich bereits auf eine Zusammenarbeit verständigt. Doch wenn Valentino sich einmal für etwas entschieden hat, lässt er nicht locker. „Zum Glück konnte ich Loris davon überzeugen, dass es für ihn besser wäre, mit Noccioli zusammenzuarbeiten", erzählt Pernat. „Ich erklärte ihm, dass es Mauro war, der Valentino zum Sieg führte, und dass Mauro charakterlich besser zu ihm passe als Brazzi. Das war nicht einfach, aber ich hatte keine andere Wahl. Wenn Vale sich etwas in den Kopf gesetzt hat, gibt er keine Ruhe, bis er seinen Willen bekommt. Loris hat seine Entscheidung letztlich nicht bereut, er wurde in diesem Jahr Weltmeister."

Auch wenn er bislang nur in der 125-cm³-Klasse siegreich war, führt an Valentino im Hause Aprilia schon jetzt kein Weg mehr vorbei. Das liegt nicht nur an dem lukrativen Dreijahresvertrag, den Aprilia und Rossi miteinander geschlossen haben. Der italienische Hersteller weiß genau, dass er mit Rossi einen Ausnahmepiloten und hervorragenden Markenbotschafter verpflichtet hat. Schon Ende 1997 grassiert in Italien das Rossi-Fieber, und die Rennen und Show-Einlagen des phänomenalen Rossi sorgen während der gesamten Saison für Furore. „In dem Jahr erregte Valentinos Titel mehr Aufsehen und Medienecho als Mick Doohans vierter WM-Titel in der 500-cm³-Klasse", resümiert Jan Witteveen, der langjährige Rennchef von Aprilia.

In der Grand-Prix-Geschichte gibt es viele Fahrer, die in der 125-cm³-Klasse glänzten und dort sogar einmal oder mehrmals Weltmeister wurden, es aber nicht schafften, ihre Fahrkünste auch auf schwereren und leistungsstärkeren Motorrädern zu beweisen. Trotz aller vielversprechenden Erfolge und dem Umstand, dass seine Statur in der 125-cm³-Klasse alles andere als vorteilhaft für ihn war, und ungeachtet der Tatsache, dass sein Fahrstil bei näherem Hinsehen schon den Ausnahmefahrer verriet, hätte es auch Valentino Rossi durchaus so ergehen können. Selbstverständlich braucht man ein gewisses Talent, um in gleich welcher Klasse einen WM-Titel zu holen, aber ein Triumph in der 125-cm³-Klasse erfordert nicht das gleiche Maß an Intelligenz wie ein Titel in einer der höheren Klassen. Bei dem einen oder anderen Fahrer reichen schon der Spaß am Abdrängen des Gegners und eine gewisse Risikofreude aus, um Weltmeister in der 125-cm³-Klasse zu werden. „250er-Maschinen sind ein anderes Kaliber", betont Jan Witteveen. „Beim Wechsel von der 125-cm³- in die 250-cm³-Klasse steigt man von einem Motorrad mit 50 PS und einem extrem stabilen Rahmen, der so gut wie alles aushält, auf eine schwerere

Maschine mit doppelt so hoher Motorleistung um. Die will ganz anders beherrscht und gehandhabt, eingestellt und gefahren werden. Bei der Suche nach der richtigen Kombination und Lastenverteilung zwischen Federung, Motor und Reifen spielt der Pilot eine sehr wichtige Rolle." Rossano Brazzi – ein gewissenhafter Techniker und zugleich ein diskreter und warmherziger Mensch – erweist sich für Valentino als der ideale Chefmechaniker. Mit einer Mischung aus Strenge und Ungezwungenheit schafft er die optimale Atmosphäre, die genau zum Naturell des jungen Piloten passt und in der er ganz in Ruhe lernen kann, wie man ein Motorrad feinjustiert, das komplexer ist als die gewohnten 125er-Maschinen. Schon beim ersten Arbeitstreffen erkennt der italienische Techniker, mit wem er es zu tun hat. „Vales Qualitäten waren für mich gleich bei unserem ersten Training in Jerez klar erkennbar. Das war Ende 1997", berichtet Brazzi. „Da setzte er sich zum ersten Mal auf eine 250er-Maschine, und nach drei Tagen stellte er bereits einen neuen Streckenrekord auf." Rossi ist noch nicht einmal 18 Jahre alt und legt schon jetzt eine weit überdurchschnittliche mentale Stärke an den Tag. Bei seinem ersten Start mit der Aprilia 250 ist ihm klar, dass sich alle Blicke auf ihn richten und er sich diese Gelegenheit nicht entgehen lassen darf, bei seinen neuen Kontrahenten gleich zu Beginn einen bleibenden Eindruck zu hinterlassen. Kaum in Jerez angekommen, bittet er die Techniker von Dunlop um Qualifying-Reifen, mit denen er einen neuen Streckenrekord aufstellen und mit einem Fingerschnippen Max Biaggis vier WM-Titel vergessen machen kann. Dass ein Champion Talent und Intelligenz mitbringt, ist selbstverständlich. Aber man erkennt einen solchen auch an der besonderen Ausstrahlung, die ihm alle Trümpfe in die Hand spielt, und am unbedingten Willen zum Erfolg.

1998 ist die Aprilia RSW geradezu unverschämt überlegen. Das Vorhaben der Honda-Ingenieure, ihre Honda NSR 250 zu revolutionieren, erweist sich dagegen als totaler Fehlschlag. Da hilft es auch nicht, dass Max Biaggi in der Saison zuvor den WM-Titel geholt hat. Die Honda-Maschine ist nicht auf der Höhe, sodass die Aprilia-Piloten keine ebenbürtigen Gegner haben. „So einfach, wie es den Anschein hatte, lagen die Dinge in Wahrheit nicht", beschwichtigt Jan Witteveen. „1998 beschloss die FIM [Fédération Internationale de Motocyclisme] auf Druck von Honda, bleifreien Kraftstoff zur Pflicht zu machen. Die Honda Racing Corporation hatte in Japan damit umgehen gelernt, aber uns hat diese Umstellung in dem Jahr viele technische Probleme beschert." Mit Loris Capirossi, Tetsuya Harada und Valentino Rossi hat der italienische Hersteller allerdings ein Spitzenteam zusammengestellt. Während es bei Honda nicht rundläuft, hat Rossi zwei Top-Rennfahrer als Teamkollegen, von denen er viel lernen kann. Außerdem steht er nicht unter Erfolgsdruck, weil alle Welt seine erste 250er-Saison als Lehrjahr betrachtet. Vale hätte sich keine bessere Ausgangsposition für sein Debüt in der Grand-Prix-Mittelklasse erträumen können. „Loris und Harada hatten viel mehr Erfahrung als ich, und bei Aprilia herrschte eine entsetzliche Stimmung", erinnert er sich. „Die Chefmechaniker bekriegten sich gegenseitig, und jeder fragte sich, ob die anderen nicht die bessere Ausstattung hatten. Und ich hatte meine Mühe, so zu fahren wie meine beiden Teamkollegen, weil ich ja frisch aus der 125-cm^3-Klasse kam. Trotzdem wollte ich mich nicht mit dem dritten Platz begnügen, denn da bei Honda nichts lief, hätte ich mich als Dritter gefühlt wie das Schlusslicht." Im Rückblick hält Valentino die Saison 1998 für eine der wichtigsten in seiner Karriere, weil sie ihn zu einem unverbesserlichen Draufgänger gemacht hat – ähnlich wie die Saison 1992 Mick Doohan nach seinem Unfall beim Großen Preis der Niederlande und seinem Beinbruch zu einem überragenden Kämpfer werden ließ. Valentino hat mit anderen Schwierigkeiten zu kämpfen. Zum Beispiel muss er lernen, in dem Schwarm von Menschen, die ihn zunehmend umschwirren, die Spreu vom Weizen zu trennen. Noch viel schwerer ist es für ihn, über den Tod zweier seiner besten Freunde hinwegzukommen, die bei einem Autounfall ums Leben kommen. „Diese erste 250er-Saison war seelisch sehr anstrengend", bekennt er. „Ich stand extrem unter Druck und hatte um mich herum lauter Freunde, die gar keine Freunde waren. Ich habe auf der Piste Riesenfehler gemacht und war viel zu gestresst. Die italienischen Journalisten hatten kein Nachsehen mit mir. Sobald ich einen Fehler machte, hieß es, dass ich es nie schaffen würde, dass die 250-cm^3-Klasse viel schwieriger sei als die 125er und dass ich nicht das Zeug hätte, um in dieser Kategorie zu glänzen. Als hätten sie vergessen, dass ich kurz vorher einen Weltmeistertitel geholt hatte mit 80 Punkten Vorsprung vor dem Zweitplatzierten. Bei jeder Gelegenheit bekam ich zu hören, ich sei unreif und nichts weiter als ein verwöhnter Bengel. Bis zum Großen Preis von Tschechien sackte mein Niveau ja auch wirklich kontinuierlich ab."

Gleich beim ersten Rennen in Suzuka, bei dem er wegen eines Mechanikproblems aufgeben muss, erkennt Valentino das Ausmaß der Anforderungen, die die neue Wettkampfklasse an ihn stellt: „Anders als mit einer 125er-Maschine kann man mit einer 250er, die technisch nicht ausgereift ist, nicht an der Spitze angreifen", räumt er ein. In Malaysia qualifiziert er sich beim zweiten Grand-Prix-Rennen der Saison erstmals für die erste Startreihe, stürzt aber bei dem Versuch, Tetsuya Harada und Tohru Ukawa den Sieg streitig zu machen. Beim ersten europäischen Grand-Prix-Rennen in Spanien stürzt er im Training sogar zweimal, erreicht aber im Rennen den zweiten Podestplatz hinter Loris Capirossi. Dieses Rennen ist für Valentino eine besonders wertvolle Erfahrung: „Da habe ich gelernt, dass man eine 250er nicht so einstellen darf wie eine 125er, weil sich das Verhalten des Motorrads während des Rennens verändert – durch das Gewicht, das Fahrverhalten und den Reifenabbau. An dem Tag in Jerez wurde mir klar, dass man bei den Trainings auf die Endphase des Rennens hinarbeiten und sich auf diese letzte Phase vorbereiten muss, statt sich auf die schnellste Rundenzeit zu konzentrieren." Von seinen beiden Teamkollegen, die für ihn vor allem Gegner sind, schätzt er nur den einen, während er dem anderen nichts abgewinnen kann. Mit Capirossi versteht sich Rossi blendend. Die beiden Italiener begegnen sich auf der Piste und außerhalb der Strecke mit Respekt. Für Harada gilt das nicht. Nach einem ermutigenden zweiten Platz in Mugello liefert sich Valentino auf dem französischen Circuit Paul Ricard mal wieder einen Kampf mit dem Japaner. Die beiden Aprilia-Piloten führen das Feld mit fünf Sekunden Vorsprung vor Capirossi an. „Zu Beginn des Rennens versuchte er, sich abzusetzen in der Hoffnung, dass ich stürze, wenn ich versuche, an ihm dranzubleiben – so wie das zu Beginn der Saison mehrmals der Fall war", erzählt Valentino. „Als er sah, dass ich ihm auf den Fersen blieb, wurde er plötzlich langsamer und ließ mich vorbei, indem er einen Bremsfehler vortäuschte. Ich wollte aber nicht vor ihm fahren, weil er mehr Erfahrung hatte als ich und mich in der letzten Runde locker hätte schlagen können. So holte uns Capirossi ein, bevor Harada und ich in den letzten Runden

den Abstand wieder vergrößerten. Am Ende gewann er, und mir warf man vor, ich hätte Loris demütigen wollen, was natürlich überhaupt nicht stimmte." Auch Jan Witteveen erinnert sich an den Großen Preis von Frankreich 1998: „Einerseits war es gut für Aprilia, dass unsere drei Motorräder die Konkurrenz abgehängt hatten. Andererseits muss man zugeben, dass unsere Fahrer nicht gerade die allerbeste Vorstellung ablieferten." Valentino fügt hinzu: „Bei den Wintertests wurde mir klar, dass ich für Harada der Gegner Nummer Eins sein würde. Er hatte mich zu seinem Feind erkoren. Das bestätigte sich beim Großen Preis von Spanien, als er Capirossi dafür Beifall spendete, dass er mich geschlagen hatte. Er selbst hatte wegen eines Mechanikproblems frühzeitig aufgeben müssen."

In Jarama glaubt Valentino endlich seinen ersten Sieg erringen zu können. Doch wie schon zuvor im malaysischen Johor verliert er die Geduld und stürzt vor dem Ziel. Dieser Fehltritt öffnet ihm allerdings die Augen über sein Verhältnis zu den Fans und zu den Medien, die vielfach die Gelegenheit nutzen, unerbittlich über ihn herzufallen: „An diesem Tag habe ich gemerkt, wo meine Freunde zu finden sind", erklärt er. „Vor allem begann ich zu verstehen, wie Journalisten ticken. Wenn du Erfolg hast, fressen sie dir aus der Hand. Die Kehrseite: Sobald dieser Glanz auch nur ein bisschen verblasst, kannst du sehen, wo du bleibst." Anders als mancher vermutet, war Valentino Rossis Verhältnis zur Presse nie besonders harmonisch. Aufgrund seiner Popularität ist er bald schon gezwungen, sich zu schützen. Für einige ist das schwer nachzuvollziehen. „Trotzdem habe ich die Journalisten immer ihre Arbeit machen lassen", verteidigt er sich. „Ich habe ihnen sogar eine Menge Schreibfutter geliefert – mit Sicherheit mehr als andere. Ich habe auch immer gern mit ihnen diskutiert. Jedenfalls mit einigen von ihnen. Ich war immer geradeheraus, habe immer gesagt, was ich denke. Was übrigens häufig gegen mich verwendet wurde. Vor allem in meiner Anfangszeit, als ich noch sehr naiv war." Mit der italienischen Presse liegt Valentino regelmäßig im Clinch. „In der 125-cm^3-Klasse war ich der König", erinnert er sich. „Mit meiner ersten Saison in der 250-cm^3-Klasse verschlechterte sich das Klima. Man hielt mir alles Mögliche vor, tadelte mich wegen des mangelnden Respekts für Biaggi und erhob allerlei hanebüchene Vorwürfe. Man fing an, meine Äußerungen falsch wiederzugeben. Da habe ich aufgehört, Zeitung zu lesen." Am 27. Juni 1997 erringt Valentino Rossi auf dem Rundkurs in Assen seinen ersten Sieg in der 250-cm³-Klasse. Mit 20 Sekunden Vorsprung vor dem Zweitplatzierten fährt er ins Ziel. Rossano Brazzi wird diesen ersten Erfolg sein Lebtag nicht vergessen. „Die meisten Piloten können sich nach dem Wechsel von der 125-cm³- in die 250-cm³-Klasse nur schwer daran gewöhnen, dass sich ihr Motorrad auf einmal stärker bewegt", erläutert er. „Auch Valentino hatte dieses Problem, andererseits begriff er sehr schnell: Eine 250er-Maschine rutscht zwar stärker als eine 125er, aber das heißt nicht zwangsläufig, dass man häufiger stürzt. Er erkannte, dass er seinen Fahrstil verändern musste, um das natürliche Verhalten des Motorrads zu seinem Vorteil zu nutzen. Das ist auch der Grund, warum später sein Wechsel in die 500-cm³-Klasse so erfolgreich verlief." Nach seinem Sieg in Assen stürzt Valentino beim Rennen in Donington. In Deutschland schafft er den Sprung aufs Podest, aber in Brno stürzt er vor der Ziellinie. Natürlich hagelt es Kritik. „Von allen Seiten bekam ich zu hören, ich hätte in der 125-cm³-Klasse nur deswegen gewonnen, weil ich das beste Motorrad hatte", beschwert er sich, „und dass ich es in der 250-cm³-Klasse schwerer hätte, weil man mich hier so behandele wie jeden anderen auch. Seit diesem Rennen ging ich dazu über, diese negative Energie in positive Energie umzuwandeln. Ich weiß nicht warum, aber ich wurde ruhiger und lernte allmählich begreifen. Im Laufe des Sommers 1998 habe ich mich nicht nur als Rennfahrer, sondern auch als Mensch wirklich sehr verändert. Das war zwar eine schwierige Zeit, aber sie war notwendig. Ich war danach reflektierter und weniger impulsiv."

Anfang September in Imola setzt sich Rossi gegen Harada und Capirossi durch. „Da hat er endgültig angefangen, an sich zu glauben", verrät Witteveen. „Wäre er ein bisschen eher an diesen Punkt gelangt, hätte er schon in seiner ersten 250er-Saison den Titel holen können. Eigentlich war er Harada und Capirossi überlegen." Den Beweis liefert er in den letzten vier Rennen der Weltmeisterschaftsrunde – unter anderem bei jenem berühmt gewordenen Großen Preis von Argentinien, bei dem Capirossi am 25. Oktober auf dem Rundkurs in Buenos Aires Harada abschießt und sich damit den Titel sichert. Rossi sieht die Kollision zwar nicht mit eigenen Augen, reibt sich aber erklärlicherweise die Hände: „Ich hatte die

Anweisung, mich in ihren Kampf um den Titel nicht einzumischen. Ich behalf mir damit, dass ich den einen wie den anderen überholte, ohne sie zu behindern. Wenn ich nicht gewusst hätte, dass ich schneller bin als sie, wäre ich hinter ihnen geblieben. Das war aber nicht der Fall. Erst hinter der Ziellinie bekam ich mit, was vorgefallen war. Harada und seine Frau brüllten in der Box herum, droschen auf Fotos von Loris ein und beschimpften seine Mechaniker. Brazzi und ich haben uns kaputtgelacht." Doch Valentino ärgert sich auch über sich selbst, weil er zu Beginn der Saison nicht stärker an sich geglaubt hat. Er wird mit gerade einmal 23 Punkten Rückstand WM-Zweiter hinter Capirossi.

Nach diesem ersten Lehrjahr geht Valentino mit dem klaren Ziel in die Saison 1999, den WM-Titel zu holen. Dafür will er das gleiche Rezept bemühen, das sich schon in der 125-cm³-Klasse bewährt hat. Und nach dem beachtlichen Saisonabschluss, den er abgeliefert hat, geht er als Favorit in die Saison. „Es bestand kein Zweifel daran, dass er sich durchsetzen würde", sagt Carlo Pernat. „Diese 250er-Maschine war wie für ihn gemacht. Mit keinem Motorrad kam er so locker und leicht zurecht wie mit diesem. Es wirkte fast wie vorherbestimmt – ein bisschen wie in Matrix. Eigentlich hätte Valentino schon in seiner ersten 250er-Saison Weltmeister werden müssen." Um auf Nummer sicher zu gehen, erfindet Valentino für sich das neue Alter Ego „Valentinik". „Ich brauchte einen Superhelden, um die schwierige Saison 1998 vergessen zu machen", erklärt er. „Im Italienischen heißt Donald Duck ‚Paperino', und in einem Zeichentrickfilm wird Paperino zum Superhelden und legt sich den Namen ‚Paperinik' zu. Er trägt einen Superheldenumhang und ist zwar weiterhin nicht gerade ein Glückspilz, aber am Schluss ist er immer noch der Superheld." So wird Valentino zu „Valentinik".

Bei aller ungebrochenen Leidenschaft für Comics und Zeichentrickfilme ist der Aprilia-Pilot gereift. Er sieht seinen Gegnern gelassen ins Auge. Ab jetzt ist der Rennsport – anders als in der 125-cm³-Klasse – für ihn nicht mehr nur ein großer Spaß unter Freunden: „Als ich neu in die 250-cm³-Klasse kam", berichtet er, „bewunderte ich die Piloten, die da schon waren. Doch diese Bewunderung hielt nicht lange vor. Mir gefiel überhaupt nicht, wie sich einige aufführten – Ukawa zum Beispiel, der mich im Training häufig abblockte, wenn ich eine schnelle Runde fuhr. In der 125-cm³-Klasse gab es so etwas nicht. Da waren wir alle Kumpels. Wir waren wie eine große Familie.“ 1999 gibt es in der 250-cm³-Klasse etliche Veränderungen gegenüber der Vorsaison. Aprilia lässt Harada mit der 500 V2 in der 500er-Klasse antreten und setzt Capirossi nach seinem Kamikaze-Angriff auf den Japaner beim Großen Preis von Argentinien vor die Tür. Der Weltmeister tritt daraufhin mit der neuen NSR 250 für Honda an. Damit ist Valentino auf einmal der einzige Aprilia-Werkspilot. Die ersten beiden Rennen laufen nicht optimal. Auf dem neuen Rundkurs im malaysischen Sepang gibt es technische Probleme, und beim Großen Preis von Japan, der fortan in Motegi ausgetragen wird, schneidet Vale bei Regen sehr mittelmäßig ab. Mit einem fünften und einem siebten Platz bei dieser ersten Überseetournee der Saison kehrt Rossano Brazzis Schützling mit 21 Punkten Rückstand auf Loris Capirossi und Shinya Nakano nach Europa zurück. Nakano ist der neue Teamkollege von Olivier Jacque im Tech-3-Team, das neuerdings auf Yamaha-Werksmotorrädern antritt. In Jerez aber zeigt der Aprilia-Pilot mit seinem ersten Saisonsieg wieder allen, wo es lang geht. Das nächste Grand-Prix-Rennen wird auf dem Circuit Paul Ricard ausgetragen. Valentino liegt deutlich in Führung, muss aber aufgeben, weil seine Kette reißt. „An diesem Tag hat er mir vielleicht am allermeisten imponiert", stellt Jan Witteveen fest. „Er war natürlich enttäuscht, aber trotzdem positiv gestimmt. Er war niemandem böse, weil er wusste, dass so ein Defekt durch den Fahrer oder durch einen Mechaniker oder auch durch ein Motorradbauteil verursacht werden kann. Valentino ist ein Meister der Selbstbeherrschung und war als Rennfahrer immer aufrichtig und unkompliziert. Damals hatte er die Lage komplett im Griff. Dabei lief mit den Hondas von Capirossi und Ukawa in dieser Saison alles wie geschmiert.“ Mit einem zweiten Platz in Assen und drei Siegen in Donington, auf dem Sachsenring und in Brno holt Valentino die Punkte, die er in Malaysia, Japan und Frankreich verloren hat, wieder herein. Er macht seinen Rückstand auf Tohru Ukawa wett, der damals Honda-Pilot ist, und übernimmt im Laufe des Sommers das Kommando in der Weltmeisterschaft. Noch einmal Jan Witteveen: „Er hatte oft schlechte Startplätze, ließ sich davon aber nie beunruhigen. Für ihn zählte nicht die Rundenzeit, sondern das Verhalten seines Motorrads über die gesamte Länge des Rennens. Entscheidend war für ihn, dass er mit seiner Maschine bis zur Ziellinie im Angriffsmodus fahren konnte.“ Doch auch wenn sich sein Motorrad nicht perfekt verhält, weiß er sich damit zu arrangieren. „Auch wenn das Motorrad nur zu 80 Prozent ausgereift ist, gibt Valentino als Fahrer immer 100 Prozent“, so der ehemalige Aprilia-Rennchef weiter. „Er hat den Vorteil, dass ihm seine Körpergröße hilft, seine Maschine zu kontrollieren. Im Unterschied zu Piloten wie Pedrosa kann er dadurch allerhand kompensieren.“ Nachdem er sich in Imola Capirossi geschlagen geben muss, wird Rossi in Valencia Achter und beweist damit einmal mehr, dass ihm Regen nicht besonders liegt. Er gewinnt in Australien und auch in Südafrika. Dort startet er auf dem Rundkurs in Welkom von der sechsten Startposition, mit anderthalb Sekunden Rückstand auf die Poleposition. „Nach den Trainings machte ich mir ein bisschen Sorgen“, erzählt Witteveen. „Ich fragte ihn, ob wir irgendetwas an seinem Motorrad verändern sollen. Er antwortete einfach nur: Alles im grünen Bereich. Morgen gewinne ich. Und genau das tat er dann auch.“ Am 24. Oktober klettert Valentino Rossi in Rio zum neunten Mal in der Saison auf den obersten Podestplatz und sichert sich folgerichtig den WM-Titel. Für den zweifachen Weltmeister ist der Moment gekommen, in dem er sich Honda andienen kann. Honda rollt ihm den roten Teppich aus, über den er in die 500-cm^3-Klasse einziehen wird.

V.
ERWACHSEN

„Im Rückblick habe ich es bitter bereut, dass wir 2000 nicht schon zu Saisonbeginn begriffen haben, dass wir eine reelle Chance hatten. Der Titel war in Reichweite, aber unsere Fantasie ließ uns im Stich. Zum einen war ich Debütant in der 500-cm³-Klasse, zum anderen war es das erste Jahr meiner Zusammenarbeit mit Jeremy. Und ich war gerade mal 21 Jahre alt. Das alles trug dazu bei, dass wir bei dieser Weltmeisterschaft in der Überzeugung antraten, dass wir sie gar nicht gewinnen konnten. Später haben wir das bedauert. Zum Schluss landeten wir trotzdem recht knapp hinter dem neuen Weltmeister Kenny Roberts. Im Jahr 2000 habe ich mir eingeredet, ich wäre zum Lernen in der 500-cm³-Klasse und nicht zum Gewinnen. Was für ein Riesenfehler."

Es gibt einen wichtigen Unterschied zwischen einem europäischen Grand-Prix-Rennen und einem Grand-Prix-Rennen in Übersee: Außerhalb Europas hält sich am Abend, wenn die Arbeit erledigt ist, niemand mehr lange am Circuit auf. Kein Lkw, an dem noch stundenlang herumgeschraubt wird, keine Hospitality, wo man noch ein Glas trinkt und dabei über Gott und die Welt oder über das Rennen vom Tag philosophiert, kein Wohnmobil, in dem man vor dem Schlafengehen noch ein wenig miteinander plaudert. Sobald die Motorräder wieder startklar sind für das Training oder Warm-up am nächsten Morgen und die Schlachtpläne fertig, eilen alle ins Hotel oder Restaurant, um sich ein bisschen Komfort zu gönnen – zumal an Orten wie Phillip Island, wo gleich nach Sonnenuntergang auch noch ein eiskalter Wind über das Fahrerlager hinwegfegt. An jenem Samstag, dem 2. Oktober 1999, hat Valentino Rossi deshalb keine Angst, ertappt zu werden, als er sich gegen 21 Uhr in die Garage des Repsol-Honda-Teams schleicht. Er ist auf dem besten Weg, mit Aprilia 250er-Weltmeister zu werden, und bereitet seinen Aufstieg in die Königsklasse vor. In Noale hofft man, das Wunderkind aus Tavullia halten zu können. „Damals konnten wir ihm für die 500-cm³-Klasse nur einen 400er-Zweizylinder anbieten", erläutert Jan Witteveen, der damals den Aprilia-Renndienst leitete. „Ich wusste ganz genau, dass es für Valentino nicht infrage kam, in der Königsklasse mit einem Motorrad anzutreten, mit dem er nicht gewinnen konnte. Unsere V2 war ein sehr gutes Motorrad, aber es hätte nicht zu seinem Fahrstil gepasst. Gedacht hatten wir sie übrigens für Harada. Aber wir planten den Bau einer V4. Deswegen hegten wir die Hoffnung, dass wir Valentino dazu bewegen könnten, noch eine weitere Saison in der 250-cm³-Klasse anzutreten." Zusätzlich macht Aprilia ihm ein sehr attraktives finanzielles Angebot. Aber obwohl er schon damals dem Geld alles andere als abgeneigt ist, geht es dem Zugpferd von Aprilia vor allem darum, sich in einer Klasse zu bewähren, von der er träumt, seit er denken kann. Und Ende der 1990er-Jahre gibt es für jemanden, der Weltmeister in der 500-cm³-Klasse werden will, nichts Besseres als eine Honda NSR.

Valentino, der von Honda umworben wird, hat der Honda Racing Corporation seine Bedingungen bereits genannt. Für sein Debüt in der Königsklasse wünscht er sich Jeremy Burgess an seiner Seite. Nach seiner festen Überzeugung ist Burgess genau der Techniker, den er braucht, um sich mit einem neuen Gefährt vertraut zu machen und es optimal zu beherrschen. Seit Mick Doohans Unfall in Jerez lässt sich Burgess allerdings nur noch sporadisch bei Honda blicken. Nachdem der fünffache Weltmeister nach einem fürchterlichen Sturz beim Großen Preis von Spanien das Handtuch werfen musste, verbringt sein australischer Chefmechaniker die meiste Zeit im heimischen Adelaide. Die Mechaniker, die ihm unterstellt waren, sind auf die Piloten verteilt worden, die Mick Doohan ersetzen sollen. Der Große Preis von Australien ist deswegen eine gute Gelegenheit für ein erstes Treffen zwischen Burgess und Rossi.

Als der Italiener die Garage des Repsol-Honda-Teams betritt, sind alle NSR mit Planen abgedeckt, außer der Maschine von Sete Gibernau. Burgess hat Alex Briggs und Dickie mitgebracht, zwei seiner Mechaniker, die ebenfalls Australier sind. Außerdem ist Carlo Florenzano in seiner Eigenschaft als Pressesprecher von Honda zugegen. Sobald Valentino die 500er-Maschine von Gibernau erblickt, fragt er, ob er Probe sitzen darf. „Sie haben mir erlaubt, die Maschine anzufassen, weil sie mich anfixen wollten", witzelt der Italiener. „Das Probesitzen dauerte nur eine oder zwei Minuten. Das reichte, um dem Zauber dieser NSR auf der Stelle zu erliegen." Der ebenfalls anwesende Bernard Ansiau sieht die leuchtenden Augen des Italieners noch vor sich. „Er sah aus wie ein kleiner Junge unter dem Weihnachtsbaum", berichtet der belgische Mechaniker. „Vor allem vom Oberflächenfinish der Honda war er fasziniert." Auch Burgess kann sich sehr gut an diese erste Begegnung erinnern. Obwohl Rossi nur ein paar Brocken Englisch spricht und Florenzano das Gespräch zum größten Teil dolmetschen muss, ist Burgess von ihm genauso angetan wie Rossi von der NSR. „Diese erste Begegnung erinnerte mich an meinen ersten Kontakt mit Mick 1988", erzählt Jeremy. „Ich wollte wissen, was er von uns erwartete für den Fall, dass er zu Honda wechselte. Wir haben uns zusammen das Motorrad genau angeschaut, und ich habe ihm das eine oder andere erklärt. Anzupreisen brauchte ich die Maschine nicht. Ihm war schon klar, dass er für seinen Einstieg in die 500-cm^3-Klasse genau dieses Motorrad brauchte. Er war ganz unaufgeregt – und das ist immer ein Zeichen von Intelligenz. Ich stellte ihm mehr oder weniger in Aussicht, dass er im Teamgefüge der Honda-Piloten die Spitze einnehmen könnte und dass die HRC ihm alle Wünsche erfüllen würde, damit das funktioniert." Der Wermutstropfen: Jerry lässt Valentino vorsorglich wissen, dass er sich noch nicht sicher ist, ob er selbst mit von der Partei sein wird. Der zukünftige Ex-Chefmechaniker von Mick Doohan geht auf die 50 zu und spielt mit dem Gedanken, ebenfalls aufzuhören und sich endlich Zeit für seine Frau und die Töchter zu nehmen. „Ich war 30 Jahre lang kreuz und quer durch die Welt gegondelt und hatte Lust, mich zur Ruhe zu setzen." Für Valentino ist diese Auskunft ein harter Schlag. „Ich hatte Himmel und Hölle in Bewegung gesetzt und mein Ja-Wort bei Honda davon abhängig gemacht, dass Jerry mit im Boot ist", erzählt der Italiener. „Mit ihm zusammenzuarbeiten, war für mich wichtiger als die Aussicht, eine Werksmaschine zu bekommen. Er sagte nicht Nein, sondern bat um Bedenkzeit. Das musste ich akzeptieren."

Irgendwann im Juli 1999 – er ist gerade dabei, Loris Capirossi abzuhängen und in der 250er-WM die Führung zu übernehmen, und seine Kritiker verstummen langsam – weckt Valentino Rossi bei Honda immer stärkeres Interesse. Neben dem offensichtlichen Talent des Piloten schätzt man dort sein Charisma und seinen Werbewert. Der Italiener beschert Aprilia goldene Zeiten, und die Sponsoren überbieten sich gegenseitig, um von seinem Image zu profitieren. In der Chefetage von Honda Italia wird hinter verschlossenen Türen an einem neuen Team für die 500-cm^3-Klasse gebastelt, das auf den Wunderknaben zugeschnitten sein und in dem Mick Doohan die Rolle des Managers übernehmen soll. „Das erste Angebot von Honda bekam Valentino 1998", erzählt der fünffache australische Weltmeister. „Ursprünglich wollte man für Rossi und mich ein neues Team mit Nastro Azzurro als Titelsponsor zusammenstellen, das vom Repsol-Honda-Team unabhängig sein sollte." Doch die Entschlossenheit des Italieners, auf keinen Fall in die 500-cm^3-Klasse zu wechseln, ohne zuvor den 250er-Titel geholt zu haben, sowie Doohans Verletzung beim Großen Preis von Spanien 1999 schufen eine veränderte Situation. „Am Ende fand das Ganze ohne mich statt", fährt der Australier mit spürbarem Bedauern fort. „Als ich realisierte, dass ich keine Rennen mehr würde fahren können und meine Karriere zu Ende war, habe ich mich dafür stark gemacht, dass alle Mitglieder meines Technikteams zusammen für Valentino arbeiten. Für mich war es ein bisschen wie eine Stabübergabe." Doohan steht jedoch nach wie vor bei Honda unter Vertrag und erhält das Angebot, als Manager bei der HRC seinen Nachfolger darin zu unterstützen, sich mit der Honda NSR zurechtzufinden. „Ich war allerdings keine große Hilfe", gibt Mick, der die Funktion vor allem aus finanziellen Gründen vier Jahre beibehielt, in aller Bescheidenheit zu. „Ein so fähiger Typ wie Valentino war nicht auf Fahrstunden von mir angewiesen", fügt er hinzu. „Deswegen wollte ich ihn ja in meinem Team haben. Ich konnte ihm nichts beibringen, sondern ihm höchstens ein paar Tipps für den Wechsel von der 250er- in die 500-cm^3-Klasse mit auf den Weg geben."

Im Spätsommer will Honda Valentino Rossi verpflichten, aber der nimmt sich Zeit. „Ich will erst 250er-Weltmeister werden, bevor ich an irgendetwas anderes denke", erklärt er den Journalisten nach seinem Sieg in Tschechien. Das Gleiche bekommen zwei Wochen später die Emissäre des japanischen Herstellers zu hören, mit denen er in einem Hotel in Imola zusammenkommt und die ihn dazu bewegen wollen, sofort zu unterschreiben. Ein überstürzter Wechsel in die 500-cm³-Klasse kommt für ihn nicht infrage. „Zu dem Zeitpunkt war ich noch ganz bei Aprilia und konnte mich überhaupt nicht mit dem Gedanken anfreunden, Brazzis Team zu verlassen, das für mich wie ein Familie geworden war", erzählt Vale. Und doch weiß das Genie aus Tavullia, das seine Zukunft unweigerlich an Honda gekoppelt ist. Der japanische Hersteller hat das beste Motorrad seiner Klasse, den renommiertesten Rennservice und weit bessere Möglichkeiten als die Konkurrenz zu bieten. Die letzten Einzelheiten seines Vertrags mit der Honda Racing Corporation regelt Valentino in Rio de Janeiro am Tag nach seiner WM-Krönung auf dem Circuit de Jacarepaguá. Jeremy Burgess hat sich zu guter Letzt doch entschlossen, sein Grand-Prix-Abenteuer fortzusetzen. Damit stehen alle Zeichen auf Grün. Aprilia macht zwar mit einem fantastischen Angebot deutlich, dass das Unternehmen zu allem bereit ist, um seinen Glücksbringer und Top-Piloten zu halten, aber der zweifache Weltmeister verpflichtet sich für zwei Jahre bei dem japanischen Hersteller. Ein vom Repsol-Honda-Werksteam unabhängiges Team bietet ihm die Möglichkeit, in seinen eigenen Farben zu starten und mit seinen eigenen Sponsoren zusammenzuarbeiten. „Mit Nastro Azzurro und meinen anderen Partnern", sagt er, „konnte ich meinen Traum verwirklichen und mit einem gelben Motorrad starten."

Einen Monat später legt Valentino Rossi auf dem Rundkurs in Jerez seine ersten Kilometer auf der NSR 500 zurück – konkret auf dem Motorrad von Alex Crivillé, der kurz zuvor den WM-Titel errungen hat. Bei seiner Ankunft an der Rennstrecke hat Valentino zwei Leder-Rennanzüge im Gepäck, die Aldo Drudi für ihn designt hat. Zwei gelbe Dainese-Lederkombis mit einem riesigen Honda-Flügel und einem alten Fiat 500 darauf. „Die Deko des Motorrads, das Honda mir für diese Tests hergerichtet hatte, war grauenhaft, aber ich war froh, dass ich endlich in meinen eigenen Farben antreten durfte", erzählt Vale. „Ich wollte schick sein, wenn ich meine ersten Runden in der 500-cm³-Klasse drehe." Als Gibo Badioli die Kombis sieht, die sich sein Pilot hat anfertigen lassen, fällt er aus allen Wolken. Auch wenn Ivano Beggio ihn großzügigerweise vor dem 31. Dezember 1999 aus seinem Vertrag mit Aprilia entlassen hat, ist der frischgebackene 250er-Weltmeister verpflichtet, bis zum Jahresende die Farben seiner Sponsoren zu tragen. Zwar bekommt er einen Freund in Tavullia an die Strippe und bittet ihn, bei ihm zu Hause eine seiner Aprilia-Lederkombis einzupacken und sie ihm mit dem erstbesten Flugzeug nach Spanien zu bringen, aber es dauert 24 Stunden, bis sie eintrifft. Zu diesem Zwischenfall kommt ein zweites Missgeschick: Sein Helm wird ihm entwendet. „Ich war völlig durch den Wind“, sagt er rückblickend. Letztlich kann sich Valentino eine Lederkombi von Marcellino Lucchi leihen, der auch gerade Tests in Jerez absolviert, und bekommt einen Helm zurück, den er mit Harada getauscht hatte, der ebenfalls für Aprilia-Tests in Spanien weilt. Alles in allem nicht gerade die besten Voraussetzungen für Valentinos erste Erfahrungen mit seinem neuen Gefährt. „Es fiel ihm nicht leicht, sich an das neue Motorrad heranzutasten“, erinnert sich Burgess. „Mit einer 500-cm^3-Maschine umzugehen, ist für jeden Piloten eine krasse Umstellung. Darüber war sich Valentino im Klaren. Er wusste, dass er eine Menge zu lernen hatte.“ Der australische Techniker ist allerdings schwer beeindruckt, wie schnell der Italiener unter der Marke von 1:44 Minuten bleibt. „Er war ganz anders als die Piloten, die ich bis dahin kennengelernt hatte. Was den Unterschied machte, war seine Art, das Verhalten seines Motorrads bis in die kleinsten Details zu analysieren“, fährt „JB“ fort. „Die Fähigkeit dazu verdankt er den Jahren, in denen er mit Aprilia in der 125-cm^3- und 250-cm^3-Klasse gefahren ist. Ich weiß noch, dass er mir nach seinem ersten Run die Wassertemperatur nannte. Bis dahin hatte mir gegenüber noch nie ein Fahrer die Wassertemperatur auch nur erwähnt. Bei einer 125er-Maschine ist alles von Bedeutung – die Position der Füße auf den Fußrasten, die Ellenbogenstellung hinter der Verkleidung. Bis dahin hatte ich immer mit Fahrern gearbeitet, die vorher Superbikes gefahren waren, bei denen es viel weniger auf Präzision ankommt. Valentino war der erste Fahrer, der über die Grand-Prix-Schiene kam. Ich bekam dadurch übrigens auch einen ganz anderen Blick auf meine eigene Arbeit.“

Beim ersten Training in Jerez bittet der 250er-Weltmeister darum, einen Schaltblitz in seinem Cockpit zu installieren. Burgess meint, dass das bei einer 500er-Maschine wenig Sinn hat, weil der bei um die 200 U/min für den Schaltvorgang keinen nennenswerten Unterschied macht. „Es geht mir weniger um den Gangwechsel“, hält Valentino dagegen, „als darum, dass ich wissen will, ob ich gut aus der Kurve gekommen bin oder nicht. Mit dem Schaltblitz kann ich meine Beschleunigung im Verhältnis zu den verschiedenen Streckenpunkten beurteilen." So viel zum Sinn für Details. Für Burgess und sein Team, zu dem damals Bernard Ansiau, Alex Briggs, Gary Coleman und Dickie Smart gehören, bricht mit Rossi eine neue Ära an. Mit Mick Doohan hatte der australische Chefmechaniker zehn Saisons erlebt, die ausgesprochen erfolgreich verlaufen, aber auch mit einem extrem hohen Druck verbunden gewesen waren, weil der fünffache Weltmeister die Angewohnheit hatte, seinen Druck an sein Umfeld weiterzugeben. „Mick war ein Teufelskerl, voll und ganz aufs Gewinnen gepolt, getrieben einzig und allein von der Lust, die anderen zu schlagen und immer die Nase vorn zu haben", erzählt Jerry. „Das stimulierte uns, machte uns aber auch oft das Leben schwer. Zwischen Valentino und uns entwickelte sich auf Anhieb ein ganz anderes Verhältnis. Seine ruhige Art, sein Grundbedürfnis, auf dem Motorrad seinen Spaß zu haben – das war für uns etwas ganz Neues." Auch Bernard Ansiau, der zuvor für Wayne Rainey und Mick Doohan gearbeitet hatte, entdeckt eine neue Welt. „Ich war es gewohnt, pausenlos zu malochen, weil von den angelsächsischen Fahrern so viel Druck ausging", erzählt Jeremy Burgess, der seit Rossis Debüt in der Königsklasse nicht mehr von dessen Seite weicht. „Mit Mick und Wayne konnte man auch lachen, aber nur abends nach der Arbeit, wenn wir noch ein oder zwei Bierchen tranken. Valentino eröffnete uns einen völlig neuen und anderen Blick auf den Rennbetrieb. Er brachte Heiterkeit und frischen Wind mit. So wie mit ihm hatte ich vorher noch nie mit meinen Piloten herumgealbert. Ich weiß noch, wie er beim Großen Preis von Südafrika einmal in der Garage aufkreuzte, als ein Training anstand und sein Motorrad noch nicht startklar war. Er drohte uns damit, dass er mit dem Team von Ukawa arbeiten würde, wenn wir so weitermachten. Als er von seinem ersten Run zurückkam, hatten wir alle die Garage verlassen, und Ukawas Mechaniker waren herübergekommen und hatten unsere Plätze eingenommen. Mit Mick hätte man so etwas nie machen können."

Burgess und seine Mechaniker erkennen ebenso schnell, dass Rossi nicht bloß ein lustiger Geselle ist, mit dem man gut zusammenarbeiten kann. Seine Intelligenz, seine Offenheit, seine analytischen Fähigkeiten, seine Konzentrationsfähigkeit, seine technischen Anmerkungen und die

Gabe, sich auch auf die schwierigste Situation einzustellen, nötigen allen, die an seiner Seite arbeiten, Respekt ab. „Von Anfang an zeigte er sich sehr interessiert an Problemen, die auftreten könnten", so Jerry weiter. „Egal, was wir an seinem Motorrad machten – er konnte immer klar erkennen, ob es in die richtige Richtung ging oder nicht. Wir merkten schnell, dass wir es mit einem Piloten zu tun hatten, der es mit dem Feintuning äußerst genau nimmt. Wenn er in die Box zurückkommt, ist Valentino im Prinzip wie ein Computer. Er beherrscht die Kunst, seine Rückmeldungen extrem präzise zu formulieren und nach Wichtigkeit zu ordnen. Wenn er auf der Piste fünf Runden dreht, kann er hinterher genau beschreiben, wie sein Motorrad in jeder einzelnen Kurve reagiert hat." Mit seinem guten Gedächtnis hat er schon immer alle beeindruckt, mit denen er gearbeitet hat. „Wenn er am Sonntagmorgen ankam, hatte er noch genau im Kopf, was er während der Tests alles ausprobiert hatte", bestätigt Carlo Fiorani. „Er war in der Lage, uns zu sagen: Bitte kombiniert den Stoßdämpfer, den ich am Freitagnachmittag ausprobiert habe, und die dritte Gabelkonfiguration, die ich am Samstag getestet habe, mit den letzten Reifen von gestern." Der ehemalige Manager des Teams Honda Nastro Azzurro ist der Meinung, dass die beiden Saisons auf der 250 RSW Aprilia eine ausgezeichnete Vorbereitung für den Wechsel in die 500-cm^3-Klasse waren: „Die Werks-Aprilia war ein Motorrad mit einer sehr aggressiven Motorcharakteristik, weil die Vergaserregelung immer am Limit war. Deswegen hat die Leistung der 500 NSR Valentino nicht allzu sehr aus dem Konzept gebracht."

Auf sein Talent und seine Fähigkeiten wird der Weltmeister der 250-cm^3-Klasse schon vor Beginn der Saison 2000 dringend angewiesen sein. Durch den Vertrag mit Honda hat sich Valentino zwar die beste Ausgangslage verschafft, um in der 500 cm^3-Klasse erfolgreich zu sein, aber es zeigt sich sehr bald, dass die neue NSR nicht mehr das haushoch überlegene Motorrad ist, das seit Mick Doohans erstem Titelgewinn 1994 in der WM das Maß aller Dinge war. Der Australier ist im Frühjahr 1999 aus dem Rennbetrieb ausgestiegen und hat Alex Crivillé seine Nachfolge überlassen. Doch der neue Weltmeister hat leider nicht die gleichen Fähigkeiten wie sein Vorgänger, wenn es darum geht, ein neues Motorrad zu entwickeln. „Mit Crivillé war es das Gleiche wie mit Wayne Gardner nach dessen Titelgewinn 1987", analysiert Burgess, der seinen Landsmann einst betreute. „Genau wie Gardner verlangte Crivillé von den HRC-Ingenieuren einen leistungsstärkeren Motor. Es ist ja gut, viele PS zu haben, aber man muss sie auch zu nutzen wissen. Später haben mir die japanischen Ingenieure verraten, dass Mick mit so einem Motor nach einer halben Runde aufgehört hätte. Aber warum hörten sie dann auf Crivillé, der doch während seiner gesamten Karriere immer nur im Schatten von Doohan stand?" Fakt ist, dass die NSR 500, mit der sich Valentino Rossi Anfang 2000 vertraut macht, sehr schwer zu fahren ist. Die Leistung kommt brutal schnell und macht die Handhabung des Motorrads zu einem heiklen Unterfangen, was die Ingenieure der HRC nicht gleich zugeben. „Die PS lauerten ganz oben, und in der Kurvenmitte war das Motorrad viel zu neutral", erinnert sich Valentino. Auf Phillip Island legt der Italiener im zweiten Training einen kräftigen Bocksprung hin. Er übersteht ihn unverletzt, aber moralisch angekratzt. Sete Gibernau geht danach auf ihn zu und rät ihm, sich nicht so stark in die Kurve zu legen und sein Motorrad erst stärker aufzurichten, bevor er wieder Gas gibt. Rossi schickt ihn mit freundlichen Worten weg. „Wer ist er, dass er mir erklären will, wie ich zu fahren habe?", denkt sich Valentino. „Später habe ich gemerkt, dass es idiotisch war, seinen Ratschlag nicht zu befolgen. Ich brauchte mehrere Stürze dieser Art, bis ich mir eingestand, dass ich meinen Fahrstil ändern musste." Beim ersten Großen Preis von Südafrika stürzt der Italiener, nicht ohne vorher die Rennbestzeit markiert zu haben. Das Rennen gewinnt Garry McCoy auf seiner Yamaha vor der Yamaha von Carlos Checa und der Honda von Loris Capirossi. Beim nächsten Grand-Prix-Rennen in Malaysia stürzt Valentino erneut. Kenny Roberts gewinnt das Rennen auf seiner Suzuki. Die drei offiziellen Honda-Werksfahrer sind weit abgeschlagen. Der Renndienst des weltweit führenden Herstellers steht im Kreuzfeuer der Kritik, und Valentino Rossi hat noch keinen einzigen Punkt auf seinem Konto. „Uns war klar, warum Vale stürzte und die anderen Honda-Piloten Schwierigkeiten hatten", so Burgess weiter. „Aber angesichts unserer Finanzlage waren wir nicht in der besten Position, um große Forderungen an die HRC zu stellen."

Die Japaner begreifen allerdings schnell, dass sie mit Rossi den richtigen Mann an Bord haben, der sie wieder auf den Erfolgspfad führen kann. Die Datenauswertung zeigt, dass der Italiener in der Lage ist, mit unmöglichen Leistungskurven zurechtzukommen. Auch seine Entschlossenheit flößt den japanischen Technikern Respekt ein. Im Unterschied zu den anderen Honda-Piloten lässt Rossi den Kopf nicht hängen und kämpft wie ein Wilder dafür, dass seine NSR Furore macht. Beim dritten Grand Prix der Saison in Suzuka hat Valentino allerdings schon wieder das Nachsehen. Angeschlagen nach seinen beiden Nullnummern in Welkom und Sepang, wird er im Training nur 13. und belegt im Rennen Rang 11. Daraufhin ergreift Burgess die Initiative: „Vales Talent war unübersehbar. Ich begriff, dass wir die Aufgabe hatten, dafür zu sorgen, dass er glücklich und zufrieden ist und das Verhältnis zwischen uns und ihm durch nichts getrübt wird. Im Motorradsport macht das Fahrzeug 20 Prozent und der Pilot 80 Prozent aus." In Jerez, beim ersten europäischen Grand Prix der Saison, hat die Talfahrt ein Ende. Valentino bekommt neue Teile für sein Motorrad oder vielmehr einige Features der NSR 1999. Endlich kann er so arbeiten, wie es seinen Vorstellungen entspricht. Er qualifiziert sich für die erste Startreihe und erreicht Tags darauf seinen ersten Podestplatz hinter Kenny Roberts und Carlos Checa. Zwei Wochen später belegt er in Le Mans erneut den dritten Rang – nach einer grandiosen Aufholjagd, bei der er durch den direkten Vergleich mit den Motorrädern seiner Gegner besser erkennt, wo die Schwachstellen seiner Maschine liegen. Nach diesem Rennen macht sich Valentino daran, die Maschine zusammenzustellen, mit der er seine erste 500er-Saison beenden wird. Die Kreation bekommt den Namen NV4A und gibt einen Vorgeschmack auf die spätere NSR 500 2001 alias NV4B. Bei seinem ersten Grand-Prix-Rennen in der Königsklasse, das im eigenen Land stattfindet, liefert er sich einen Kampf mit Biaggi und Capirossi. Die toskanischen Hügel rund um die Rennstrecke sind schwarz vor Menschen und erbeben unter den Füßen der entfesselten *Tifosi*. Und es geschieht, was geschehen muss: Valentino geht zu Boden, eine Runde später ergeht es Biaggi genauso. Bei den drei folgenden Rennen in Barcelona, Assen und Donington spielt der Regen die Hauptrolle. Für Rossi, der bis dahin nie gern auf nasser Strecke gefahren ist, ist das die Gelegenheit, das Ruder herumzureißen. Nachdem er beim Großen Preis von Katalonien als Dritter und in den Niederlanden als Sechster ins Ziel geht, gewinnt er das Rennen in Großbritannien vor

Kenny Roberts und Jeremy McWilliams. Fortan weiß Valentino, wie man mit einer 500-cm^3-Maschine bei Regen ein Rennen gewinnt. Jetzt muss er bloß noch lernen, schneller vom Start wegzukommen. Auf dem kurvenreichen Sachsenring liegt der Honda-Pilot am Ende der ersten Runde nur an 16. Stelle. Das hindert ihn allerdings nicht daran, das Rennen als Zweiter zu beenden und die Ziellinie nur eine Zehntelsekunde nach dem Sieger zu überqueren. „Aus der 125-cm^3- und 250-cm^3-Klasse war ich schlechte Starts ja schon gewohnt", räumt Valentino ein. „Deswegen habe ich gelernt, die anderen zu überholen, ohne mir groß den Kopf darüber zu zerbrechen. Alle glauben ja, auf dem Sachsenring könnte man nicht überholen. Aber wenn du es nicht versuchst, schaffst du es natürlich auch nicht."

Unmittelbar nach diesem denkwürdigen Großen Preis von Deutschland gönnt sich der Italiener zusammen mit Colin Edwards, der damals als offizieller Honda-Werksfahrer in der Superbike-WM unterwegs ist, seine erste Teilnahme am 8-Stunden-Rennen von Suzuka. Anders als Mick Doohan, der immer sein Möglichstes tat, um eine Teilnahme an dem japanischen Großereignis zu vermeiden, bittet Valentino Rossi Honda von sich aus, ihn anzumelden. „Es war immer mein Wunsch, bei diesem Rennen mitzumachen", verrät er. „Schon als kleiner Junge habe ich davon geträumt – vor allem deswegen, weil ich von den japanischen Rennfahrern und ihrem ganzen Universum fasziniert war. Außerdem wollte ich mal einen Viertakter ausprobieren, um zu sehen, was die Superbike-Piloten eigentlich wirklich drauf haben." Schon zu Aprilia-Zeiten hatte er mehrfach versucht, Jan Witteveen dazu zu bewegen, ihn mit einer RSV 1000 für das 8-Stunden-Rennen anzumelden. Die Antwort war immer die gleiche: „Wenn wir da mit einem Motorrad an den Start gehen, hält das keine acht Minuten durch!" Valentino muss sich also gedulden, bis er zu Honda wechselt und dort seinen Traum verwirklichen kann. Zu seiner ersten Teilnahme am 8-Stunden-Rennen von Suzuka fliegt er mit Uccio, Albi, Gabbia und seinem Physiotherapeuten Marco Montanari nach Japan. Die Reise wird für ihn ein unvergessliches Erlebnis bleiben, auch wenn Colin Edwards und er beide nacheinander stürzen und das Rennen nicht bis zu Ende fahren. Erst in der folgenden Saison werden sie ihre Namen in die Siegerliste des prestigeträchtigsten Ausdauerrennens der

Welt eintragen können. „Im Vergleich zu meiner NSR 500“, sagt er, „war die VTR 1000 kinderleicht zu fahren. Sie verzieh einem jeden Fehler. Jedenfalls fast jeden.“ Später wird Rossi gestehen, dass er in der Woche in Japan den heftigsten Kater seines jungen Lebens ertragen musste und es auch sonst mächtig hat krachen lassen: „Wir schliefen zu fünft in einem Zimmer, zahlten nichts dafür und stellten alles Mögliche an, um auszutesten, wie weit wir gehen konnten, ohne dass uns jemand in die Schranken wies. Uns wies aber niemand in die Schranken. Die japanische Mentalität war meilenweit von unserer Lebensart entfernt. Wir waren jung und ziemlich unhöflich. So richtige Rotzbengel. Das wurde mir aber erst später klar.“ Als er im Jahr darauf als 500er-Weltmeister wieder nach Suzuka kommt, nimmt sich Valentino vor, seinen Gastgebern mit vorbildlichem Respekt zu begegnen. „Das gelang mir auch gut. Bis 2000 hatte ich ja noch nie ein Rennen in Japan gewonnen“, berichtet er. „2001 gewann ich dann gleich den Grand Prix und das Acht-Stunden-Rennen. Dadurch hat sich mein Verhältnis zu diesem Land von Grund auf verändert. Mir wurde bewusst, welche Werte die Japaner hochhalten.“

Als er im August 2000 nach der Sommerpause und dem Fehlschlag bei den Acht Stunden von Suzuka wieder in der 500-cm³-Weltmeisterschaft antritt, wird Rossi in Brno erneut Zweiter und fährt anschließend in Portugal auf Rang 3. Mit diesen beiden Podestplätzen nacheinander verkürzt er den Rückstand auf Kenny Roberts, der das Gesamtklassement souverän anführt, auf 48 Punkte. Da noch vier Rennen ausstehen und 100 Punkte zu vergeben sind, ist noch alles möglich. Aber Valentino weiß: Wenn er nach dem letzten Grand Prix vor dem Suzuki-Piloten triumphieren will, muss er ab jetzt bei jedem Rennen alles aus sich herausholen. In Valencia verliert er die Kontrolle über sein Motorrad und beendet das Rennen mit einer Bruchlandung. Obwohl er in Rio seinen ersten Grand-Prix-Sieg in der 500-cm³-Klasse auf trockener Piste einfährt und sowohl in Motegi als auch auf Phillip Island auf das Podest klettern darf, kann er nicht verhindern, dass sein amerikanischer Rivale für Suzuki den WM-Titel holt. „Mir wurde bewusst, dass ich noch weit davon entfernt war, mit einer 500-cm³-Maschine richtig umzugehen“, gibt Vale zu. „Ich hatte zu sehr meinen Fahrstil aus der 250-cm³-Klasse beibehalten, mit geschmeidigen Kurvenfahrten und hoher Geschwindigkeit. Zwei

Stürze in Valencia waren die Quittung dafür. Seit ich früher in die Kurven einlenke, fahre ich viel effektiver."

Dass er seine erste Saison in der 500-cm^3-Klasse trotz vier Nullnummern als Vize-Weltmeister beendet, wurmt Valentino Rossi. Doch statt der Vergangenheit nachzutrauern, bereitet er sich lieber mit voller Konzentration auf die Weltmeisterschaft 2001 vor. Als unangefochtene Nummer Eins unter den Honda-Piloten gibt er den Japanern klare Anweisungen, wie sie die NSR optimieren sollen. Der Erfolg lässt nicht lange auf sich warten. Gleich beim ersten Rennen in Suzuka fährt er als Erster ins Ziel und beschert Honda damit den 500. Grand-Prix-Sieg in der Unternehmensgeschichte. „Das war ein unglaublicher Tag", erinnert er sich. „Azuma hatte in der 125-cm^3-Klasse den 498. Sieg für Honda geholt. Dann holte Kato in der 250-cm^3-Klasse den 499. Sieg. Diese Steilvorlage konnte ich mir nicht entgehen lassen – schon gar nicht in Hondas Vorgarten in Suzuka." Nach weiteren Siegen in Südafrika und Spanien setzt er sich an der Spitze des WM-Klassements fest. In Le Mans wird er Dritter hinter den beiden Yamaha-Piloten Biaggi und Checa. Auch in Mugello gibt er Punkte an seine Rivalen ab, als er vor den ungläubigen Augen seiner Fans zu Boden geht. Dieser Sturz ist ganz besonders bitter, weil Valentino just an diesem Tag mit einem Motorrad im prachtvollen Hawaii-Design an den Start geht. „Nachher hörte ich manche Leute sagen, ich wäre deswegen gestürzt, weil ich in der Nacht zuvor mein Motorrad hätte anmalen müssen. Daraufhin beschloss ich, auf solche Aktionen in Zukunft zu verzichten", erzählt er. „Mir wurde klar, dass es mehr bringt, sich ein Beispiel an den anderen zu nehmen und bis zum Wochenende zu warten, um dann mit seinen wirklichen Freunden Party zu machen."

In den beiden Jahren 2000 und 2001 macht Valentino eine wichtige Phase in seinem Leben durch. „Er ist erwachsen geworden", meint Jeremy Burgess. „In der Zeit zwischen 18 und 21 verändert sich die Sicht der Dinge", sagt Valentino mit Blick auf die eigene Person. „Mit zunehmendem Alter lernte ich, nicht mehr grundsätzlich allen Menschen zu vertrauen. Ich begriff, dass es Leute gibt, die nicht das sind, was sie vorgeben zu sein. Auch die Tatsache, dass ich jetzt ein 500-cm^3-Motorrad fuhr, trug dazu bei, dass ich erwachsen wurde." Folgerichtig wird aus „Valentinik" nunmehr „Der Doktor". „Auf einer 500er braucht es keinen Superhelden, sondern einen ruhigen und besonnenen Rennfahrer. Da passt ein Doktor doch genau ins Bild, oder?“ Nach seinem Misserfolg beim Großen Preis von Italien zeigt Rossi mit einem denkwürdigen Sieg in Barcelona wieder, wo es lang geht. Der Honda-Pilot legt wieder einmal einen schlechten Start hin, rollt dann aber das Feld von hinten auf und fährt schließlich vor der Yamaha von Max Biaggi ins Ziel. Das verschärft die Spannungen zwischen den beiden zusätzlich. An der Treppe, die zum Podest führt, kommt es zu einem Scharmützel, das die italienische Presse genüsslich ausschlachtet. In Assen wird Rossi Zweiter und in Donington Erster. Auf dem Sachsenring, wo ihm traditionell wenig gelingt, belegt er nur Rang 7. Drei Stunden nach dem Rennen sitzt Valentino auf einer Kiste im hintersten Winkel seiner Garage und grübelt über seine schlechte Leistung nach. Seine Moral ist im Keller. Er zählt nach, wie viele Punkte er abgegeben hat. Draußen warten die Journalisten ungeduldig auf eine Erklärung des Honda-Piloten. „Die wirkten auf mich wie Aasgeier, die ihre Beute umkreisen“, erinnert er sich. „Ich hatte ihnen nichts mitzuteilen. Da kam Jeremy zu mir und fing ein Gespräch mit mir an. In wenigen Worten lieferte er mir eine detaillierte Zusammenfassung meines Rennens. Seine Analyse war optimistisch, aber ich saß in einem tiefen Loch. Ich habe noch nie gern verloren. Ein siebter Platz ist für mich ein echtes Drama.“ Burgess ruft ihm in Erinnerung, dass ihm der Sachsenring noch nie lag, dass er wenige Tage zuvor von einem Training in Suzuka zurückgekommen ist, an dem er gar nicht teilnehmen wollte und zu dem Honda ihn gezwungen hatte. „Er machte mir klar, dass ich mit einer negativen Einstellung in dieses Grand-Prix-Rennen hineingegangen war und dass dabei gar nichts Gutes herauskommen konnte. Immerhin war ich der schnellste Honda-Fahrer und führte nach wie vor im WM-Klassement. An dem Tag begriff ich, dass es immer zwei Möglichkeiten gibt, wie man eine Situation analysieren kann, und dass es immer mehr bringt, wenn man sich für die positive Variante entscheidet.“

Einige Tage später fliegt Valentino nach Japan und gewinnt zusammen mit Colin Edwards das 8-Stunden-Rennen von Suzuka. Als danach in Tschechien die Weltmeisterschaft weitergeht, ist das Verhältnis zwischen Biaggi und ihm nach wie vor äußerst angespannt, zumal im Frühsommer in einem Landhaus unweit des Dorfes Auditore, das nur rund zehn

Kilometer von Tavullia entfernt ist, ein Biaggi-Fanclub gegründet wurde. Walter Ricci und sein Sohn Ernesto sind seit den 1990er-Jahren Max-Biaggi-Fans. Die Verachtung, die ihrem römischen Idol aus dem Rossi-Lager entgegenschlägt, hat sie bewogen, ihn zu unterstützen. „Zuerst nannten wir den Club *Nella terra del Nemico* [In Feindesland]“, erzählt der gelernte Installateur. „In einem Umkreis von 40 Kilometern rund um Tavullia ist alles fest in Rossi-Hand. Die Zeitungen schrieben über mich. Die Leute wussten, auf wessen Seite ich stand, und mir sind dadurch eine Menge Aufträge durch die Lappen gegangen.“ Walter geht sogar so weit, ein Museum zu Max Biaggis Ehren einzurichten. Das empfinden die Rossi-Fans als Affront. „Eines Tages fand ich vor meinem Haus einen Haufen Flugblätter, auf denen ich aufgeforderte wurde, meine Aktivitäten einzustellen“, berichtet er. In dieser vergifteten Atmosphäre treten die beiden italienischen Piloten in Tschechien gegeneinander an. Bei der Pressekonferenz am Donnerstagnachmittag behält Valentino die ganze Zeit seine Sonnenbrille auf. Daneben sitzt Biaggi und beißt die Zähne zusammen – vor allem in dem Moment, in dem Valentino auf die Frage „Macht Ihnen das angespannte Verhältnis zu schaffen?“ antwortet: „Nein, mir missfällt nur die Gesellschaft, in der ich mich gerade befinde.“ Im Qualifying schwebt Max auf Wolke 7. Am Freitag fährt er Bestzeit und hält Rossi anderthalb Sekunden auf Abstand. Der muss sich mit dem siebten Platz begnügen. Am nächsten Tag rettet der Honda-Pilot, was zu retten ist, und verkürzt den Abstand auf eine Zehntelsekunde. Die Poleposition ist Biaggi zwar nicht mehr zu nehmen, aber Rossi sichert sich immerhin den zweiten Startplatz. Der Yamaha-Pilot hat seinen Rückstand auf den WM-Führenden auf etwa zehn Punkte verkürzt und ist fest entschlossen, den eingeschlagenen Weg fortzusetzen. Davon will Valentino natürlich nichts wissen. „Biaggi legte einen Superstart hin, und ich hatte große Mühe, an ihm dranzubleiben“, erinnert er sich. „Ich setzte alles daran, ihm auf den Fersen zu bleiben. Und wenn er sich umdrehte, um zu sehen, wo ich war, sorgte ich dafür, dass ich immer dicht hinter ihm fuhr, und winkte ihm ganz leicht zu. Und dann stürzte er.“ Damit sorgt Biaggi dafür, dass sich sein Widersacher im Gesamtklassement wieder absetzt. „Vor dem Rennen“, fügt er hinzu, „hatte ich zu Jeremy gesagt: Wenn Biaggi gewinnt und ich Zweiter werde, bleibe ich in der Weltmeisterschaft am Drücker.

Das war mein Ziel. Dass ich diesen Grand Prix ohne Druck bestreiten – und gewinnen – konnte, verdanke ich letztlich der Lektion in Optimismus, die Jeremy mir erteilt hat."

In Estoril siegt Valentino ein weiteres Mal, aber in Valencia belegt er den 11. Platz hinter Max, der auf Rang 10 landet. Beiden gereicht zum Nachteil, dass das Rennen auf nasser Piste stattfindet und die Reifenwahl allzu risikofreudig war. Danach stehen noch vier Rennen in Übersee auf dem Programm, die Valentino allesamt für sich entscheidet. In Australien macht er beim drittletzten Rennen der Saison den Weltmeistertitel klar und wird somit im Alter von 21 Jahren und 240 Tagen der viertjüngste Grand-Prix-WM-Sieger der Geschichte hinter Freddie Spencer, Mike Hailwood und John Surtees.

VI.
LIEBE, RUHM UND TRENNUNG

„2003 war ein langes und hartes Jahr. Am Ende stand fest, dass ich Honda verlassen und zu Yamaha wechseln würde. Für mich persönlich war es ein Jahr, in dem ich den Blick nach innen richtete, mich selbst entdeckte und besser kennenlernte. Rückblickend ist mir klar, dass, wäre es mir damals nicht gelungen, diese Gruppe von Menschen zusammenzustellen und zu Yamaha mitzunehmen, meine Karriere an diesem Punkt auch hätte zu Ende sein können. Obwohl ich noch nicht einmal 25 war. Nie werde ich diese unglaubliche Zeit vergessen, in der ich fand, wonach ich am meisten suchte: Gelassenheit und Freude. Dafür musste ich im Rennbetrieb und auch außerhalb Freunde um mich scharen. Das brauche ich zum Leben – als Motorradfahrer und als Mensch. Außerdem musste ich wieder eine Form der Motivation finden. Dieses Problem haben wohl alle, die so schnell und in sehr jungen Jahren so erfolgreich sind. Im Februar 2003 wurde ich 24, und das Leben hatte mich schon reich beschenkt. Vor diesem Hintergrund sah ich, dass ich bestimmte Dinge nicht mehr hinnehmen konnte."

Valencia, Sonntag, 2. November 2003, 18 Uhr, Presseraum des Circuit Ricardo Tormo. Vor dem Podium herrscht großer Andrang. Auf dem Podium sitzen Seite an Seite der fünffache Weltmeister Valentino Rossi sowie Carlo Fiorani, der Sportdirektor des Repsol-Honda-Teams, und Shoji Tachikawa, seines Zeichens Teammanager. Zwei Stunden zuvor hat Valentino Rossi vor Sete Gibernau und Loris Capirossi das letzte MotoGP-Weltmeisterschaftsrennen gewonnen, nachdem er sich am Tag zuvor zum neunten Mal in dieser Saison die Poleposition gesichert hatte. Bis dahin hat es der Italiener in Valencia nie geschafft, Streckenbestzeit zu fahren oder den obersten Podestplatz zu erreichen. Noch kennt niemand die Hintergründe, aber Valentino hat alles daran gesetzt, diesen letzten Grand Prix der Saison 2003 zu gewinnen, obwohl ihm der Titel bereits seit dem drittletzten Rennen in Malaysia nicht mehr zu nehmen war. Warum ihm dieser Sieg so wichtig war? Ganz einfach: Es war sein letztes Rennen auf der Honda RC211V, und er hatte sich geschworen, diesem Motorrad – für ihn war es *sein* Motorrad – einen letzten Sieg zu bescheren. „Ich wollte unbedingt noch ein letztes Mal mit der Honda gewinnen", verrät er einige Tage später. „Außerdem wollte ich das Jahr mit dem süßen Geschmack des Triumphes auf der Zunge abschließen, denn in diesem Moment war alles in der Schwebe, sodass ich nicht wusste, wann mir dieser wieder vergönnt sein würde."

Mehr als für den neuerlichen Rennerfolg interessieren sich die vielen Leute, die sich an diesem Abend im Presseraum der spanischen Rennstrecke drängen, für die Zukunft des italienischen Phänomens. In der beinahe sakralen Stille ergreift Carlo Fiorani als Erster das Wort und gibt bekannt, dass die Honda Racing Corporation und Valentino Rossi das Vertragsverhältnis, durch das sie seit vier Jahren miteinander verbunden sind, im Jahr darauf nicht fortführen werden. „Wir haben alles unternommen, was in unserer Macht steht, um Valentino zu halten", lässt der Sportdirektor des Repsol-Honda-Teams verlauten, „aber schließlich wurde uns klar, dass wir zu keiner Einigung kommen. Dabei geht es nicht um Geld, Sponsoringauflagen oder irgendwelche anderen Detailfragen. Nein, Valentino ist auf der Suche nach einer neuen Herausforderung, die wir ihm nicht bieten können. Dass es so gekommen ist, stimmt uns traurig, aber wir freuen uns über das, was wir gemeinsam erreicht haben: drei Weltmeistertitel und 33 Siege bei 64 Rennteilnahmen. Jetzt gilt es nach vorne zu schauen und unser Team neu aufzustellen, damit wir diesen WM-Titel verteidigen können." Vergleichbare Situationen hat Honda schon mit Mike Hailwood, Freddie Spencer, Eddie Lawson und Mick Doohan erlebt. Höflich erinnert Valentino im Anschluss an alles Gute, das ihm als Werksfahrer des weltweit führenden Konstrukteurs widerfahren ist. Dann erläutert er, warum er sich entschlossen hat, jener Honda RCV Adieu zu sagen, mit der er so oft zum Sieg gefahren ist: „Für jeden Piloten ist es ein Traum, für die HRC zu fahren. Gleich in meiner ersten Saison mit Honda wurde ich WM-Zweiter in der 500-cm^3-Klasse. Wir haben die NSR optimiert, und ich habe im Jahr darauf den vielleicht schönsten Titel meiner ganzen Karriere geholt. Dann verschaffte uns die Herausforderung durch die Viertaktformel die Chance, von Null neu anzufangen. Aber nachdem wir mit der RCV alles gewonnen haben – auf trockener Piste, im Regen, auf meinen Lieblingspisten, auf den Rennstrecken, die mir nicht so liegen –, wurde mir klar, dass für mich eine Geschichte zu Ende geht und es an der Zeit ist, mir eine neue Herausforderung zu suchen." So einleuchtend diese Argumentation klingt, seine tieferen Beweggründe gibt der italienische Rennpilot damit nicht preis. In Wahrheit denkt er schon seit zwei Jahren daran, sich von Honda zu verabschieden.

Rückblende zum Ende der Saison 2001: Valentino Rossi hat soeben auf einer Honda NSR den WM-Titel in der 500-cm³-Klasse geholt. Der Italiener und die HRC-Verantwortlichen verhandeln über die Verlängerung des Vertrags, den sie zum Saisonende 1999 miteinander geschlossen haben, als der Italiener in die Königsklasse aufstieg. Nach zwei Jahren in der Nastro-Azzurro-Struktur soll Valentino in das offizielle Team des Honda-Rennstalls eingegliedert werden. Rossi hat Bedenken. „Bis 2001 gab es bei uns nur einen Japaner", betont er. „Sato war für die Telemetrie zuständig, alles andere war Sache von Jeremy Burgess und den Italienern, die das Team managten. Wir hatten ein offizielles Motorrad, aber das Team führten wir eigenverantwortlich. Mit der Einführung der MotoGP wurde alles anders. Beim Viertakter kam es nicht mehr infrage, dass wir allein im stillen Kämmerlein vor uns hinarbeiteten. Wir bekamen einen echten Prototypen, der sich mitten in der Entwicklung befand, und kein Satellitenteam verfügt über die Mittel, die unter diesen Umständen anstehenden Ausgaben alleine zu stemmen." Sportlich steht unterdessen alles zum Besten. In zwei Saisons beim weltweit führenden Konstrukteur hat Valentino 13 Grand-Prix-Rennen gewonnen, ist im Vorjahr WM-Zweiter und jetzt Weltmeister geworden. Der erst 24-Jährige ist reibungslos und in aller Ruhe in die Rolle des Nachfolgers von Mick Doohan hineingewachsen. Bei Honda verfügt er über die beste Maschine, die es gibt, und hat außerdem die Erfahrung und Schlagkraft des renommiertesten Rennstalls im Motorradsport im Rücken. Honda hat sich mit Rossi den Star gesichert, von dem die Konkurrenz träumt. Ihre Übereinkunft lässt sich in wenigen Worten zusammenfassen: Valentino Rossi ist der derzeit beste Rennpilot, die Maschinen der HRC sind eindeutig die leistungsstärksten Motorräder, und die beiden Vertragsparteien verbindet ein gemeinsamer Wille zum Sieg. Menschlich dagegen sind der immer zu Späßen aufgelegte Italiener und die unemotionalen Japaner denkbar unterschiedlich gepolt. Hinzu kommt, dass es sich Valentinos Manager nicht nehmen lässt, die Schraube weiter anzuziehen. Valentino fragt sich außerdem, in welche Richtung sich die Weltmeisterschaft durch die Einführung der neuen MotoGP-Klasse entwickeln wird. Die Änderung des Technischen Reglements der Grand-Prix-Rennen, die für 2002 die Einführung von 990-cm^3-Maschinen mit Viertaktmotor vorsieht, betrachtet er mit gemischten Gefühlen. Denn diese Änderung bedeutet, dass die 500-cm^3-Motorräder, die für ihn immer Traummaschinen waren, bald von der Bildfläche verschwinden werden. Außerdem fühlt sich der dreifache Weltmeister, als hätte man ihn in eine Falle gelockt. Da ist zum einen das immer angespanntere Verhältnis zu den Honda-Chefs und insbesondere zum HRC-Chef Koji Nakajima, der sich über Badiolis Nörgelei aufregt und gegen den Valentino immer mehr Ressentiments entwickelt, weil er der Meinung ist, dass ihm nicht die Anerkennung zuteil wird, die ihm zusteht. Mit der Rückendeckung seines Managers möchte Valentino seinen Vertrag mit der HRC am liebsten nur um eine Saison verlängern. „Kommt nicht infrage", lautet die Antwort der Japaner. Und dann gibt es da noch dieses neue Motorrad namens Honda RC211V, an dem für ihn kein Weg vorbeiführt, wenn er an der künftigen MotoGP-Meisterschaft teilnehmen will. Nachdem er im Dezember auf dem Rundkurs in Jerez die neuartige V5-Honda zum zweiten Mal testet, weiß Valentino nicht recht, wofür er sich entscheiden soll. Die RCV ist eindeutig besser ausbalanciert als der erste Prototyp, den man ihn im August in Suzuka testen ließ, aber diese Maschine ist noch weit davon entfernt, ihm den Fahrspaß zu bieten, den ihm seine beiden Saisons mit der NSR 500 schließlich bereitet hatten. Auch wenn er in Spanien mit der Viertaktmaschine schneller war, möchte der offizielle Honda-Werksfahrer mit einer RCV und einer NSR in der Garage in die Saison starten, aber die HRC-Verantwortlichen geben ihm rasch zu verstehen, dass das nicht möglich sein wird. Ein Wechsel von einem Motorrad auf das andere sei nicht vorstellbar, und ohnehin sind die Zweitakt-500er in dieser ersten Saison der neuen Rennklasse MotoGP für die Piloten der Satellitenteams reserviert. Das ist übrigens bei Yamaha nicht anders. „Zum ersten Mal getestet habe ich die RCV im August 2001 in Suzuka, nach meinem Sieg beim 8-Stunden-Rennen“, erinnert sich der Italiener. „Ich fand dieses Motorrad echt eigentümlich. Es hatte ein weit hochgezogenes Heck, war vorne niedrig und schlecht ausbalanciert. Vor allem war es winzig. Es bot auch keinen Schutz durch die Verkleidung. Dafür war der Motor sehr leistungsstark. Er hatte so viel PS, dass das Motorrad bei Geradeausfahrt durchdrehte – sogar in der Boxengasse. Das Verbesserungspotenzial war enorm, aber ich hatte die Befürchtung, dass man bis zur Saisoneröffnung 2002 damit nicht fertig würde. Deshalb hatte ich darum gebeten, meine 500er behalten zu dürfen.“

Wohl oder übel erklärt sich Rossi schließlich bereit, um zwei Saisons zu verlängern. Nach langen Verhandlungen kommen die beiden Vertragsparteien zu einer Einigung. Doch obwohl nun alles geregelt scheint, bekommt Valentino im Winter einen Anruf von seinem Manager: „Sie wollen nicht mehr unterschreiben. Wir müssen dringend nach Rom fahren.“ Rossi weilt gerade mit seiner Entourage in den Dolomiten. Er lässt sein Snowboard liegen und kommt mit Gibo Badioli, Carlo Fiorani und HRC-Chef Koji Nakajima in den Räumlichkeiten von Honda Motor Europe zusammen. Nachdem es Wochen brauchte, um die letzten Einzelheiten wie zum Beispiel die Zahl der Tage, die Valentino für PR-Aufgaben und für die Markenwerbung zur Verfügung stehen muss, die Zahl der im Jahresverlauf bereitgestellten Maschinen und anderen Kleinkram dieser Art zu regeln, gibt die rechte Hand von Suguru Kanazawa zur allgemeinen Überraschung bekannt, dass er sich beim derzeitigen Stand der Dinge weigert, den Vertrag zu unterschreiben. Von diesem Tag an sprechen Rossi und Nakajima praktisch kein Wort mehr miteinander. Rossi beschließt, das Tagesgeschäft nur noch mit Carlo Fiorani zu besprechen. Wutentbrannt verlässt Valentino den Raum und schlägt die Tür hinter sich zu. Der Weltmeister sitzt in der Falle. Weniger als drei Monate vor dem Start der ersten MotoGP-Meisterschaft, das weiß er, kann ihm kein anderer Konstrukteur einen Vertrag anbieten. Wenn er 2002 Rennen fahren will, hat er keine Alternative und muss die Demütigung durch die Japaner hinnehmen. Das Tauziehen dauert noch einige Wochen an. Honda geht sogar so weit, sein Zugpferd bei den ersten

Tests der Saison in Malaysia nicht aus dem Stall zu lassen. Aber der Fall ist klar. Valentino akzeptiert das letzte Angebot der HRC und nimmt sich vor, es Koji Nakajima eines Tages in gleicher Münze heimzuzahlen. Zwei Jahre später soll es soweit sein. Bis dahin wird sich das Verhältnis zwischen den beiden Parteien immer weiter verschlechtern.

Zum ersten WM-Rennen 2002 in Suzuka reist Valentino verständlicherweise nicht in der entspanntesten Verfassung an. Seine Zweifel sind umso stärker, als er wegen des endlosen Ringens mit den HRC-Verantwortlichen, die ihn gezwungen haben, für zwei Saisons zu unterschreiben und einige seiner Ansprüche aufzugeben, die ersten Tests des Jahres verpasst hat. Aber trotz des immer angespannteren Verhältnisses zu den Japanern wird es Rossi gelingen, alle Ärgernisse beiseite zu schieben und nur noch an die neue WM-Runde zu denken, die auch diesmal wieder in Japan beginnt. Seine Revanche hebt er sich für später auf. Im Training legt der amtierende Weltmeister allerdings gleich zu Beginn zwei Stürze hin – ein Indiz dafür, dass er noch nicht ganz zu der Abgeklärtheit zurückgefunden hat, die ihn üblicherweise auszeichnet. Er ist sauer, sichert sich aber die Poleposition und entscheidet am Tag darauf das Rennen bei strömendem Regen für sich. Zwei Wochen später in Südafrika lässt er sich von seinem Teamkollegen Tohru Ukawa in der letzten Runde den Sieg vor der Nase wegschnappen, nachdem er vom Start weg in Führung gelegen hatte. „Mein Fehler war, dass ich das Tempo bestimmt habe, während er an meinem Hinterrad klebte", gibt er am Ziel zerknirscht zu Protokoll, „Ich habe mir meine Reifen ruiniert und mich in der letzten Runde wie ein blutiger Anfänger vorführen lassen." In Jerez rückt Valentino die Verhältnisse wieder zurecht. Zwar wird er in der ersten Kurve des Großen Preises von Spanien von Kenny Roberts gerempelt, aber danach arbeitet er sich vom achten auf den ersten Rang vor, erringt damit seinen zweiten Sieg und baut seine Führungsposition aus. Beim vierten Rennen in Le Mans, dem der Regen ein vorzeitiges Ende setzt, lässt er Ukawa und Biaggi hinter sich. In Mugello folgt ein weiterer Sieg vor heimischem Publikum. Seit zwei Jahren hatte Valentino es nicht mehr geschafft, in Italien zu gewinnen. „Bei den beiden 500er-Grand-Prix in Mugello, an denen ich teilnahm, bekam ich noch nicht einmal die Ziellinie zu Gesicht", erinnert er sich. „Über diesen Sieg habe ich mich deshalb besonders gefreut."

In Barcelona bleibt ihm zwar Ukawa dicht auf den Fersen, aber er kann sich seinen Teamkollegen bis zur Ziellinie vom Leib halten, obwohl in der letzten Runde sein Hinterreifen schlapp macht. Auch in Assen wird es ein knappes Rennen. Diesmal ist es allerdings Alex Barros mit seiner NSR 500, der ihm das Leben schwer macht. „Mein Motorrad war schneller als seines, aber andererseits war es schwerer durch die Richtungswechsel zu pilotieren“ erläutert er. „Wegen seines Gewichts ist der Viertakter bei hoher Geschwindigkeit nicht gerade wendig.“ In Großbritannien liefert Valentino eine weitere Kostprobe seines Könnens und seiner Entschlossenheit ab. Wegen eines Michelin-Reifens, der für die Pistenverhältnisse nicht taugt, legt er im ersten freien Training einen heftigen Sturz hin. „Ich war eine gute halbe Stunde benommen und konnte am Nachmittag nicht fahren“, erinnert er sich. Das hindert ihn aber nicht, zwei Tage später seinen siebten Sieg in der MotoGP zu feiern. In Deutschland kommt ihm das Glück zur Hilfe. Barros und Jacque befördern sich durch eine Kollision gegenseitig aus dem Rennen. Dadurch fällt Rossi der Sieg in den Schoß, der ihm sonst wohl nicht beschieden gewesen wäre. Aber ist nicht das Glück der natürliche Verbündete der großen Champions? Eddie Lawson hat es einmal so formuliert: „Je mehr ich trainiere, umso mehr Glück habe ich.“

Der Große Preis von Deutschland markiert diesbezüglich einen Wendepunkt in der Saison 2002. „Von diesem Zeitpunkt an hatten wir ein paar Probleme“, berichtet Valentino. Da Yamaha den Abstand auf Honda zusehends verkürzt, beschließt HRC, die Leistung seiner V5 zu erhöhen. Das Problem: Bei der neuen Motorversion der RCV gibt es Kupplungsschwierigkeiten. In Brno muss Rossi wegen eines Hinterreifenproblems aufgeben, und Biaggi nutzt die Chance, mit der Yamaha M1 seinen ersten Sieg einzufahren. „Auch ohne den Ärger mit dem Reifen hätte ich ihn wohl nicht einholen können“, räumt der WM-Führende ein, der sich im Übrigen angesichts seines Vorsprungs vor den Gegnern keine Sorgen zu machen braucht. Nach einem weiteren Sieg im portugiesischen Regen sichert sich Valentino in Brasilien – wieder auf nasser Piste – den Weltmeistertitel, obwohl noch vier Grand-Prix-Rennen zu bestreiten sind. Nachdem ihn bis dahin die Sorge geplagt hat, die Honda RCV sei nicht auf der Höhe, kann er nun endgültig aufatmen. Dennoch denkt er nicht daran, es während der restlichen Saison ruhig angehen zu lassen. Den ersten Weltmeister in der neu geschaffenen MotoGP-Klasse wurmt, dass er sich beim nächsten Grand Prix in Motegi einem Alex Barros geschlagen geben muss, der soeben wieder auf eine der RCV vom Saisonbeginn umgestiegen ist. In Malaysia fährt Biaggi vor ihm ins Ziel. Eine zweite Niederlage, die ihn auf die Palme bringt. „Zu Beginn der Saison hatten wir es zu leicht. Wir sind praktisch eingeschlafen", schimpft er. Nach einem Sieg auf Phillip Island wird er in Valencia Zweiter hinter Barros. Valentino prophezeit, dass die Saison 2003 heißer umkämpft sein wird, weil die 500-cm^3-Zweitakter ins Museum geschickt werden. „Unsere Konkurrenten werden aufholen. Es wird keine leichte Übung, den Erfolg dieser Saison im nächsten Jahr zu wiederholen", warnt er.

Unterdessen fällt es Valentino Rossi immer schwerer, die Geringschätzung der Japaner für seine Arbeit hinzunehmen. Er wirft HRC vor, dass man nicht genug Rücksicht auf ihn nimmt und es an Unterstützung fehlen lässt, zumal er sein Soll mehr als erfüllt, seit mit der Entwicklung der RCV begonnen wurde. Außerdem kann der Italiener die Kritik in der italienischen Presse nicht mehr hören, die auf ihn eindrischt, sobald er „nur als Zweiter" ins Ziel fährt, und seine Siege stets darauf zurückführt, dass er das mit Abstand beste Motorrad hat. HRC-Chef Suguru Kanazawa schätzt zwar die Genialität des Weltmeisters, aber am meisten freut er sich, wenn ein anderer Honda-Pilot auf den obersten Podestplatz klettert und damit die Überlegenheit der RCV beweist. Die Verantwortlichen des Honda-Rennstalls standen noch nie in dem Ruf, besonders behutsam mit ihren Piloten umzugehen. Für sie ist entscheidend, dass ihr Motorrad gewinnt. Und erst recht darf die Persönlichkeit eines Champions nicht die Überlegenheit ihrer Technologie in den Schatten stellen. „Gleich zu Beginn der Saison 2003 begann ich zu realisieren, dass ich bei Honda nicht mehr glücklich war", sagt Rossi heute. „Die Honda-Philosophie und meine Einstellung sind grundverschieden. Ich hatte die Nase voll von einem Umfeld, in dem meine Verdienste nie gebührend gewürdigt wurden und wo der menschliche Aspekt hinter allem anderen zurückstehen musste. Es gab keinen Teamgeist, und das ging für mich gar nicht. Ich brauche die Zugehörigkeit zu einer Gruppe, und eine solche Gruppe existierte bei Honda nicht. Seit meinem Debüt in der 125-cm^3-Klasse habe ich mir immer Leute gesucht, die Spaß bei der Sache haben und mit mir etwas Intensives erleben wollen. Bei Honda begann mich der Rennbetrieb zu langweilen. Das ist für mich kein Leben, wenn man zum Grand Prix geht wie in eine Fabrik mit Stechuhr am Eingang."

Trotz seiner unerfüllten Sehnsüchte lässt er sich von niemandem vom Thron stoßen. Auch wenn Alex Barros bei Yamaha anheuert und Max Biaggi ins Honda-Pons-Team wechselt, können weder der Brasilianer noch der Veteran aus Rom dem Italiener seinen fünften Weltmeistertitel in der Saison 2003 streitig machen. Die größte Bedrohung für den Piloten des Repsol-Honda-Teams ist in diesem Jahr Sete Gibernau. Der Spanier, der die MotoGP-WM 2002 als 16. beendet hat, ist von Suzuki ins Honda-Gresini-Team gewechselt, das Budget seines Sponsors Telefonica im Gepäck. Niemand hält ihn für einen Anwärter auf den WM-Titel. Doch nach dem tragischen Unfall seines Teamkollegen beim WM-Auftakt in Japan stößt Gibernau in neue Dimensionen vor. Das erste Grand-Prix-Rennen der Saison wird vom tödlichen Sturz des Japaners Daijiro Kato überschattet, der das sportliche Ergebnis zur Nebensache macht. Valentino Rossi gewinnt das Rennen vor der Honda von Max Biaggi und der Ducati von Loris Capirossi. Capirossis dritter Platz ist für den italienischen Hersteller bei seiner Rückkehr in die MotoGP-Meisterschaft ein Auftakt nach Maß, zumal Troy Bayliss die Leistung seines italienischen Teamkollegen durch einen erfreulichen fünften Platz ergänzt. Das wichtigste Ereignis zum Saisonbeginn sind jedoch der Durchbruch und die Verwandlung des Sete Gibernau. Beim zweiten Rennen der Saison in Südafrika gelingt dem Fahrer aus dem Team Grisini das, was Tohru Ukawa ein Jahr zuvor gelang: Er siegt vor Valentino Rossi. Damit bewahrheitet sich, was der vierfache Weltmeister einige Monate zuvor prophezeit hatte: Der Konkurrenzkampf wird in der Saison 2003 deutlich härter als in der ersten MotoGP-Meisterschaft. „Mit dem Viertaktmotor bringen die Maschinen vielleicht mehr Leistung, aber sie sind auch leichter zu handhaben", bedauert Vale. „Für einen guten Rennfahrer ist es ein Leichtes, 90 Prozent des Potenzials einer MotoGP-Maschine abzurufen. Bei den 500ern war das anders. Dadurch wird es schwieriger, sich auf der Piste voneinander abzuheben." Wie richtig er mit dieser

Einschätzung liegt, beweist Valentino selbst, indem er zwar in Jerez seinen zweiten Sieg einfährt, sich aber in Le Mans, wo wenige Runden vor dem Ziel der Regen die Karten neu mischt, Gibernau geschlagen geben muss. Nach einem Heimsieg in Mugello muss er sich in Barcelona hinter der überraschend starken Ducati Desmosedici von Loris Capirossi mit dem zweiten Platz begnügen. In Assen spielt ihm bei strömendem Regen sein Helmvisier einen Streich und sorgt dafür, dass er nur Dritter wird. Valentino ärgert sich nicht nur über diese neuesten Entwicklungen, sondern auch über Max Biaggi, der sich bei jedem, der es hören will, andauernd darüber beschwert, dass Rossis RCV viel leistungsstärker sei als das Motorrad, das ihm als einfachem Satellitenteam-Piloten zur Verfügung steht. Zu allem Überfluss wird der amtierende Weltmeister dann beim Großen Preis von Großbritannien auch noch mit einer Zehn-Sekunden-Zeitstrafe belegt, weil er trotz Verbot durch eine Gelbe Flagge überholt hat. Er muss den ersten Platz an Max Biaggi abtreten und sich drei Wochen später in der letzten Runde des Großen Preises von Deutschland Sete Gibernau geschlagen geben. Damit hat Valentino im Gesamtklassement nur noch wenige Punkte Vorsprung vor seinem spanischen Rivalen. Läuft die Saison aus dem Ruder?

„Das war eine schwierige Zeit", erinnert er sich. „Ich war es leid, mir immer wieder Biaggis und Gibernaus Gejammere darüber anzuhören, dass meine Honda besser sei als ihre. Ich hätte am liebsten das Motorrad mit ihnen getauscht, damit sie endlich aufhörten, sich ständig zu beklagen. Leider hätten weder Honda noch die Sponsoren dem zugestimmt. Sobald ich ein Rennen als Zweiter beendete, hielt man mir vor, dass ich nicht gewonnen hatte. Es schien so, als wollte niemand den Gedanken zulassen, dass ich auch mal einen Grand Prix verliere, weil einer meiner Gegner an dem betreffenden Tag besser war als ich. Natürlich hatte ich ein gutes Motorrad! Ich hatte es ja schließlich auch selbst entwickelt und wusste übrigens genau, dass Biaggi und Gibernau exakt die gleiche Maschine hatten wie ich. Der einzige Unterschied war, dass ich manchmal eine Neuentwicklung eher bekam als sie. Das war übrigens der Grund, warum ich in Donington neue Auspuffanlagen abgelehnt habe. Für Honda kam es einzig und allein darauf an, dass auf dem Podest ausschließlich RCV-Fahrer standen. Die einzige Sorge der Honda

Racing Corporation bestand darin, zu beweisen, dass sie über die beste Technologie verfügte. Auf die Dauer hat mich das Ganze in meiner Konzentration gestört. Diese üble Stimmung war auch der Hauptgrund für die Fehler, die mir in der zweiten Saisonhälfte 2003 unterliefen. Dass ich bei jeder Gelegenheit zu hören bekam, mein Motorrad sei allen anderen überlegen, setzte mich permanent unter Druck. Ich war in die gleiche Situation geraten, wie sie vor mir auch schon Mick Doohan bei Honda erlebt hatte. An einem bestimmten Punkt in seiner Karriere war alle Welt davon überzeugt, dass er ein Ausnahmemotorrad hatte, das keiner seiner Kontrahenten bekam. Ich habe mit Burgess darüber gesprochen, als ich neu zu Honda kam. ‚Was hatte seine 500er eigentlich, das die anderen Motorräder nicht hatten?', fragte ich. Jeremy war überrascht: ‚Absolut nichts – außer dass dieses Motorrad jedes Jahr etwas früher mit einer oder zwei Kleinigkeiten ausgerüstet wurde als die anderen Maschinen. Der wahre Unterschied ist, dass Mick einfach besser war als alle anderen.' Wenige Jahre später war ich in der gleichen Lage wie Doohan."

Im Sommer 2003 sind die Spannungen zwischen dem italienischen Piloten und seinen Arbeitgebern mit Händen zu greifen. „Es gab ein echtes Kommunikationsproblem, aber vor allem gab es zu viele kulturelle Unterschiede zwischen dem damals 24 Jahre jungen italienischen Rennfahrer und den viel älteren japanischen Vertretern eines der größten Unternehmen im Land", weiß Carlo Fiorani zu berichten. „Da war auf der einen Seite das Riesen-Ego eines Champions und auf der anderen Seite eine Art Korpsgeist der Führungsetage, die nicht hinnehmen konnte, dass ein Rennfahrer nur von sich selbst spricht, statt sein Gefährt in den Vordergrund zu stellen. Und 2003 war jedem klar, dass die V5-Honda der Konkurrenz weit überlegen war." Zudem war Valentino sehr gekränkt, dass man ihn im Zusammenhang mit zwei Bitten, die ihm besonders am Herzen lagen und deren Erfüllung die Japaner zugesagt hatten, hingehalten und an der Nase herumgeführt hatte. So hat HRC ihm nie die NSR überlassen, mit der er den letzten WM-Titel in der 500-cm^3-Klasse holte und die er für sich zu Hause aufbewahren wollte. „Sie hatten versprochen, sie mir zu geben. Aber so oft ich sie auch daran erinnerte – sie erzählten jedes Mal irgendwelche Ammenmärchen“, beklagt sich Valentino. „Irgendwann war mir klar, dass ich sie nie bekommen werde.“ Auch Valentinos zweiter Wunsch blieb unerfüllt: Honda verweigerte seinem Vater eine Testfahrt mit dieser berühmten 500er auf dem Rundkurs in Jerez. „Die Journalisten durften damit fahren, aber Graziano, der in der Weltmeisterschaft gefahren ist und Grand-Prix-Rennen gewonnen hat, ließen sie nicht auf dieses Motorrad! Das fand ich einfach unglaublich.“

Kurz nach seiner Niederlage gegen Sete Gibernau auf dem Sachsenring lädt Valentino Rossi im Juli 2003 Aldo Drudi und Alberto Tebaldi zu einem Treffen in eine Pizzeria in Riccione an der Adria. Der Gedanke, Honda den Rücken zu kehren und zu Yamaha zu wechseln, nimmt allmählich Gestalt an. Sein Designer und Freund Aldo Drudi findet, dass alles für die Marke mit den drei Stimmgabeln im Logo spricht. Der japanische Hersteller ist der Einzige, der Honda jemals geschlagen hat. Und dass Yamaha seit dem erzwungenen Karriereende von Wayne Rainey 1993 keinen WM-Titel mehr geholt hat, liege einfach daran, dass das Unternehmen keinen Piloten vom Kaliber des Kaliforniers oder seiner Vorgänger Lawson und Roberts mehr in seinem Rennstall habe. Drudi ist überzeugt, dass Valentino Yamaha wieder auf den Erfolgspfad führen und in die Fußstapfen seiner glorreichen Ahnen treten kann. Ende August knüpft der WM-Führende nach einer wohlverdienten Ruhepause in seinem Haus auf Ibiza an seine vorherigen Erfolge an. Damit macht er eine Serie von vier sieglosen Rennen vergessen – eine lange Durststrecke, wie er sie seit seinen Anfängen in der Königsklasse nicht mehr erlebt hat. Nach dem Zieleinlauf stellt Valentino sein Motorrad am Pistenrand ab, nimmt den Helm vom Kopf und setzt stattdessen eine Sträflingsmütze auf, befestigt eine Kette mit Eisenkugel an seinem Fußgelenk und tritt in dieser Kostümierung mit einer Spitzhacke zum „Steineklopfen“ an. Millionen Fernsehzuschauer schauen dem Treiben amüsiert zu. Elf Monate lang haben Rossi und sein Fanclub keinen Grand-Prix-Sieg mehr mit einer so aufwändigen Show gefeiert. Den bis dahin letzten Auftritt, bei dem Kostüme und Requisiten bemüht wurden, hatte die Gang aus Tavullia in Rio, wo sie den vierten Titel des italienischen Ausnahmepiloten als Hommage an die brasilianische Fußball-Nationalmannschaft zelebrierte, die kurz zuvor zum fünften

Mal Weltmeister geworden war. Seitdem spielte sich in dieser Richtung nichts oder fast nichts mehr ab. Ein paar Wheelies, das eine oder andere Freestyle-Kunststück. Das war alles. „Ich hatte die Faxen dicke", erklärt Rossi bei der Pressekonferenz. Und er setzt noch eins drauf: „Ich war es satt, in der Zeitung zu lesen, dass es normal ist, wenn ich gewinne, weil ich ja das beste Motorrad habe, und dass ich schlecht bin, wenn ich Zweiter werde. Wenn Biaggi nach mir ins Ziel fährt, heißt es, er sei ein gutes Rennen gefahren. Wenn ich nach ihm ins Ziel fahre, ist mir eine Katastrophe passiert, und er wird zum Phänomen hochgeschrieben. Heute wird nur noch über die Motorräder gesprochen. Wenn Capirossi gewinnt, gewinnt in Wahrheit Ducati gegen Honda. Niemand würdigt mehr den Wert der Fahrer, und das finde ich überaus traurig. Nie wird hervorgehoben, was für ein schönes Überholmanöver einem Fahrer gelungen ist. Wenn ich einen Gegner beim Bremsen überhole, heißt es nur, dass mein Motorrad halt stabiler ist. Wenn ich aus einer Kurve heraus schneller beschleunige, liegt es angeblich daran, dass mein Motorrad in Wahrheit ein Flugzeug ist oder ich die bessere Steuerungselektronik habe. Mag sein, dass die Honda das beste Motorrad ist, aber hätten die japanische Ingenieure daraus so eine Maschine gemacht, wenn ich ihnen nicht ein bisschen dabei geholfen hätte?"

Wie dem auch sei – bei der Abreise aus Tschechien weiß Valentino, dass er 2004 kein Honda-Pilot mehr sein wird. Er braucht eine neue Herausforderung, um motiviert zu bleiben, und die Verhandlungen mit Yamaha sind inzwischen sehr weit gediehen. An diesem Wochenende in Brno gibt der Italiener Davide Brivio und Lin Jarvis seine mündliche Zusage. „Gewinnen ist das Eine. Sich an der Spitze festzusetzen, ist eine andere Sache", sagt Mick Doohan. Auch der fünffache 500er-Weltmeister weiß ein Lied von den Gehässigkeiten und Beleidigungen zu singen, die man als Champion von verschiedener Seite über sich ergehen lassen muss – von den Leuten, die den Helden stürzen sehen wollen, von den Rivalen, die Kalif werden wollen anstelle des Kalifen, von den Journalisten, die ihre Zeitungsspalten mit Storys füllen wollen, und von den Fans, die sich von ihrem Objekt der Bewunderung abwenden und auf die Seite der armen Besiegten schlagen. Der Australier hatte sich fünf Jahre lang an der Spitze festgesetzt, indem er seinen Siegeshunger mit einer außergewöhnlichen Portion Wut im Bauch befeuerte. Dieses Erfolgsrezept war nie Valentino Rossis Sache. Während für Doohan die Verzweiflung, in die er seine Gegner zu treiben wusste, wie Nahrung war, zieht der Italiener seine Kraft aus dem Spaß und der Bewunderung, die er so gerne auslöst. Mick war ein in sich gekehrter Kriegertyp, Valentino ist ein extrovertierter Genussmensch. Während sich Doohan nie traute, den weltweit führenden Hersteller zu verlassen, hat Rossi den Mut, diesen Schritt zu wagen und damit zu beweisen, dass der Motorradsport nach wie vor in erster Linie von Menschen und nicht von Maschinen lebt. Im September dämmert den HRC-Chefs, dass Valentino dabei ist, sich von ihnen abzuwenden. „Es gab ein Treffen zwischen Badioli und Tachikawa in Rom, das sehr ungut verlief", erzählt Carlo Fiorani. „Die ganze Zeit ließ sich Gibo alles Mögliche einfallen, um das Gespräch abzublocken. Sobald wir ihm einen Vertragsvorschlag unterbreiteten, rückte er mit neuen Forderungen heraus: Business-Class-Tickets für Valentino und sein Freunde, ein neues Auto – es war offensichtlich, dass er keinerlei Interesse daran hatte, dass man sich einigte. Es war etwa so wie bei einer Scheidung, die man nicht mit Fäusten austragen kann und bei der man dem Gegenüber damit eins auswischen will, dass man das Porzellanservice oder die Kaffeemaschine für sich beansprucht. Zwei Tage danach rief mich Valentino an, und da war mir klar, dass wir künftig ohne ihn auskommen müssen."

Auf der Rennstrecke ist Valentino trotz seiner Zweifel und trotz der Herausforderung, der er sich ohne jede Erfolgsgarantie stellt, weiterhin der einzige Fahrer, der seit Saisonbeginn nach jedem Grand-Prix-Rennen auf dem Podest steht. Auch hat es keiner seiner Gegner geschafft, ihn im Gesamtklassement von der Spitze zu verdrängen. Alles in allem kann der charismatische Italiener zufrieden feststellen, dass er sein Schicksal in jeder Hinsicht selbst in der Hand hat. Sein Sieg in Brno führt ihn wieder auf die Siegerstraße. Durch dieses Rennen findet er zu seiner abgeklärten Ruhe zurück, die ihm zwischenzeitlich abhanden gekommen war, und bildet mit seinem Motorrad wieder eine perfekte Symbiose. Im Rückblick analysiert er diese Phase so: „Ich glaube, nach dem Grand-Prix-Sieg in Italien Anfang Juni hatten wir ein bisschen die Konzentration verloren. Bei mir häuften sich die Fehler. In Barcelona ließ ich zu, dass Capirossi Morgenluft witterte. In Donington übersah ich die Gelbe Flagge, und in Deutschland tat ich Gibernau einen großen Gefallen, indem ich mir einen groben Schnitzer leistete. In Assen kam ich nicht mit dem Regen zurecht. Die Rennpause Anfang August war für mich die Gelegenheit, über all das nachzudenken. Ich tankte neue Energie und war bei meiner Ankunft in Brno fest entschlossen, alles wiedergutzumachen.“ Mission erfüllt. Von den sieben Grand-Prix-Rennen der zweiten Hälfte der WM 2003 gewinnt Valentino sechs – Tschechische Republik, Portugal, Brasilien, Malaysia, Australien und Valencia – und erreicht einmal, in Motegi, den zweiten Podestplatz. Auf dem Circuit von Sepang sichert sich der überragende Italiener seinen fünften Weltmeistertitel. Ab sofort braucht er auf seiner RCV niemandem mehr irgendetwas zu beweisen. Er kann sich zufrieden empfehlen und die Honda-Tür hinter sich zumachen.

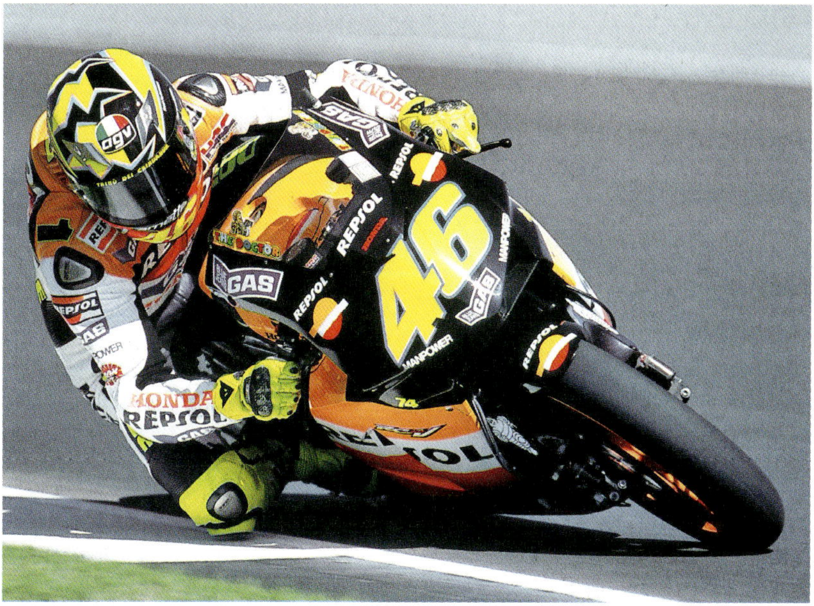

Rossi auf der RC213V, mit der er in der Königsklasse 2003 seinen dritten und letzten Titel für Honda holt.

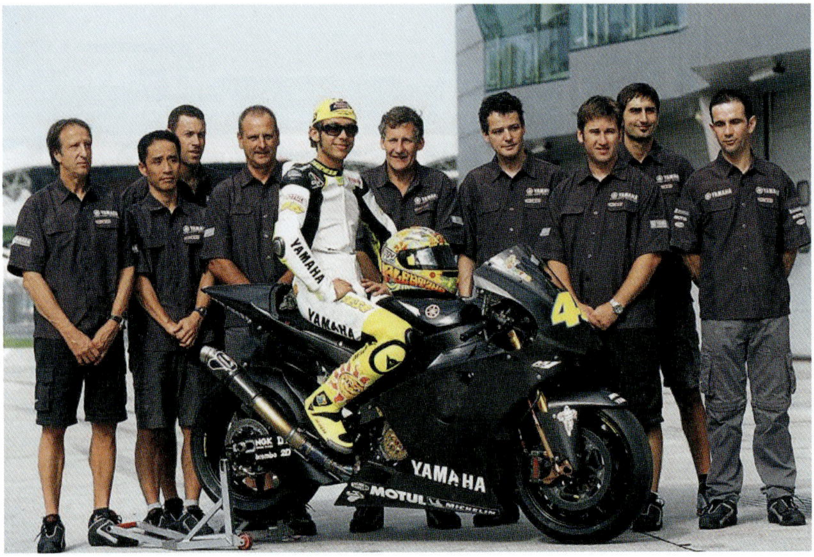

Im Februar 2004 beginnt auf dem Circuit von Sepang für Valentino Rossi, für sein Technik-Team und für Yamaha ein neues Abenteuer.

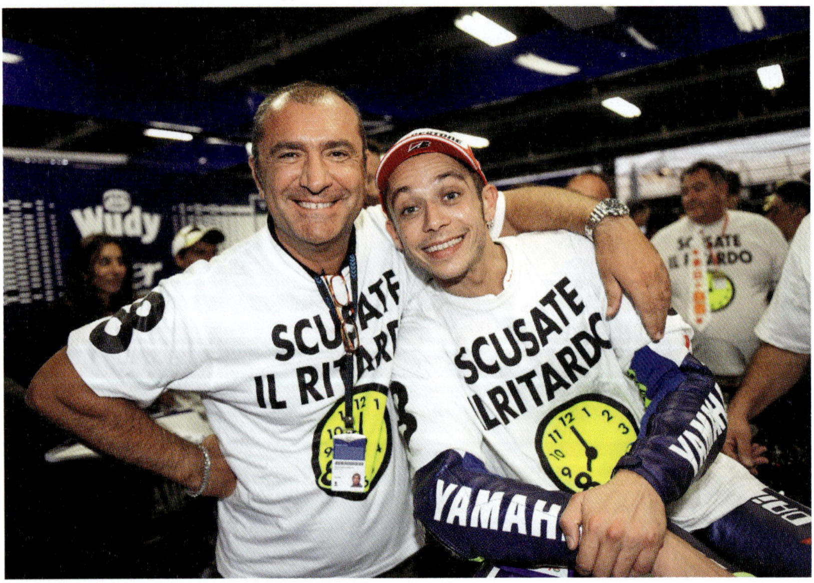

Mit dem Designer Aldo Drudi feiert Valentino am 28. September 2008 in Japan seinen achten WM-Titel. Drei Jahre hat der Yamaha-Pilot auf diese Feier warten müssen.

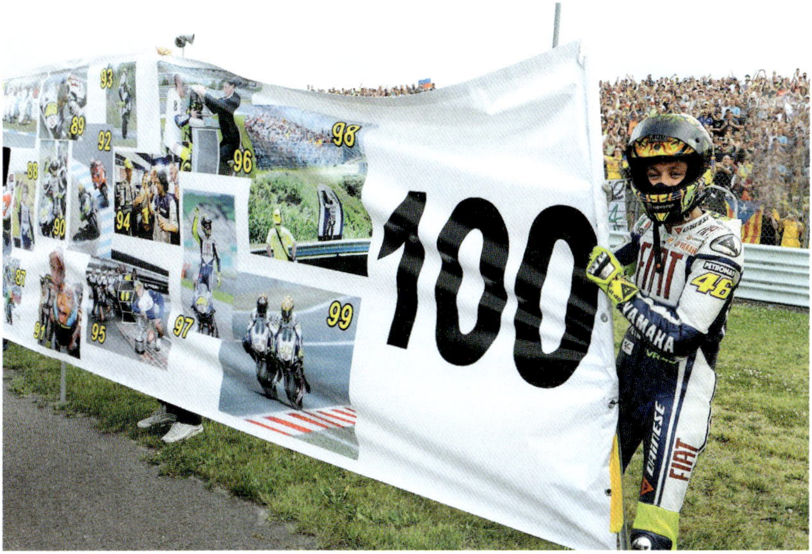

Am 27. Juni 2009 fährt Valentino Rossi auf dem Rundkurs im niederländischen Assen zu seinem 100. Grand-Prix-Sieg, den der Yamaha-Pilot standesgemäß zelebriert.

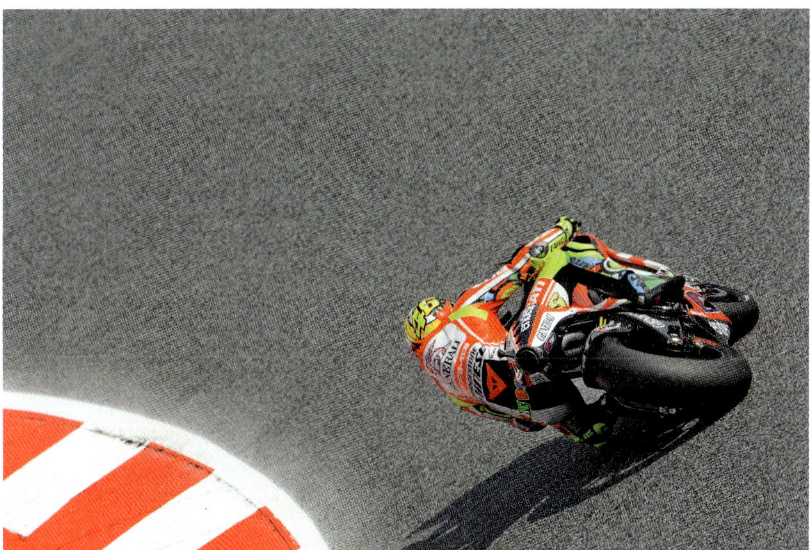

In seinen beiden Saisons bei Ducati in den Jahren 2011 und 2012 fühlt sich der neunfache Weltmeister recht einsam – auf der Piste, aber auch sonst.

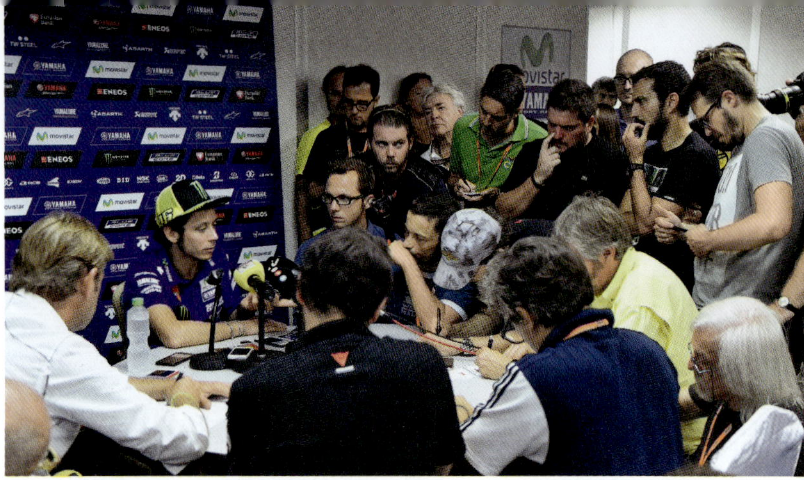

Am 25. Oktober 2015 kommt es in Malaysia zu einer Kollision zwischen Rossi und Marc Márquez. Der Vorfall erregt großes Aufsehen. Nach dem Rennen kritisiert der Italiener mit deutlichen Worten das Verhalten seines Rivalen und erläutert seine Sicht der Dinge.

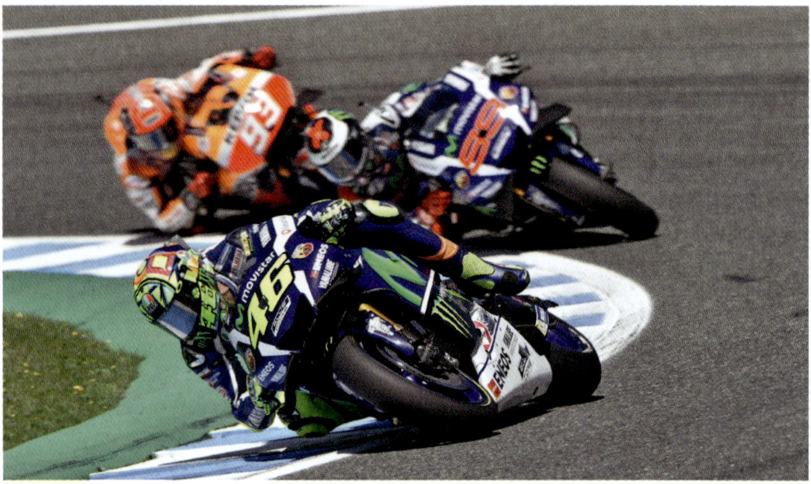

Auch nach 20 Grand-Prix-Saisons wirkt Valentino unverbraucht. Der Yamaha-Pilot macht Lorenzo und Márquez weiterhin das Leben schwer.

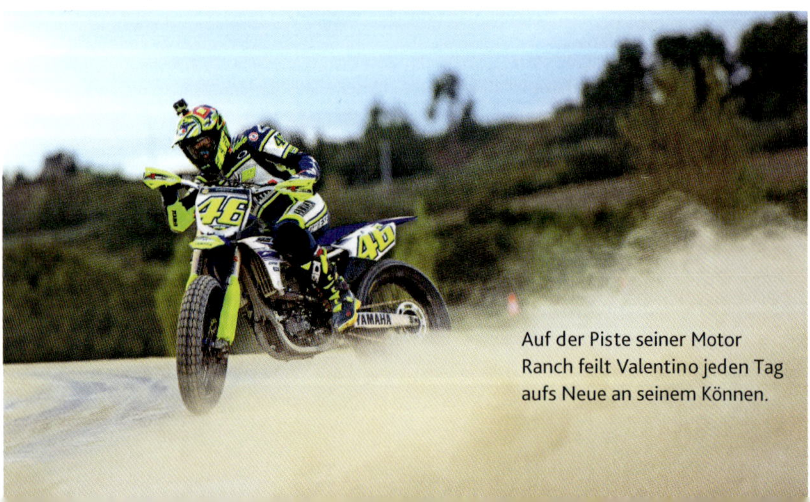

Auf der Piste seiner Motor Ranch feilt Valentino jeden Tag aufs Neue an seinem Können.

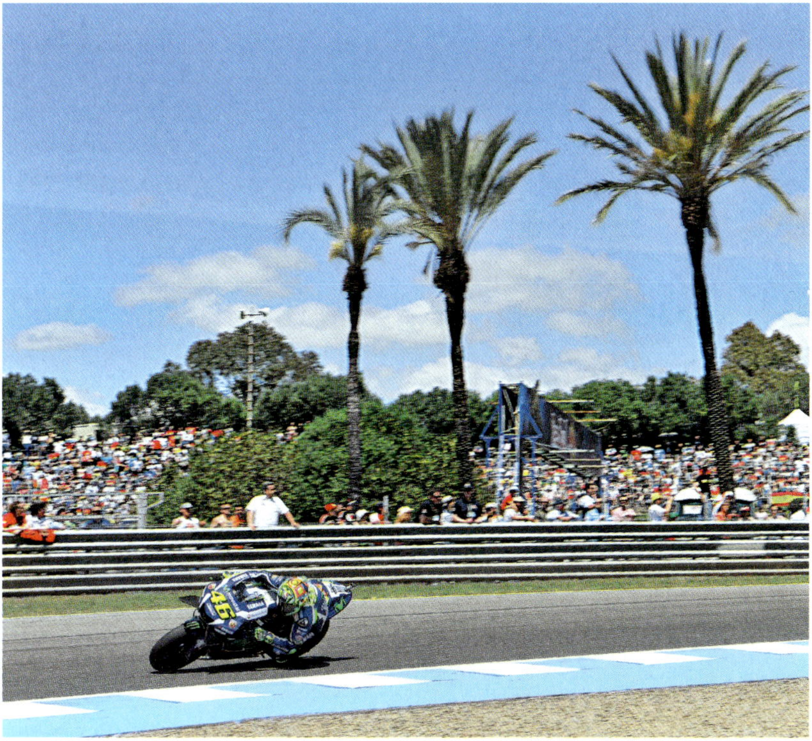

Auf der Rennstrecke in Jerez gelingt Rossi 2016 einer seiner schönsten Siege. Der Italiener läuft seinen spanischen Kontrahenten den Rang ab – sehr zur Freude seiner zahlreichen Fans.

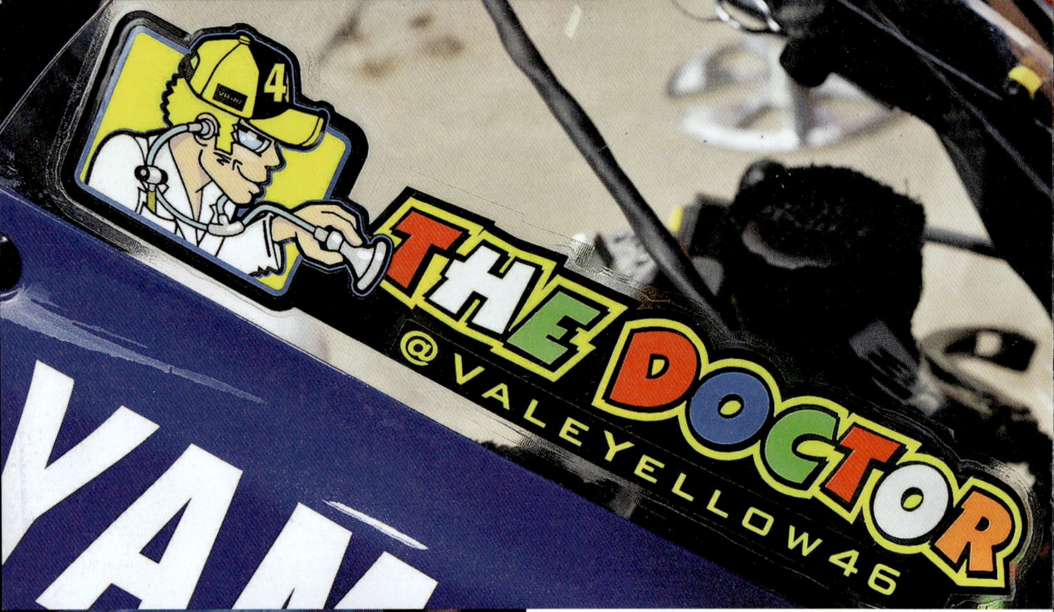
THE DOCTOR
@VALEYELLOW46

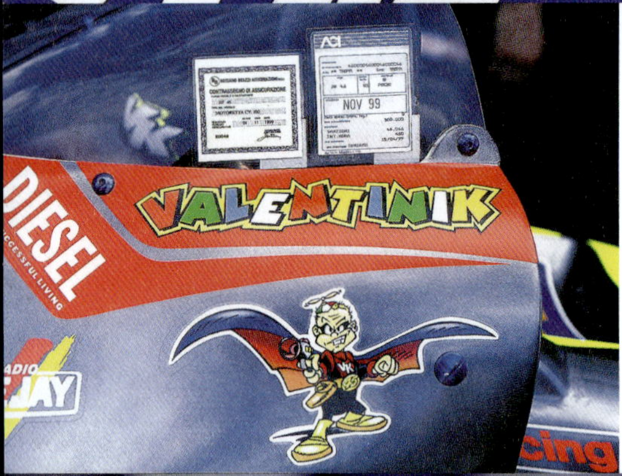
NOV 99
VALENTINIK
DIESEL

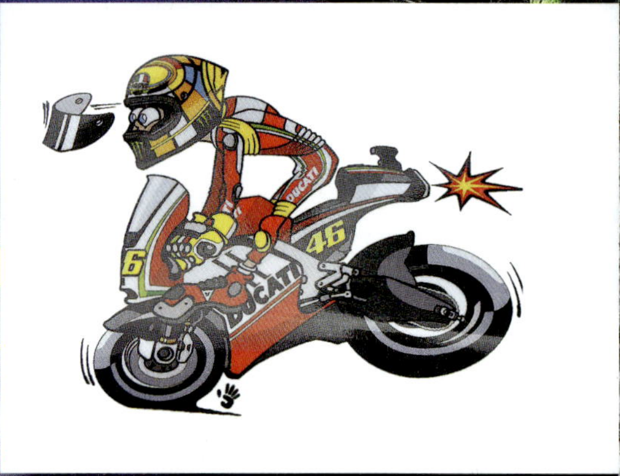
46
DUCATI

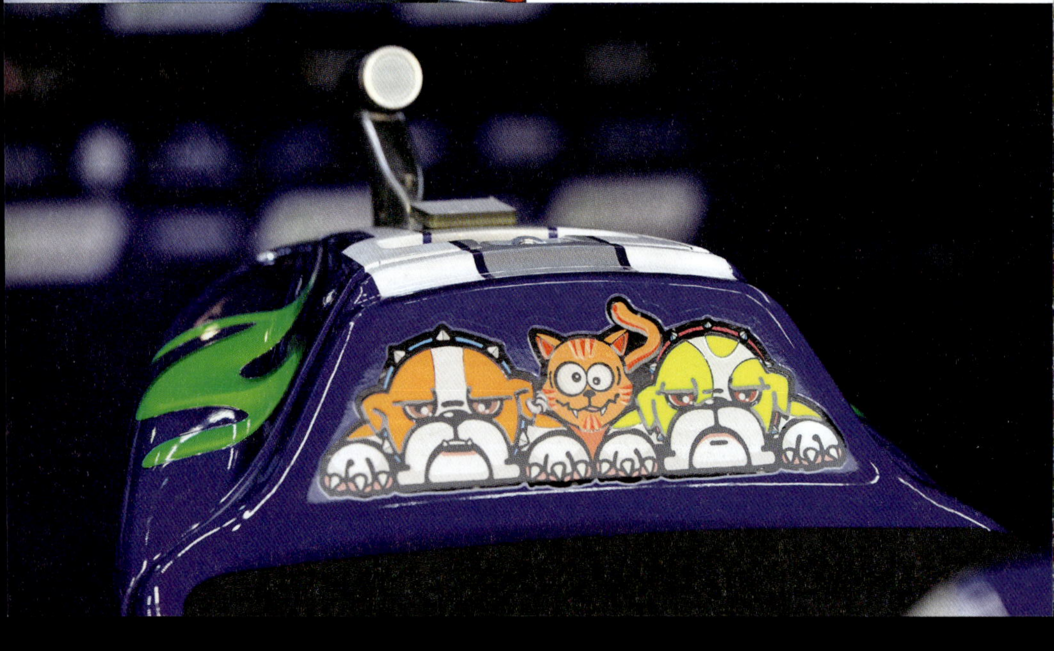

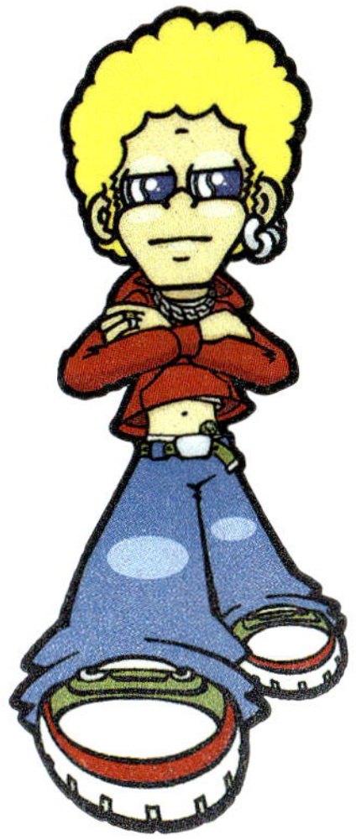

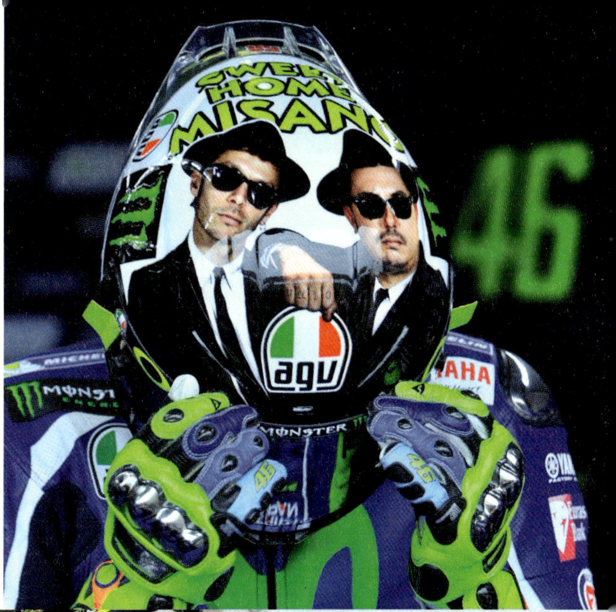
agv
46

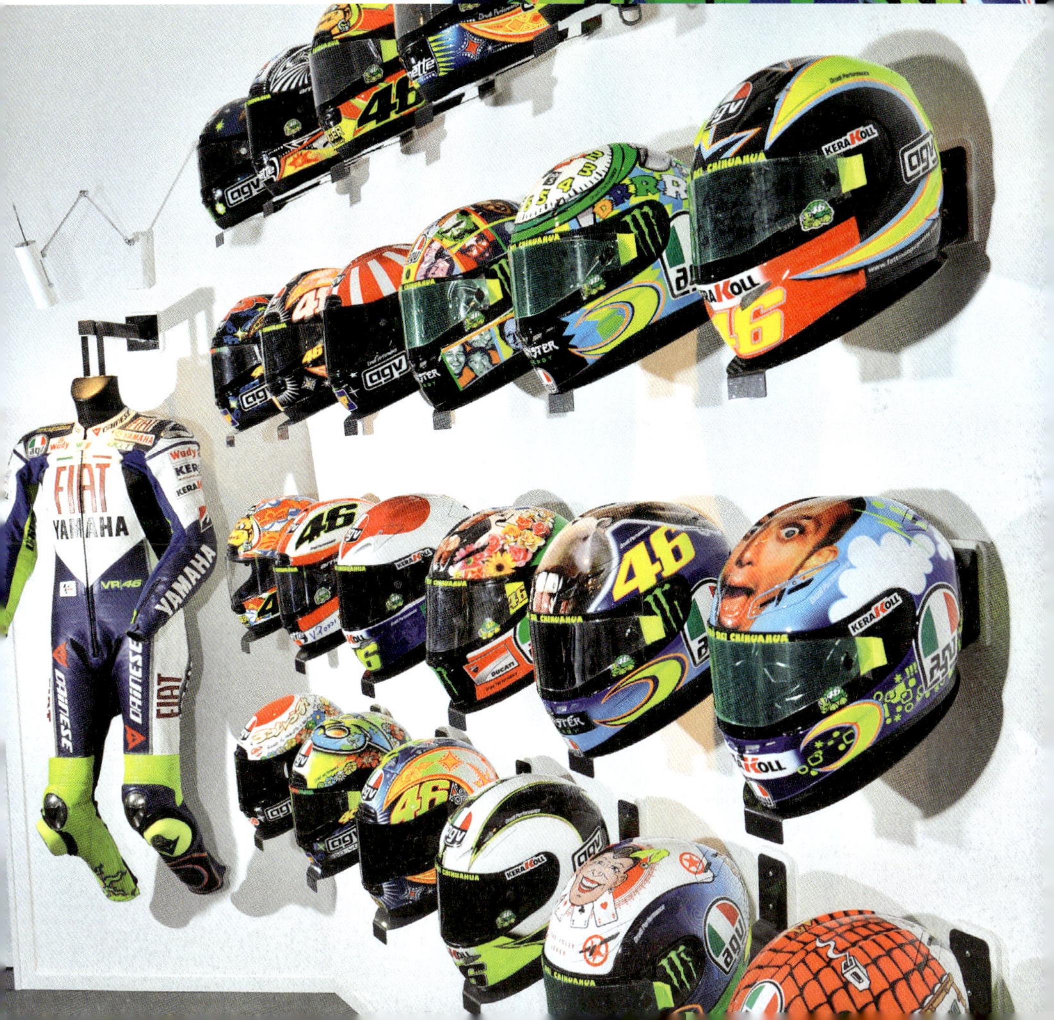
FIAT
YAMAHA
DAINESE
KERAKOLL
46

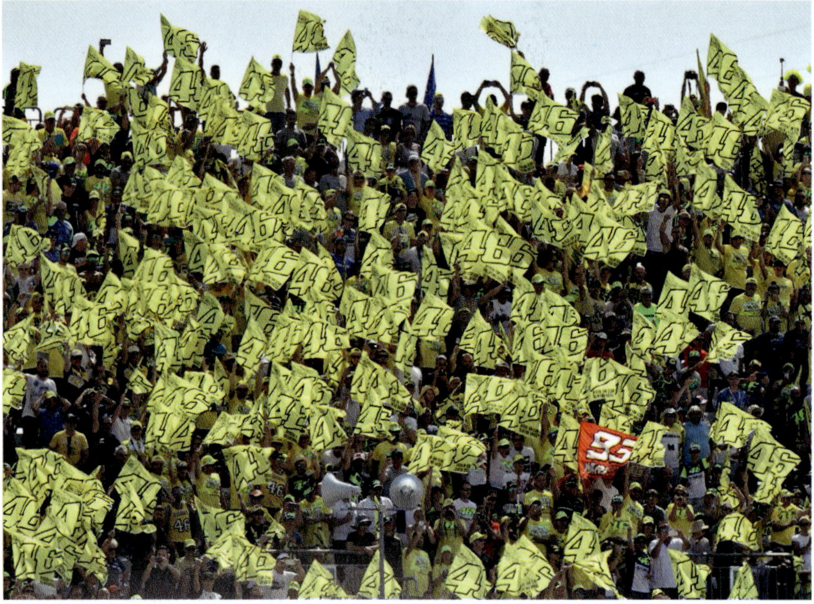

Mit Millionen Fans in allen Teilen der Welt ist Valentino Rossi im Grand-Prix-Universum einsame Spitze. Marc Márquez kann ein Lied davon singen.

VII.
DER SCHALL DER STIMMGABELN

„Ich kann mich noch an den Tag erinnern, als ich zu Davide Brivio, dem Chef des Yamaha MotoGP-Teams, und zu Lin Jarvis, dem Manager von Yamaha Motor Racing, sagte, dass ich ein Motorrad brauche, mit dem ich in Welkom gewinnen kann. Ja, ich wollte mein erstes Rennen mit der M1 gewinnen! Sie waren fassungslos. In den Verhandlungen mit den Yamaha-Verantwortlichen ließ ich mehrmals solche Äußerungen vom Stapel, die meine Gesprächspartner jedes Mal überraschten, verwirrten und manchmal sogar beunruhigten. Das war meine Art, sie zu motivieren."

Februar 2003, Ibiza. Um diese Jahreszeit herrscht auf den Balearen häufig blauer Himmel bei einer Durchschnittstemperatur von 16 Grad – ideale Bedingungen für eine kleine Spritztour, wenn man für einige Stunden dem lombardischen Nebel entfliehen will. Davide Brivio landet auf dem Flughafen von Sant Jordi de ses Salines und wird dort unauffällig von Gibo Badioli abgeholt. Ebenso unauffälig fahren die beiden Italiener zu der Villa, die sich Valentino Rossi vor Kurzem geleistet hat. Valentino ist seit langer Zeit mit den Brüdern Nieto befreundet und für Partys immer zu haben. So kam es, dass er vor einigen Jahren dem Charme der Insel Ibiza erlag. Er hatte dort bald seine Lieblingsplätze und nun auch sein Feriendomizil. Hier findet ganz informell das erste Treffen zwischen Yamaha und dem italienischen Rennpiloten statt. Davide Brivio hat Kontakt zu Gibo aufgenommen, um die Lage zu sondieren. Er will in Erfahrung bringen, ob Valentino möglicherweise an einem Wechsel zu Yamaha interessiert ist. Schon einige Monate zuvor haben der Manager des Yamaha MotoGP-Teams und Rossis Agent in Brasilien zusammengesessen, als Valentino soeben den ersten MotoGP-Titel errungen hatte. Dieses

Gespräch in Rio war eine harmlose Unterhaltung, zu der man sich ohne jede Dringlichkeit zusammenfand, weil Rossis Vertrag mit Honda noch ein Jahr lief. Außerdem lag dem amtierenden Weltmeister der Gedanke, dem weltweit führenden Motorradhersteller den Rücken zu kehren, damals noch fern, obwohl er sich im HRC-Team nicht mehr besonders wohlfühlte. Valentino kennt Brivio schon lange. Zum ersten Mal sind sich die beiden begegnet, als Davide bei der Marke mit den drei Stimmgabeln im Logo für das Superbike-Programm zuständig war. Rossi schätzt die seriöse Art und die menschlichen Qualitäten seines Landsmanns. Er zeigt ihm die Insel und nimmt zur Kenntnis, dass Yamaha sich für ihn interessiert. „Davide kam mich auf eigene Initiative besuchen. Er wollte wissen, ob er den Vorstoß wagen konnte, den Japanern ein Projekt vorzuschlagen", erzählt Valentino. „Ich hörte zu, wie er mit großer Leidenschaft über seine Arbeit sprach, über seine Einbindung ins Team und über den Rennbetrieb insgesamt. Ich hatte einen positiven Eindruck und sagte ihm, dass er die Angelegenheit getrost vorantreiben könne." Brivio hat allerdings nicht viele Joker im Ärmel, mit denen er Rossi locken könnte. Seit Wayne Raineys erzwungenem Karriereende 1993 hat Yamaha keinen WM-Titel mehr geholt. Und die Premiere des Herstellers aus Iwata in der MotoGP gestaltet sich nicht gerade umwerfend. 2002 gewinnt Biaggi mit der M1 nur zwei Rennen – das erste in Brno, wo er von Rossis Reifenproblem profitiert, und das zweite in Malaysia, wo er sich schon in den ersten Runden absetzt, während Valentino von Barros blockiert wird. 2003 hat Yamaha überhaupt keine Erfolge zu verzeichnen. Mit Checa und Barros als Entwicklungsfahrern treten die Japaner auf der Stelle. Am Saisonende belegt Checa den siebten und Barros den neunten Rang.

Am 6. April findet sich die Rennabteilung von Yamaha vollzählig zum Auftakt der MotoGP-Weltmeisterschaft in Japan ein. Der Chefriege steht ein regelrechtes Debakel bevor. Carlos Checa startet zwar von der Poleposition, muss sich aber mit dem zehnten Platz begnügen. Für Barros läuft es etwas besser – er passiert als Achter die Zielflagge, ist aber 30 Sekunden langsamer als Rossi. Der gewinnt das Rennen vor Biaggi, der neuerdings auf einer Honda antritt, und vor Capirossi, der beim ersten Grand-Prix-Rennen auf der Ducati Desmosedici den dritten Podestplatz erobert. „So etwas darf nicht wieder vorkommen", resümieren die

Yamaha-Verantwortlichen bei ihrer Rückkehr nach Iwata unisono. Am gleichen Tag beschließt Masao Furusawa, die Sache in die Hand zu nehmen und aktiv zu werden. Der Big Boss des japanischen Rennservice weist seine Ingenieure an, ein neues Projekt auf den Weg zu bringen, und beschließt, seine Mannen mit einer Frischzellenkur neu zu motivieren. Auf Bitten von Davide Brivio reist Masao Furusawa zum Großen Preis von Italien, um sich dort mit dem italienischen Teammanager zu treffen und mit ihm und Lin Jarvis einen Schlachtplan für die Neustrukturierung des Projekts MotoGP zu schmieden. Brivio versucht, Furusawa die Anwerbung von Valentino Rossi schmackhaft zu machen, damit der das Ruder herumreißt und das Markenimage wieder aufpoliert. Dabei kommt Brivio nicht ungelegen, dass die Yamaha-Piloten in Mugello erneut ein Fiasko erleben. „Wenn man siegen will, ist der Pilot ein entscheidendes Element", schreibt Brivio an den Chef der stante pede nach Japan heimgereisten Technologie- und Entwicklungscrew von Yamaha. Dass Yamaha seit Raineys letztem Titel im Jahr 1992 nichts mehr gewonnen hat, liegt einfach daran, dass der japanische Hersteller keine Fahrer vom Format des Kaliforniers oder seiner Vorgänger Lawson und Roberts mehr in seinen Reihen hat. „Und übrigens", fügt Brivo hinzu, „ist Valentino Rossi bereit, euch beim nächsten Grand Prix in Barcelona zu treffen."

Die Unterredung findet in einem Hotelzimmer unweit des Circuit de Montmelo statt. Von der Persönlichkeit des japanischen Ingenieurs ist der italienische Pilot auf Anhieb angetan. Valentino lernt in ihm einen Mann des Dialogs kennen, der damit das genaue Gegenteil von Suguru Kanazawa ist. Furusawa wundert sich darüber, dass Rossi dem führenden Hersteller der Welt möglicherweise den Rücken kehren will, obwohl er das beste Motorrad überhaupt hat, und fragt den Italiener, warum für ihn ein Wechsel zu Yamaha interessant sein sollte. Der Italiener spricht von der Lust auf neue Herausforderungen, von Motivation, bereits erreichten Zielen und dem Gefühl, mit der RCV nichts mehr beweisen zu können, was er nicht schon bewiesen hätte. Masao Furusawa zeigt sich aufgeschlossen, intelligent und menschlich korrekt und gibt Valentino zu verstehen, dass man ihn wie einen König behandeln werde, wenn er sich entschließt, zur Marke mit den drei Stimmgabeln im Logo zu wechseln. Damit will der Japaner auch der eigenen Belegschaft in Iwata einen belebenden Elektroschock versetzen, denn es ist an der Zeit, dass die Yamaha-Ingenieure wieder Stolz und Siegeshunger entwickeln. Auch wenn sich die Gespräche mit Honda im Kreis drehen und Koji Nakajima und Suguru Kanazawa offenbar nicht die Absicht haben, ihn anders zu behandeln als Tohru Ukawa, ist Valentino Rossi noch nicht allzu scharf darauf, der Honda Racing Corporation Adieu zu sagen. Die Leistung der M1 erfüllt den Italiener mit Sorge. Sein Umfeld legt ihm nahe, die Sache aus einem anderen Blickwinkel zu betrachten. „Wenn du mit der Honda alles gibst, kannst du alle anderen meilenweit hinter dir lassen", redet Badioli ihm zu. „Mit der Yamaha kannst du dich mit dem gleichen Aufwand vielleicht nicht ganz so weit absetzen, aber du kannst dich trotzdem bequem an der Spitze behaupten."

Ende Juni bitten Lin Jarvis und Davide Brivio Valentino erneut um ein Gespräch. Die beiden wollen wissen, ob die Überlegungen des vierfachen Weltmeisters schon weiter gediehen sind und ob sie sich daran machen können, ihren Vorschlag für einen Zweijahresvertrag zu Papier zu bringen. Eigentlich will Rossi sie in seiner Wahlheimat London empfangen, aber das lässt sein Terminplan nicht zu. Darum verständigen sich alle Beteiligten darauf, sich wieder am Rande eines Grand-Prix-Rennens zu treffen. Diesmal fällt die Wahl auf Donington. Die Unterredung muss natürlich absolut geheim bleiben, zumal Honda den Italiener immer nachdrücklicher zur Vertragsverlängerung drängt und ihm sogar damit droht, ihn von der Entwicklung der RCV 2014 auszuschließen. Am 10. Juli um Punkt 23.30 Uhr schleicht sich Valentino auf leisen Sohlen aus seinem Wohnmobil, nachdem er sich vergewissert hat, dass ihm keine weiblichen Fans auflauern, um ein Küsschen oder ein Autogramm zu ergattern. Der Himmel ist bedeckt und die Nacht stockfinster. Von Zeit zu Zeit hallt Gelächter durch die nächtliche Stille. Ab und an dringen laute Stimmen aus den Hospitalitys, die noch geöffnet sind. Das ist Valentino Rossis Lieblingszeit – die Zeit, in der er sich ungehindert überall dort bewegen kann, wo er sich tagsüber hinter Max oder Uccio einen Weg durch die Menge bahnen muss. Zu dieser nächtlichen Stunde fühlt er sich frei. Da das Fahrerlager des englischen Rundkurses nicht sehr weitläufig ist, steht er zwei Minuten später an der Rückseite der Garage des Yamaha-Teams, nachdem er sich unauffällig zwischen den in Reihe geparkten Lkw hindurchgeschlängelt hat. Noch bevor er, wie vereinbart, an die Metalltür klopfen kann, öffnet sich die Tür auch schon von innen. Davide Brivio bittet ihn herein. Außer Lin Jarvis ist auch Ichiro Yoda da. Er ist damals Projektleiter für die Yamaha M1 und bittet ihn, sich auf Carlos Checas Motorrad zu setzen. „Mein erster Eindruck war alles andere als positiv", erinnert sich Valentino. „Im Vergleich zu meiner perfekt durchdachten RC211V, bei der sich alle Komponenten absolut am richtigen Platz befanden, schien es mir bei dieser Maschine an der Logik zu hapern. Sogar die Fahrerposition störte mich. Obendrein fand ich dieses Motorrad echt hässlich." Die einzige Komponente, die Valentino an diesem Abend begeistert, ist die Instrumententafel der M1. Eine digitale Instrumententafel mit reichhaltigem Informationsangebot. Das ist schon etwas ganz anderes als der Drehzahlmesser mit Nadel, mit dem er sich auf seiner Honda begnügen muss. „Yoda bemerkte, dass ich von dieser Instrumententafel echt angetan war, beugte sich zu mir und sagte zu mir: Die haben wir so groß gemacht, damit der Fahrer DVDs gucken kann, wenn er sich während des Rennens langweilt. Uccio, Gibo und ich schauten uns schweigend an, und dann brachen alle in schallendes Gelächter aus. Diese Art von Humor wäre bei den HRC-Ingenieuren absolut unvorstellbar gewesen." Mehr als mit der Yamaha M1, die bei Valentino einen zwiespältigen Eindruck hinterlässt, punktet der Yamaha-Rennservice an diesem Abend mit seiner Mentalität und Warmherzigkeit.

Von diesem Zeitpunkt an setzt sich die Idee, sich mit der Marke mit den drei Stimmgabeln im Logo einer neuen Herausforderung zu stellen, allmählich ernsthaft durch. Valentino ist inzwischen überzeugt, dass er eine neue Herausforderung und auch wieder jene Freiheit braucht, die ihm bei Honda nach und nach abhanden gekommen ist, und wird sich bewusst, dass seine Zukunft mit dem Namen Yamaha verbunden sein wird. Dieser Hersteller, bei dem alle Zeichen auf Neuanfang stehen, gibt dem Italiener außerdem die Chance, ein Team aus Leuten zusammenzustellen, die er schon immer mit im Boot haben wollte. Dieses neue Abenteuer, von dem Valentino sehr wohl weiß, dass es sportlich ein Wagnis ist, verströmt den Duft der Freiheit. Und ist es nicht vor allem diese Freiheit, die das Wesen des Motorradsports ausmacht? „Mit der Abkehr von Honda", sagt er, „stürzte ich mich in ein großes Abenteuer. Ich tat etwas, was bislang noch keiner getan hatte und was in der Grand-Prix-Geschichte bleibende Spuren hinterlassen sollte. Yamaha bot mir diese Möglichkeit. Ich wollte einen Mentalitätswandel bewirken und den Yamaha-Rennservice revolutionieren. Ich wollte aus Yamaha wieder eine Siegermarke machen und den Japanern ihren Stolz zurückgeben. Ich wollte die Ingenieure zu den Erfolgen führen, die ihnen seit Jahren versagt geblieben waren. Außerdem fühlte ich mich von der Geschichte dieser Marke angezogen, in der etliche Motorradlegenden eine tragende Rolle gespielt haben – von Giacomo Agostini über Wayne Rainey und Kenny Roberts bis zu Eddie Lawson.“

Nach einem Monat steht der Entschluss des vierfachen Weltmeisters fest. Besiegelt wird der Pakt Mitte August in Brno – auch wieder mitten in der Nacht. Diesmal suchen Brivio und Jarvis den Italiener in der mobilen Klinik – der „Clinica mobile“ – auf, die dem Medizinerteam um Dr. Costa als Kantine dient. „Wir fuhren mit Motorrollern dorthin, um möglichst wenig Lärm zu machen“, fährt der Italiener fort. „Ich hatte Gibo, Uccio und Nello, ein weiteres Mitglied unseres Stammes, bei mir. Als Jarvis auftauchte, fragte er mich sogleich, wer Nello sei. Ich beruhigte ihn und sagte, dass Nello ein Freund von mir ist. Wir schickten Nello vor die Tür, damit er Schmiere stand und aufpasste, dass uns niemand sah. Ohne lange Vorrede verkündete ich Brivio und Jarvis, dass ich mit dem Wechsel zu Yamaha einverstanden sei. Sie schienen nicht begriffen zu haben und baten mich, es noch einmal zu sagen. Also wiederholte ich meine Worte. In dem Moment hörten wir einen Motorroller heranbrausen. Es war ein Wachmann, der Geräusche gehört hatte. Halb unter dem Tisch verkrochen, riefen wir ihm zu, dass alles in Ordnung sei. Er fuhr wieder davon, ohne nachzuhaken, und weiß bestimmt bis heute nicht, was für ein Deal in dieser Nacht zwischen Yamaha und mir geschlossen wurde.“ Nur zwei Monate nach dieser mündlichen Übereinkunft unterzeichnet Valentino Rossi seinen Vertrag mit Yamaha. Ort des Geschehens ist Malaysia, wo er am Tag zuvor in Sepang seinen fünften Weltmeistertitel klarmacht. „Wir waren für Montag in einem Hotel in Kuala Lumpur verabredet“, erzählt er. „Ich kam viel zu spät. Am Abend vorher hatten wir in einer Bar im obersten Stockwerk eines Wolkenkratzers in der malaysischen Hauptstadt den Titel gefeiert. Auf dem Rückweg ins Hotel lief uns im Morgengrauen

Angel Nieto über den Weg, der uns eine Stunde lang mit irgendwelchen Geschichten in Atem hielt, die bis heute sein Geheimnis geblieben sind. Entsprechend schwer kam ich aus den Federn." Als er den Raum betritt, in dem er seit Stunden zur Vertragsunterzeichnung erwartet wird, zieht Valentino seinen Koffer hinter sich her. Zur Auflockerung der Stimmung ruft er schon von der Tür aus in den Raum: „Wir müssen schnell machen. Ich muss es rechtzeitig zu meinem Flieger schaffen. Ich habe nur eine Viertelstunde." Mehr Zeit braucht er auch nicht, um sich für die beiden Saisons 2004 und 2005 als offizieller Yamaha-Werksfahrer zu verpflichten. Eine Frage ist zu diesem Zeitpunkt allerdings noch ungeklärt: der Transfer von Jeremy Burgess und seinen Mechanikern. Valentino hat sich von Masao Furusawa die Erlaubnis geholt, sein Technikteam mitzunehmen, aber sein australischer Chefmechaniker ist nicht besonders erpicht darauf, die HRC zu verlassen, mit der er zehn Weltmeistertitel geholt hat. Eine Woche später gelingt es Rossi auf Phillip Island, Burgess und auch drei seiner Mechaniker – den Belgier Bernard Ansiau und die beiden Australier Alex Briggs und Gary Coleman – zu überzeugen. Damit verliert Honda auf einen Schlag den derzeit besten Piloten, aber auch ein Team, das vor Rossis Zeiten an Mick Doohans zahlreichen Erfolgen mitgewirkt hatte.

Beleidigt und verärgert darüber, dass ihr Weltmeister sie verlässt, weigert sich die HRC-Führungsetage, Valentino schon vor Ende Dezember 2003 aus seinem Vertrag zu entlassen, sodass er nicht an den ersten Wintertestfahrten in Valencia teilnehmen kann. Also muss sich Valentino Rossi bis zum Freitag, den 23. Januar 2004, gedulden, ehe er sein neues Gefährt ausprobieren kann. Das stimmt nicht ganz: Einige Tage vor dem 23. Januar bekommt der fünffache Weltmeister, der gerade mit seinen Kumpels in den Dolomiten Urlaub macht, einen Anruf von Davide Brivio. Der Manager des Yamaha-Teams schlägt ihm vor, auf dem Heimweg nach Tavullia einen Abstecher nach Monza zu machen, um seine soeben aus Japan eingetroffenen M1-Motorräder in Augenschein zu nehmen. Valentino fackelt nicht lange, packt sein Snowboard ins Auto und macht sich auf den Weg nach Gerno di Lesmo. Dort befindet sich das europäische Hauptquartier von Yamaha Motor Racing. „Ich kam durch einen Lieferanteneingang in das Gebäude", erinnert er sich. „Ich hatte Freunde dabei, die für die Rückfahrt nach Tavullia auf mich angewiesen waren, aber niemand beachtete sie besonders." Nachdem er zahlreiche Türen und endlose Korridore hinter sich hat, erblickt er endlich die M1-Maschinen, an denen Jeremy Burgess und seine Mechaniker herumwerkeln. „Das war nicht die M1, auf der ich in Donington Probe sitzen durfte", sagt er, „sondern meine eigene M1! Die Atmosphäre war wie elektrisiert. Man spürte eine enorme Energie, die alle Anwesenden durchströmte. Das war überhaupt nicht vergleichbar mit der Stimmung, die sonst um diese Jahreszeit an Orten wie diesem herrscht." Valentino setzt sich auf sein Motorrad und probiert die verschiedenen Bedienungselemente aus: Bremshebel, Kupplung, Schalthebel. Er bewegt sich auf den Fußrasten hin und her, räkelt sich auf dem Tank, duckt sich hinter das Windschild. Rings um ihn herum wird es still. Das Abenteuer kann beginnen.

Am 23. Januar rückt Valentino Rossi im Blitzlichtgewitter der Fotografentraube, die sich vor der Yamaha-Box des Circuits in Sepang drängt, zu seinen ersten Runden auf der M1 aus. Diese Maschine hat in den zwei Jahren zuvor mit Max Biaggi im Sattel gerade einmal zwei Grand-Prix-Siege eingefahren – den ersten 2002 in Tschechien und den zweiten im gleichen Jahr in Malaysia. Für Yamahas Renntechnik-Chef Masao Furusawa ist Valentino Rossis erste Probefahrt ein emotionaler Moment, ebenso wie für die 23 japanischen Ingenieure, die die Reise auf sich genommen haben, um diese drei Testtage zu ermöglichen. Sieben Proberunden dreht Valentino mit seinem neuen Motorrad, bevor er wieder die Garage ansteuert. Ehe er Jeremy Burgess und Masahiko Nakajima, dem M1-Projektleiter, seine ersten Rückmeldungen gibt, bittet der italienische Pilot seine Mechaniker vorsichtshalber, den Vorhang seiner Box zuzuziehen. Einige Stunden später äußert er sich vor der Presse. „Heute habe ich mich so gefühlt wie in dem Moment, in dem ich zum ersten Mal auf eine 250er-Maschine gestiegen bin. Oder als ich zum ersten Mal auf einer 500er gefahren bin. Oder als ich zum ersten Mal die Honda RCV ausprobiert habe", gibt er zu Protokoll. „Ein großartiges Gefühl! Ich fange wieder bei Null an. Gestern Abend war ich ein bisschen gestresst. Ich wusste ja nicht, was mich erwartet. Jetzt bin ich zufrieden, wie es heute gelaufen ist. Ich hätte gedacht, dass es mehr Probleme gibt. Wir haben noch allerhand zu tun, aber ein gutes Gefühl habe ich jetzt schon." Drei

Wochen später ist Valentino schon wieder am Circuit in Sepang. Diesmal bleibt der fünffache Weltmeister allerdings nicht allein. Die Armada, die die Honda Racing Corporation aufbietet, um ihrer ehemaligen Führungsfigur mit der neuesten Entwicklungsvariante der RCV Paroli zu bieten, nimmt am ersten Training teil. Beim Kampf gegen die Uhr haben Max Biaggi, Sete Gibernau und Colin Edwards zwar die Nase vorn, aber das bringt Valentino nicht aus der Ruhe. „Diese Tests sind für mich eine gute Gelegenheit, die Schwachpunkte meiner neuen Maschine besser kennenzulernen“, erklärt er. „Im normalen Verkehr und auf Pisten mit zu wenig Grip ist die Yamaha schwerer zu fahren. Sie erfordert eine härtere Hand als die Honda.“ Bei diesem zweiten Training in Sepang nimmt der Italiener auch einen neuen Vierzylinder mit einer Kurbelwelle mit 90 Grad Hubversatz unter die Lupe. „Dieser Motor geht vom Typ her klar in die Richtung, die wir einschlagen müssen“, sagt Valentino. „Er hat mehr Drehmoment und sorgt mit seiner Leistungsabgabe dafür, dass man die Beschleunigung besser kontrollieren kann. Auf der anderen Seite hat er eindeutig zu wenig PS. Wir hatten eine lange Besprechung mit den Yamaha-Ingenieuren. Ich habe ihnen genau erklärt, was wir brauchen. Wir haben die Probleme klar erkannt, und jetzt müssen die Ingenieure Lösungen dafür finden.“ In der Woche darauf führt der Italiener in Australien seine Diagnose noch etwas weiter aus: „Auf einer technisch so anspruchsvollen Strecke wie hier auf Phillip Island, wo es ganz besonders auf die Gassteuerung ankommt, geht der neue Motor definitiv in die richtige Richtung. Die Yamaha muss noch schneller werden, ist jetzt aber leichter zu handhaben – vor allem wenn die Reifen allmählich schlechter werden. Ich bin zufrieden, denn seit meiner ersten Probefahrt in Sepang hat das Motorrad deutliche Fortschritte gemacht. An der Leistungsgrenze ist sie physisch und mental immer noch schwerer in den Griff zu bekommen als eine Honda, aber insgesamt ist das Handling schon einfacher geworden. Bis zum Beginn der Weltmeisterschaft müssen wir jetzt noch an der Leistung und der Beschleunigung arbeiten.“ Ende März fährt Valentino Rossi in Barcelona beim letzten IRTA-Test die beste Zeit und kommentiert: „Es ist zwar nur ein Test, aber ich freue mich natürlich, dass ich vor den Honda-Piloten ins Ziel gefahren bin, die mich in Malaysia und Australien hinter sich gelassen haben. Vor allem finde ich es schön zu sehen, wie bei Yamaha jeder Einzelne seine Arbeit tut und wie wir kontinuierlich Fortschritte machen. Das Motorrad könnte noch etwas mehr Stabilität vertragen, aber der Motor hat mittlerweile Power. Wir haben eine gute Basis gefunden, die bis jetzt auf sehr unterschiedlichen Rennstrecken gut funktioniert hat, und das ist das Wichtigste. Wenn ich die schnellste Zeit abliefere und dann an die Boxen fahre, ist es immer wieder total schön, beim ganzen Team die Freude auf den Gesichtern zu sehen. So etwas habe ich bei Honda nie erlebt." Sein neuer Teammanager findet es bei allem Optimismus noch zu früh, um in Begeisterung auszubrechen: „Das ist alles noch besser als erhofft", stellt Davide Brivio fest. „Valentino ist nicht nur auf der Piste die Nummer Eins, sondern auch die Art, wie er arbeitet, ist spitze. Bei ihm wissen die Ingenieure immer, welche Richtung sie einschlagen sollen. Er dirigiert das Team unglaublich gut. Aber wir sollten auf dem Teppich bleiben. So lange die WM nicht angefangen hat, wissen wir nicht wirklich, wo wir stehen."

Zwei Wochen später gewinnt Valentino zur allgemeinen Überraschung in Südafrika den ersten Grand Prix der Saison nach einem sehenswerten Duell mit Max Biaggi – ein echtes Husarenstück, auf das noch drei Monate zuvor kein Mensch gewettet hätte. Erschöpft von dem Kampf, den er sich mit Biaggi geliefert hat, kniet der fünffache Weltmeister vor seiner Yamaha nieder und umarmt sie wie ein kleiner Junge, der vom Weihnachtsmann sein erstes Fahrrad bekommen hat. „Es ist schwer in Worte zu fassen, was dieser Sieg emotional für mich bedeutet", sagt er hinterher. „Ich musste erstmal am Rand der Piste anhalten und brauchte einen Moment, um mit meinem Motorrad allein zu sein und wieder zu mir zu kommen. So etwas Intensives habe ich überhaupt noch nie erlebt." Er hatte eigentlich damit gerechnet, dass er eine halbe Saison brauchen würde, um wieder ganz oben mitzumischen – nun liegt ist er schon nach dem Eröffnungsrennen in Führung. Beim zweiten Rennen, in Spanien, startet Valentino zum zweiten Mal in Folge von der Poleposition. Angesichts seiner konstanten Leistung und seines hohen Tempos auf den Rennreifen gilt er auch diesmal als Favorit. Leider hat er seine Rechnung ohne den Regen gemacht, der die Piste in Jerez am Sonntagmorgen regelrecht unter Wasser setzt. Bei dieser Nässe lässt die Traktion der Yamaha zu wünschen übrig, sodass Valentino alle drei Podestplätze den Hondas von Gibernau, Biaggi und Barros überlassen muss. Es ist das erste Mal seit dem Großen Preis von Tschechien 2002, dass er nicht mindestens den dritten Platz belegt. Auch in Le Mans wird er nur Vierter. „Dieser Rundkurs mit seinen langen Geraden und langsamen Kurven lag mir noch nie", erklärt er. „Ich schaffe es einfach nicht, meinen Fahrstil an diese Piste anzupassen, und obendrein ist das Motorrad am Kurveneingang nicht stabil genug." Valentino startet nicht aus der ersten Reihe und legt im Warm-up sogar einen kleinen Sturz hin. Im Rennen lässt er seine Gegner schon in den ersten Runden davonfahren. Sete Gibernau nutzt die Gelegenheit, um die Führung in der WM-Wertung zu übernehmen. Das vierte Grand-Prix-Rennen findet in Italien statt und verspricht ein spannendes Duell. Vor den Augen der *Tifosi* will der Yamaha-Pilot unbedingt wieder aufs Podest. Doch auf einem Circuit, auf dem ein schneller Motor das A und O ist, gibt es für Valentino in der Regel leider nicht viel zu holen. Trotzdem, und obwohl Gibernau von der Poleposition startet, gewinnt er das Rennen. Dabei helfen ihm der Regen und eine wetterbedingte Rennunterbrechung. Den Re-Start über sechs verrückte Runden gewinnt er. Danach stürmen die Zuschauer die Piste und skandieren vor dem Podest minutenlang seinen Namen. Am Wochenende darauf ist der Italiener wieder der Schnellste, obwohl man auf der katalanischen Piste eigentlich die Honda-Fahrer favorisiert hatte. Valentino profitiert von Traktionsproblemen bei Gibernau und nimmt seinem Rivalen, der inzwischen der Einzige ist, der ihm seinen sechsten WM-Titel streitig machen könnte, fünf Punkte ab. Assen, Großer Preis der Niederlande, ist ein weiterer schneller Rundkurs, bei dem sich der Yamaha-Pilot keine großen Chancen ausrechnet. Aber hat er sich nicht gerade auf zwei Rennstrecken durchgesetzt, bei denen er sich wegen des Leistungsdefizits seiner M1 überhaupt keine Hoffnungen gemacht hatte? Wie in Italien und in Barcelona bilden Gibernau und er auch in Assen eine Klasse für sich, in großem Abstand zu allen anderen. Folgerichtig sind sie gleichauf, als die letzte Runde beginnt. Um der Honda seines Rivalen auf den Fersen zu bleiben, hatte Valentino ein kleines Wunder vollbracht. „Zunächst lief alles ganz gut", erzählt er. „Aber dann verlor ich durch Barros etwas Zeit, und als meine Reifen zu schwächeln anfingen, wurde es langsam schwierig. Drei Runden vor dem Ziel habe ich dann auch noch einen Fehler gemacht; mein Stiefel rutschte von der

Fußraste. Ich wollte aber nicht die Segel streichen und bin in der vorletzten Runde eine Bombenzeit gefahren, um wieder an Gibernau heranzukommen." Und dann? Valentino attackiert Sete, rutscht mit dem Vorderrad leicht weg und fängt sich geschickt wieder. Dabei blockiert er seinen Gegner, der daraufhin das Heck der Yamaha berührt. Im Ziel sind an der Honda des Spaniers die Kampfspuren zu sehen. Gibernau ist stocksauer, aber Rossi bestreitet, dass er seinen Gegner in die Enge treiben wollte. Wie auch immer – feststeht, dass die beiden nach dem Rennen in den Niederlanden punktgleich an der Spitze der WM-Wertung stehen.

Nach fünf Rennen in Europa gönnt sich die Grand-Prix-Karawane einen Abstecher nach Brasilien. Auch von dieser Reise kehren die beiden Rivalen mit der gleichen Punktzahl auf dem Konto zurück, scheiden jedoch beide nach Stürzen aus. Der Spanier landet schon in der zweiten Runde am Boden, der Italiener stürzt zehn Runden später. Er hatte sich gerade von Makoto Tamada überholen lassen und fuhr an vierter Position, nur wenige Meter hinter Max Biaggi und Nicky Hayden, die das Rennen souverän anführten. Nach dem unglücklichen Verlauf in Brasilien hat Valentino auch in Deutschland Schwierigkeiten. Zwar kann er sich durch einen erneuten Sturz Gibernaus im Gesamtklassement an die Spitze setzen, aber der Yamaha-Pilot bekommt auch diesmal die Dominanz der Hondas zu spüren und schafft nicht den Sprung aufs Podest. Biaggi, der sich durch seinen zweiten Platz in Rio wieder aufgerappelt hat, meldet sich im Titelkampf zurück. „Die Honda-Fraktion hat an diesem Wochenende einen großen Schritt nach vorne gemacht. Jetzt muss Yamaha reagieren", fordert Valentino. „Ansonsten kann ich bei den nächsten Rennen nicht mehr viel ausrichten." In Donington jedoch erteilt der fünffache Weltmeister seinen Kontrahenten unmittelbar vor der Sommerpause eine eindrückliche Lektion. Poleposition im Qualifying, Rennsieger mit deutlichem Vorsprung: Der Yamaha-Pilot macht einen weiteren Sprung in Richtung Titel. Einen Monat später setzt sich Gibernau in Brno durch, aber Valentino hält den Schaden in Grenzen, indem er nur wenige Meter hinter dem Honda-Piloten ins Ziel fährt. In Estoril fährt er vor Makoto Tamada und Alex Barros seinen sechsten Sieg ein und baut seine Führung in der Gesamtwertung aus. „Dieser Sieg ist doppelt wichtig, weil das nächste Rennen in Motegi stattfindet – also bei Honda vor der Haustür", sagt er, als er in Estoril vom Podest steigt. Trotz seiner Befürchtungen läuft es für ihn beim Großen Preis von Japan recht gut. Tamada gewinnt zwar, weil sich seine Bridgestone-Reifen auf der Piste exzellent verhalten, aber Valentino sichert sich immerhin den zweiten Rang, während es Gibernau nur auf Rang sechs schafft.

Am 2. Oktober macht der WM-Zirkus zum ersten Mal in seiner Geschichte Station im Nahen Osten – auf dem Circuit in Doha. Der Grip auf der Piste im Emirat Katar, die mitten in der Wüste liegt, lässt sehr zu wünschen übrig, weil der Wind Sand auf den Asphalt weht. Am Samstagabend beschließt Jeremy Burgess deshalb, den Platz, von dem sein Fahrer starten soll, zu säubern. Honda legt Protest ein, und Valentino wird mit sechs Strafsekunden belegt. Damit wird der Yamaha-Pilot aus der zweiten in die hinterste Startreihe verbannt. Er ist stocksauer. Wie ein Springteufel katapultiert er sich beim Start nach vorn und braucht nur wenige Runden, um die beiden Hondas von Gibernau und Edwards und Checas Yamaha einzuholen. Nach einigen Kilometern kommt Valentino in einer der schnellsten Kurven des Rundkurses etwas von der Linie ab, gerät mit dem Vorderrad in den Kunstrasen und verliert die Kontrolle über sein Motorrad. Nach einem Besuch in der „Clinica mobile", wo er seine verletzte Hand versorgen lässt, kehrt er zu den Boxen zurück. Dort nimmt er kein Blatt vor den Mund und geht vor allem mit Sete Gibernau hart ins Gericht. „Er hat gesehen, was Jeremy gestern Abend gemacht hat", donnert er. „Und was macht er? Er läuft zur Honda-Crew wie ein kleiner Junge, der zum Lehrer geht, um zu petzen. Ich habe schon immer einen Grund gesucht, mit ihm kein Wort mehr wechseln zu müssen. Jetzt habe ich ihn endlich gefunden. Kann sein, dass Jeremy sich dumm verhalten hat, aber ich finde nicht, dass ich so eine Strafe verdient habe." Wütend kündigt er an, sich in Malaysia schadlos zu halten. Diese Ankündigung macht er wahr. Vom ersten Training an sind der Yamaha-Pilot und sein Team extrem konzentriert und schaffen es dadurch, sich am Tag darauf ihre fünfte Poleposition zu sichern. Valentino liefert einmal mehr ein fehlerloses Rennen ab, krönt es mit einem Sieg und vergrößert im Gesamtklassement den Abstand auf Sete Gibernau, der nur den siebten Rang belegt, auf 30 Punkte. Wenn es dem Italiener jetzt gelingt, seinen Widersacher auf Distanz zu halten, kann er schon beim nächsten Grand Prix in

Italien den Titel klarmachen. Damit würde er sich ein heikles Finale in Valencia vor der versammelten Fangemeinde des Honda-Piloten ersparen. Doch auch in dieser Situation, in der andere auf Nummer sicher gehen würden, wählt Valentino wie gewohnt den großen Showdown. Auf Phillip Island fährt er volles Risiko und liefert sich in der letzten Runde ein packendes Duell mit dem Spanier, aus dem er als Sieger hervorgeht. So kann er ganz oben auf dem Podest seinen sechsten WM-Titel feiern – eine echte Machtdemonstration, mit der eine außergewöhnliche Saison zu Ende geht, und die Krönung eines Mannes, der einer der größten Motorradpiloten – wenn nicht der größte – aller Zeiten ist.

Nach dieser Saison lautet die Frage: Ist der sechsfache Weltmeister motiviert genug, um den siebten Titel ins Visier zu nehmen? Nach dem ersten Grand Prix der Saison 2005, der in Jerez ausgetragen wird, gibt es an Rossis Entschlossenheit schon keinen Zweifel mehr. Rossi hat Gibernau sein Verhalten in Katar nicht verziehen und bestraft den Spanier in der letzten Kurve mit einem Überholmanöver, bei dem er seinen Rivalen ins Kiesbett drängt und innen an ihm vorbeizieht. Die Szene geht in die Geschichte ein. Nach diesem Tag sollte Sete nie wieder ein Rennen gewinnen. Valentino hat nun keinen ernst zu nehmenden Gegner mehr, der ihn daran hindern könnte, seinen Titel zu verteidigen. Biaggi bleibt das Motorrad, von dem er träumt, versagt, Gibernau verdaut die Niederlage in Andalusien nicht. Rossi braucht nur noch ein Rennen nach dem anderen nach Hause zu fahren. „Der Sieg in Jerez war natürlich sehr wichtig, aber der Saisonstart war nicht einfach“, räumt er ein. „Wir brauchten eine Weile, bis das neue Motorrad ins Gleichgewicht kam – vor allem bei Regen“. Jetzt aber steht einer Erfolgsserie nichts mehr im Wege. Nach einem zweiten Platz in Portugal gewinnt er in China, Frankreich, Italien, Barcelona und in den Niederlanden. Gibernau und Biaggi beißen sich die Zähne an ihm aus. Überraschenderweise ist Marco Melandri derjenige, der am ehesten zum Rivalen des amtierenden Weltmeisters taugt. Doch Valentino siegt nach einem dritten Platz in den USA auch in Großbritannien, Deutschland und Tschechien und hätte in Japan bereits seinen Matchball verwandeln können, hätte er dort nicht den einzigen Fehler der Saison gemacht und wäre nicht bei einem etwas zu gewagten Überholmanöver mit Marco Melandri zusammengestoßen. So muss er bis zum nächsten Rennen in Malaysia warten, um mit einem zweiten Platz hinter Capirossis Ducati den zweiten Titel für Yamaha in Folge zu feiern.

2006 erlebt Rossi zum ersten Mal eine schwarze Saison. Drei Mal muss er wegen technischer Probleme aufgeben. Ihm unterlaufen mehrere Fehler. Der letzte dieser Fehler beim Saisonfinale in Valencia ist für ihn besonders verhängnisvoll. Es ist, als stünde irgendwo in Stein gemeißelt, dass es in diesem Jahr für den siebenfachen Weltmeister nichts zu holen gibt. Valentino Rossi, der seit Einführung der MotoGP-Klasse immer am Drücker war, macht eine der schwierigsten Weltmeisterschaften seiner Karriere durch und lässt zu, dass Nicky Hayden seinen einzigen WM-Titel holt. Reifenprobleme in China, Motorschäden, Verletzungspech, ungeschickte Gegner – nichts bleibt dem Italiener erspart, der im Übrigen auch nicht so ausgeglichen wirkt wie gewohnt und sich zwei unglückliche Missgriffe leistet. Einmal schlägt ihm in Assen der Regen ein Schnippchen, und beim letzten Rennen in Spanien lässt er sich zu einem unüberlegten Überholmanöver hinreißen, um an Stoner vorbeizuziehen. Seit seinem Debüt in der Königsklasse und seinem ersten Titelgewinn 2001 hat Rossi es jedes Jahr geschafft, sich die WM-Krone schon vor dem letzten Rennen zu sichern. 2006 bleibt ihm das verwehrt. Verantwortlich dafür sind unterschiedliche Faktoren, die er zu einem großen Teil nicht in der Hand hat. Nach fünf WM-Titeln in Folge – das haben bis dahin nur Giacomo Agostini und Mick Doohan geschafft– greift Valentino Rossi vergeblich nach dem achten Titel. Und das, obwohl er alles gegeben und seinen 51-Punkte-Rückstand nach dem Großen Preis der USA bis zum Saisonfinale auf fünf Punkte verkürzt hat. „Das war eine sehr intensive Saison“, resümiert er im November 2006. „Wir hatten nicht das nötige Glück und haben dann auch noch mehrere Fehler gemacht. Aber so ist das eben im Rennsport. Ich beglückwünsche Nicky. Er ist ein klasse Typ und ein großartiger Fahrer. Und er ist in dieser Saison deswegen Weltmeister, weil er der Beste war.“

Es kommt noch schlimmer. Nach der Pechsträhne des Jahres 2006 ist Valentino Rossi in der Saison 2007 praktisch inexistent. In früheren Zeiten, als in einer Weltmeisterschaftsrunde nur zwölf Grand-Prix-Rennen ausgetragen wurden, äußerten die Hauptakteure der Königsklasse oft die Meinung, man solle aus den Resultaten der ersten Rennen keine voreiligen Schlüsse ziehen. Wer zu Saisonbeginn triumphiere, gehe am Schluss oft leer aus. Genau das denken viele auch nach Casey Stoners Überraschungssieg auf seiner Ducati beim Großen Preis von Katar. Als der Australier in Jerez nur den vierten Platz belegt, fühlen sich die Skeptiker in ihrer Analyse bestätigt. Und hat Valentino Rossi nicht nach dem zweiten Lauf der Saison ein bequemes Punktepolster, mit dem er sich schon auf dem Weg zur Rückeroberung des WM-Titels sieht, den Nicky Hayden ihm wenige Monate zuvor vor der Nase weggeschnappt hat? Der siebenfache Weltmeister hat das Pech, dass Stoner zwei weitere Siege in der Türkei und in China ausreichen, um dem Italiener einen Strich durch die Rechnung zu machen. In Istanbul macht ihm ein Reifenproblem zu schaffen. In Schanghai verfehlt er den Sieg, weil seine Spitzengeschwindigkeit zu niedrig ist. So bleibt Valentino nichts anderes übrig, als dem Australier das WM-Kommando zu überlassen. Zu diesem Zeitpunkt weiß er noch nicht, dass er an seinem jungen Rivalen auch nicht mehr vorbeiziehen wird. Stoners Talent und seine schnelle Ducati GP7 reichen allerdings als Erklärung für Rossis Misserfolge nicht aus. Valentino steht im Fokus einer Steueraffäre. Nachdem er sich vor vier Jahren in London niedergelassen hat mit der offiziellen Begründung, in der Anonymität der britischen Hauptstadt ungestörter leben zu können, steht er nun wegen einer Steuervermeidungsstrategie im Kreuzfeuer, die sein ein wenig zwielichtiger Manager Gibo Badioli eingefädelt hat.

Badioli ist ein alter Bekannter von Valentinos Vater, auch wenn er nicht aus dem Motorradmilieu kommt. Ab 1997 tritt er – zunächst an der Seite Grazianos – immer häufiger in Erscheinung. „Ich weiß noch, dass ich 1996 Valentinos Vertrag mit seinem Vater und seiner Mutter abgeschlossen habe“, erinnert sich Carlo Pernat. „Gibo trat erst später auf den Plan. Er ist ein ehemaliger Möbelhändler aus Pesaro, der einfach Glück hatte.“ Über sein Vorleben weiß eigentlich niemand etwas Genaues. Manche Leute in Pesaro entsinnen sich, ihn einst als Platzanweiser im Kino der Stadt gesehen zu haben, aber für diese Informationen gibt es keine Bestätigung. Auch über seinen früheren Beruf besteht Unklarheit. Gibo behauptet, er sei Innenarchitekt gewesen. Außerdem soll er mit Bauholz gehandelt haben. Jedenfalls hat die Schattengestalt, die ihre Sonnenbrille nur beim Zubettgehen abnimmt, ein enormes Vermögen angehäuft. Das ist nicht besonders überraschend, denn bei Valentino Rossis Aktivitäten kommen jedes Jahr 20 Millionen Euro zusammen. Um die umfangreichen Geschäfte des italienischen Wunderfahrers zu managen, bietet Badioli sein ganzes Können auf. In London besitzt Gibo eine Firma (namens Hick Side), die sich auf Bildrechteverwaltung spezialisiert hat und die er in die Firma Great White London Management umwandelt, die sich um Valentinos private Geschäfte kümmern soll. Dort sind zwei Mitarbeiterinnen Vollzeit damit beschäftigt, die Kontakte des Rennfahrers und das Merchandising zu verwalten. Gibo hat seinen Wohnsitz in die britische Hauptstadt verlegt und legt seinem Schützling aus steuerlichen Gründen nahe, es ihm gleichzutun. Badiolis Kalkül ist denkbar einfach: Warum sich in Monaco verkriechen wie Capirossi, Biaggi und viele andere Rennfahrer und sich damit den Zorn des Fiskus zuziehen? Dumm nur, dass die *Guardia di finanza* schließlich auch dem Helden aus Tavullia zu Leibe rückt, der zu seinem Leidwesen plötzlich nicht mehr zu sich nach Hause kann, wann er will. Die Steuerbehörden fordern immerhin gut zehn Millionen Euro von Valentino. Die Nöte des siebenfachen Weltmeisters füllen die Titelseiten der italienischen Zeitungen, zumal der Motorradstar während des Sommers in der Boulevardpresse auch noch wegen einer Liaison mit dem italienischen Fernsehstar Elisabetta Canalis von sich reden macht.

Am 31. August 2007, während am Rundkurs in Misano die Vorbereitungen für den Großen Preis von San Marino laufen, präsentiert sich in einigen Kilometern Entfernung die Heimat des siebenfachen WM-Siegers in einem Meer aus Gelb, aber niemand ist so recht in Feierlaune. Franco Franca betreibt den Tabak- und Souvenirladen des Dorfes. Bei ihm findet man alles, was man mit Valentino Rossis Konterfei versehen kann. Aus der ganzen Welt reisen die Fans an, um T-Shirts, Mützen und anderen Schnickschnack zu erwerben. Im Schaufenster hat Franco einen Zeitungsausschnitt mit einem Artikel ausgehängt, in dem Alberto Tomba den Lokalhelden in Schutz nimmt. „Italien hat seine Champions nicht verdient“, verkündet der ehemalige Skirennläufer. Auf der anderen Straßenseite macht der Bürgermeister in seinem Amtszimmer keinen Hehl aus seiner Ratlosigkeit. „Ich bekomme jeden Tage dutzendweise Schmähbriefe“, verrät Bruno Del Moro. „Als wäre ich für Valentinos Scherereien mit dem Fiskus verantwortlich.“ Und er fügt hinzu: „Das letzte Mal habe ich ihn vor zwei Monaten bei der Hochzeit seiner Mutter gesehen, bei der er Trauzeuge war.“ Etwas weiter oben an der Hauptstraße sind die führenden Fanclub-Aktivisten in den Clubräumen mit den Vorbereitungen für den Festumzug beschäftigt, der am Tag vor dem Großen Preis von San Marino stattfinden soll. Während das Telefon der Sekretärin heiß läuft, versucht Flavio Pratesi, das Beste aus einer Situation zu machen, die er sich anders vorgestellt hat. „Wir sind gerüstet, um sämtliche Vale-Fans bei uns zu empfangen, aber auf Gespräche mit Journalisten hat hier niemand Lust“, macht Flavio Pratesi deutlich, der als Seele des Fanclubs gilt. „Die haben uns zu oft übel mitgespielt. Wie die Valentinos Privatleben ausbreiten und in den Schmutz ziehen – so etwas gehört sich einfach nicht. Wenn er dem Finanzamt etwas schuldet, ist das die eine Sache. Deswegen braucht aber niemand zu wissen, was er und Elisabetta Canalis nackt am Strand in Sardinien anstellen. Aber das ist immer das Gleiche in Italien: Immer muss man den Leuten ins Gesicht spucken, die man bewundert. Die Leute sind doch bloß neidisch.“ Auch der Dorfpfarrer zögert keinen Moment, sich schützend vor Valentino zu stellen. „Hoffentlich legt sich dieser Sturm bald wieder“, wünscht sich Don Cesare. „Ich finde es enorm, dass er es in dieser Situation überhaupt noch über die Ziellinie schafft.“ Beim Großen Preis von San Marino schafft Rossi es zwar dann doch nicht bis ins Ziel, aber zwei Wochen später geht es wieder bergauf mit einem Sieg in Portugal vor Stoner und Pedrosa. Wegen der ständigen Kämpfe mit den Technikern von Michelin und dem Streit mit dem Fiskus sind die letzten Monate des Jahres 2007 für den Yamaha-Piloten dennoch ein Martyrium. „In diesen beiden Saisons ist er sehr gereift“, glaubt sein damaliger Teammanager Davide Brivio. „Er hat gelernt, was es heißt, zu verlieren. Darum ist er heute umso entschlossener, es der neuen Generation zu zeigen.“ Ex-Entwicklungschef Masao Furusawa kann das nur bestätigen. „Ende 2007 hat Valentino uns zusammengetrommelt und uns allen unsere Verantwortung vor Augen geführt“, erzählt der Japaner. „Dass unsere Maschine nicht mehr auf der Höhe der Zeit war, wussten wir. Valentino sagte uns, was er von uns erwartete, und wir haben dafür gesorgt, dass diese Erwartungen erfüllt werden. Das bedeutete vor allem, dass wir am Verbrauch unseres Motors zu arbeiten hatten, damit er mehr Leistung brachte.“

Schon in der folgenden Saison zahlt sich die Arbeit der japanischen Ingenieure aus. Der Yamaha-Pilot leistet seinen Beitrag, indem er sich auf die Hinterbeine stellt, um physisch und mental wieder zu seiner Top-Form zu finden. Er trennt sich von Gibo Badioli, regelt seine Angelegenheit mit den italienischen Finanzbehörden und lässt sich wieder in Tavullia nieder. Ihm ist klar geworden, dass man besser seine Steuern zahlt und in Frieden dort lebt, wo auch die Freunde leben, statt sich im Ausland zu verschanzen und sich mit irgendwelchen Lügengebäuden zu arrangieren. Ein weiterer wichtiger Faktor: 2008 bekommt er die Bridgestone-Reifen, die er sich gewünscht hat, damit er Stoner auf Augenhöhe Paroli bieten kann. Natürlich dauert es ein paar Rennen, bis die M1 und die neuen Reifen perfekt harmonieren, aber die verlorene Zeit fällt nicht groß ins Gewicht. Valentino Rossi wird Fünfter in Katar, Zweiter in Spanien, Dritter in Portugal und fährt in China endlich wieder einen Sieg ein. Zwei weitere Siege in Italien und Frankreich folgen. Als viele schon glauben, dass er sich zu einem Alleingang in Richtung Titel absetzt, meldet sich Casey Stoners Ducati dank höhenverstellbarer Ansaugtrichter, die wahre Wunder wirken, zurück. Der Australier holt mit Siegen in England, in den Niederlanden und in Deutschland kräftig auf. „Das war eine schwierige Phase", erinnert sich Valentino. „Zum Glück hatte ich einen ziemlich kommoden Vorsprung. Deswegen konnte ich dieses Gewitter einfach vorbeiziehen lassen." Der Wendepunkt der Saison 2008 ist das Rennen in Laguna Seca. Wie bei den drei Rennen zuvor liefert Stoner in allen vier Sessions Bestzeiten ab. Valentino lässt sich davon nicht beeindrucken, zieht auf dem US-Circuit, auf dem er bislang nie brillieren konnte, alle Register und schafft es, den Ducati-Piloten in einen entscheidenden Fehler zu treiben. Damit macht er den vierten Saisonsieg klar, reißt unmittelbar vor der Sommerpause das Ruder herum und lässt die stattliche Erfolgsserie des amtierenden Weltmeisters abreißen. Nach seinem Erfolg in Kalifornien lässt der Yamaha-Pilot nicht locker und setzt sich auch in Brno, Misano, Indianapolis und Motegi durch. Damit hat er seine Mission erfüllt: Rossi sichert sich schon drei Rennen vor Saisonende seinen sechsten Titel in der Königsklasse.

Ab 2009 ist Bridgestone der einzige Reifenlieferant für die MotoGP-Weltmeisterschaft. Jorge Lorenzo, seit 2008 Rossis Teamkollege, fährt fortan mit den gleichen Reifen wie der Italiener. Auch wenn der Spanier etwas Zeit braucht, um sich umzustellen, wird Valentino sehr schnell klar, dass sein schärfster Rivale nunmehr in seiner eigenen Garage zu finden ist. Die Hondas von Pedrosa und Dovizioso kranken noch an Entwicklungsproblemen an der Vorderachse, und Stoner müht sich mit einer Ducati ab, die immer schwerer zu handhaben ist. Obendrein hat er mit gesundheitlichen Problemen zu kämpfen, die ihn zu einer mehrwöchigen Ruhepause zwingen. Valentino spielt seine ganze Erfahrung aus und schafft es, mit seinen stolzen 30 Jahren den neunten WM-Titel zu holen. „Dieser Titel war schwerer zu erringen als der davor“, erinnert er sich. „Ich habe Fehler gemacht, wir hatten auch das eine oder andere Problem und schwierige Rennen wie zum Beispiel in Estoril. Heutzutage ist das Niveau dermaßen hoch, dass schon ein kleines Einstellungsproblem im Training böse Folgen haben kann. Da findet man sich ganz schnell auf dem vierten Platz wieder. Ich hatte starke Gegner – vor allem Jorge, der nie lockerließ. Trotz Einführung der Einheitsreifen haben wir viele Streckenrekorde eingestellt. Jeder Titel ist anders. Jeder Titel ist eine unvergessliche Erfahrung. Von den vier besten Fahrern in der MotoGP bin ich inzwischen der älteste, und mir ist klar, dass die nächste Saison noch schwieriger wird.“ Mit dieser Einschätzung wird Valentino Rossi recht behalten. Zwar gewinnt er das Auftaktrennen der Saison 2010 auf dem Circuit in Doha, aber bei den nächsten Rennen in Jerez und Le Mans muss er sich geschlagen geben. Lorenzo hat die Führung übernommen und setzt Rossi unter Druck. Der nächste Grand Prix findet in Mugello statt. Vor heimischem Publikum muss der Italiener reagieren, doch bei einem Sturz im freien Training bricht er sich ein Bein. Damit ist der Titel passé. Noch schlimmer ist, dass ausgerechnet sein Teamkollege zum Weltmeister gekürt wird und sich auf Rossis angestammtem Platz im Yamaha-Team breitmacht. Das ist für den Italiener, der die Marke mit den drei Stimmgabeln im Logo wieder auf Erfolgskurs gebracht hat, zu viel des Guten. Valentino zieht einen Schlussstrich, übergibt die M1 an Ben Spies und wechselt mit seiner gesamten Technik-Crew zu Ducati, um dort die Nachfolge von Casey Stoner anzutreten.

VIII.
ROT UND SCHWARZ

„Im März 2004 lud mich Stefano Domenicali, der Sportdirektor von Ferrari, am Tag vor dem ersten Grand Prix der Formel-1-Saison in Melbourne zum Essen ein. Ich war gerade in Australien, um die Yamaha M1 zu testen. Er bot mir an, an einem Training auf der Ferrari-eigenen Teststrecke in Fiorano teilzunehmen. Dazu muss man wissen: 1998 war Biaggi eingeladen worden, ein paar Runden mit dem Formel-1-Rennwagen von Michael Schumacher zu drehen. Als die Journalisten daraufhin gegenüber Luca Cordero Di Montezemolo anregten, auch mich einzuladen, winkte der Ferrari-Chef mit dem Hinweis ab, Ferrari sei kein Autoverleih. Ich war erst 19 Jahre alt und schon Weltmeister und fand diesen Spruch ziemlich verletzend. Umso mehr freute ich mich jetzt über die Einladung von Domenicali."

Als Kind hatte Valentino Rossi eine Zeit lang den Traum, Formel-1-Rennfahrer zu werden – auch wenn er sich dabei nicht unbedingt am Steuer eines Ferraris sah, denn anders als die meisten seiner Landsleute gehörte der italienische Motorradrennfahrer nie zu den Verehrern des legendären Herstellers aus Modena. „Ich fand die Fahrer immer spannender als die Autos", bekennt er. Ayrton Senna, Nigel Mansell und später auch Gilles Villeneuve waren seine Helden. Als Stefano Domenicali ihm anbietet, sich ins Cockpit des F2004 zu setzen und an einem Gruppentest in Maranello teilzunehmen, sagt der damals fünffache Weltmeister ohne Zögern zu. Neben dem Vergnügen, das V8-Gefährt auszuprobieren, bedeutet das Angebot für ihn eine persönliche Genugtuung und eine Art Anerkennung seitens des Ferrari-Chefs Montezemolo. Das einzige Problem: Er hat soeben bei Yamaha unterschrieben. Hauptsponsor des japanischen Teams ist Gauloises, Ferrari dagegen fährt seit langer Zeit in den Farben von

Philip Morris. Deshalb muss der Test, der kurz nach Rossis spektakulärem Sieg in Welkom stattfinden soll, geheim bleiben. Die beiden Geldgeber dürfen auf keinen Fall verärgert werden. „Ich habe niemandem davon erzählt", berichtet Rossi. „Für die Fahrt nach Fiorano benutzte ich ein Auto mit getönten Scheiben. Selbst meine Mutter ließ ich in dem Glauben, ich würde zum Einkaufen nach Mailand fahren. Man hatte an alles gedacht und mich in dem Haus auf dem Gelände der Teststrecke untergebracht, in dem sich das Museum mit Enzo Ferraris Arbeitszimmer befindet. Es war ein offizieller Test mit allen Werksingenieuren, nicht bloß eine Scheinveranstaltung, bei der man ein paar Runden dreht, weil einem jemand eine Freude machen will oder sich einen Werbe-Coup erhofft." Wie üblich kommt Valentino mit dem F2004 gleich auf den ersten Metern von der Strecke ab. Als eingefleischter Motorradpilot lotet er erst einmal aus, was es braucht, um einen Formel-1-Rennwagen zu steuern – insbesondere beim Bremsen. Aber er erweist sich als lernfähig und macht so schnell Fortschritte, dass er am Ende des Testtages den Rundkurs in weniger als einer Minute schafft, was bislang nur wenigen gelungen ist. Schumacher ist am gleichen Tag nur eine Sekunde schneller als Rossi. Der Test bleibt übrigens doch nicht lange geheim. Schon um die Mittagszeit strömen die Journalisten zu Ferraris Fabriktoren. „Es herrschte ein Riesenandrang", erinnert sich Carlo Pernat. „Alle italienischen Medien berichteten lang und breit darüber. Verblüffenderweise gab es keinerlei Verstimmung zwischen Gauloises und Marlboro. In Wahrheit hatte Bernie Ecclestone die ganze Sache von langer Hand vorbereitet. Die Formel 1 steckte in der Krise, und Valentinos Popularität war ein probates Mittel, um sie ins Rampenlicht zu rücken. Somit war letztlich allen gedient." Und zwar so sehr, dass weitere Tests anberaumt werden und die Idee, Valentino Rossi könnte in die Formel 1 wechseln und dort an Michael Schumachers Seite Rennen fahren, mehr und mehr Befürworter findet. „Für ihn war das eine spannende Angelegenheit", bestätigt Lin Jarvis. „Seine Motorradleidenschaft war zwar nach wie vor stärker, aber irgendwann merkten wir, dass die Herausforderung Formel 1 ihn vielleicht dazu bewegen könnte, uns zu verlassen. Ende 2005 wollte er seinen Vertrag mit Yamaha dann auch nur um eine Saison verlängern." Während er mit dem italienischen Fiskus im ärgsten Clinch liegt, spielt Rossi immer ernsthafter mit dem

Gedanken, aus der MotoGP auszusteigen. Ferrari macht ihm schöne Augen. Zudem wartet ganz Italien darauf, endlich wieder einen Landsmann am Steuer der roten Rennwagenlegende zu sehen. Der Letzte, der bei Ferrari die grün-weiß-rote Flagge hochhielt, war Nicola Larini. Einen bleibenden Eindruck hatte zuletzt Michele Alboreto in den 1980er-Jahren hinterlassen. Lin Jarvis lässt aus Sorge, sein Wunderkind könnte künftig auf vier Rädern unterwegs sein, Jorge Lorenzo seinen ersten Vertrag mit Yamaha unterschreiben. Er will für die Zukunft vorbauen. Der Spanier ist auf dem Weg zu seinem ersten Weltmeistertitel in der 250-cm^3-Klasse und sichert sich damit ab der Saison 2008 eine Yamaha M1-Werksmaschine. Damals ist nicht abzusehen, dass er mit Valentino Rossi im gleichen Team sein wird. Der verzichtet nämlich doch lieber auf das Ferrari-Abenteuer und verlängert seinen MotoGP-Vertrag mit der Marke mit den drei Stimmgabeln im Logo. Ironie des Schicksals: Dadurch, dass Rossi so lange mit einem Wechsel liebäugelt, führt er, ohne es zu ahnen, die Situation, die in später in die Arme von Ducati treiben wird, selbst herbei.

Anfang 2010 steht es mit der Stimmung im Yamaha-Team nicht zum Besten. Masao Furusawa steht kurz vor dem Ruhestand, und der Rennservice wird neu strukturiert. Dabei soll auch die Aufgabenverteilung zwischen Masahiko Nakajima und Kouichi Tsuji verändert werden. Vor allem aber hat sich in den vorangegangenen Saisons das Kräfteverhältnis zwischen den beiden Zugpferden im Yamaha-Rennstall deutlich verschoben. Lorenzo ist nicht mehr der junge Hund, der Geschwindigkeit mit Waghalsigkeit verwechselt. Der Spanier wird bei seinem Debüt in der Königsklasse auf Anhieb WM-Vierter und bietet Rossi in der Saison 2009 lange die Stirn. 2010 entscheidet er sogar zwei der ersten drei Saisonrennen für sich. Der Druck auf Rossi wächst, als die beiden Yamaha-Piloten in die Verhandlungen über die Verlängerung ihrer Verträge gehen. Vor dem Hintergrund, dass er den japanischen Hersteller wieder auf Erfolgskurs gebracht hat, erwartet der Italiener eine gewisse Achtung von seinem Arbeitgeber. Mit Verweis auf die vier WM-Titel, die er auf der M1 eingefahren hat, will Valentino seinen Nummer-eins-Status behalten. Für Lin Jarvis ist das eine unannehmbare Bedingung. „Als japanisches Unternehmen konnte Yamaha nicht akzeptieren, dass ein Rennfahrer dem Unternehmen die Marschrichtung vorgab“, erklärt der Chef von Yamaha

Motor Racing. „Wir wollten beide Piloten halten, es ging nicht an, dass Valentino seine Vorrangstellung auch dann noch behielt, als beide über das gleiche Material verfügten. Für Valentino war sein Status als Nummer eins mit kleinen Privilegien verbunden, die unter anderem finanzielle Aspekte und PR-Fragen betrafen. Außerdem bedeutete dieser Sonderstatus, dass er seine Motorradeinstellungen mit niemandem zu teilen brauchte. Yamaha konnte aber unmöglich alles aufgeben, was das Unternehmen im Interesse der Zukunftssicherung in Jorge investiert hatte. Wir hatten zwei Top-Fahrer, die sich gegenseitig als Top-Fahrer anerkennen mussten. Dazu war Valentino nicht bereit." Sein Beinbruch beim Großen Preis von Italien tut ein Übriges.

Nachdem er sich dagegen entschieden hat, weiterhin mit Lorenzo in einem Team zu fahren, bleiben Rossi nicht allzu viele Optionen, wenn er seine Karriere in der MotoGP fortsetzen will. Eine Rückkehr zu Honda kommt für den bald 32-Jährigen nicht infrage. Suzuki ist zu diesem Zeitpunkt schon dabei, seinen Ausstieg aus der MotoGP vorzubereiten. Bleibt nur noch Ducati. Als beim Großen Preis von Frankreich bekannt wird, dass Casey Stoner seinen Vertrag mit Ducati nicht verlängert, nimmt Rossi schon im Mai – also noch vor seiner Verletzung in Mugello – Kontakt zu den Verantwortlichen des Herstellers aus Borgo Panigale auf. Einen allerersten Kontakt mit Ducati hatte es schon in der Saison 2003 gegeben. Valentino ist damals mit Massimo Bracconi und Bruno Leoni befreundet, die beide als Mechaniker im Ducati-Team arbeiten. „Sie bedrängten mich permanent, ich solle zu ihnen wechseln", erinnert er sich. Ein italienischer Rennfahrer auf einem italienischen Motorrad in der MotoGP – das ist für viele eine traumhafte Vorstellung. Noch bevor er bei Yamaha anheuert, fährt Rossi nach Borgo Panigale und trifft sich dort mit Livio Suppo, damals MotoGP-Projektleiter, und Ducati-Chef Claudio Domenicali. In Begleitung von Gibo Badioli bekommt der Rennpilot aus Tavullia an einem Juliabend eine Privatführung durch das Werk in Bologna. „Ich war auf der Suche nach einer neuen Herausforderung", sagt Valentino. „Bei Honda fühlte ich mich nicht mehr wohl. Yamaha ging davon aus, dass ich mich nur für die M1 interessierte, um bei Honda höher pokern zu können. Warum sollte ich nicht zu Ducati wechseln?" 2003 kehrt der italienische Hersteller ins Grand-Prix-Geschäft zurück, und die Desmosedici macht auf Anhieb mächtig Eindruck. In Barcelona fährt Loris Capirossi auf der GP3 zum Sieg, und die Verantwortlichen von Philip Morris sind dem Vernehmen nach bereit, einiges springen zu lassen, um den hochdotierten Spitzenfahrer Valentino Rossi zu holen. Der WM-Führende der MotoGP-Klasse ist entzückt von den Möglichkeiten des Ducati-Rennstalls und der Leidenschaft, die das Team ausstrahlt, bleibt aber dennoch zurückhaltend. Er zieht alsbald Parallelen zu Ferrari und erkennt, dass sich Filippo Preziosi vieles von der Arbeitsweise des Formel-1-Nachbarn in Modena abgeschaut hat. Wie Ferrari hat auch Preziosi Methoden entwickelt, bei denen Computer und die computergestützte Modellierung die erste Geige spielen. Valentino realisiert, dass bei Ducati genau wie bei Ferrari Zahlen und Kurvendiagramme wichtiger sind als die Einschätzungen und Rückmeldungen des Rennfahrers. Im Gespräch mit Domenicali wird sich Valentino der Gefahr bewusst, dass ihm bei Ducati das Gleiche drohen könnte, was ihm bei Honda gegen den Strich geht – Chefs, die vor allem ihre Marke und ihre Technologie in den Vordergrund stellen wollen, und Ingenieure, die keine Lust haben, ihre Piloten in die Entwicklung ihres Motorrads einzubinden. Dazu noch Dutzende von Werbeterminen, die er während der Saison zu absolvieren hätte, die Verpflichtung, am Abend vor jedem Rennen an einem Dinner mit den Kunden des Titelsponsors teilzunehmen, und ein ganzer Haufen weiterer Veranstaltungen dieser Art. Sehr rasch entscheidet Rossi daher, diesem ersten Kontakt mit dem Hersteller aus Borgo Panigale keinen weiteren folgen zu lassen.

Sieben Jahre später hat er kaum noch eine Wahl. Wenn er die Bedingungen, die Lin Jarvis ihm vorsetzt, ablehnt und trotzdem weiterhin mit einer Werksmaschine Grand-Prix-Rennen fahren will, muss er sich dazu durchringen, die Herausforderung Ducati anzunehmen. Diesmal spricht Valentino nicht mit Domenicali, sondern mit Preziosi. Trotz seiner Befürchtung, dass der italienische Rennchef und er nicht die gleiche Vision vom idealen Motorrad haben, erkennt er an, dass Filippo ein Enthusiast ist. „Preziosi fand die richtigen Worte, um ihn zu überzeugen", berichtet der damalige Yamaha-Teammanager Davide Brivio. „Valentino hatte das Gefühl, dass Yamaha die Achtung vor ihm verloren hatte und dass in gewisser Weise die Luft raus war. Ducati suchte einen Ersatz für Stoner, und ganz Italien wollte Rossi auf einem italienischen Motorrad sehen.

Er konnte sich seinem Schicksal nicht länger entziehen.“ Ohne mit der Wimper zu zucken, erklärt sich Preziosi sogar bereit, mit Valentino auch Jeremy Burgess und die Mechaniker mit zu übernehmen, die seit seinem Debüt in der Königsklasse für ihn arbeiten.

Schon als er im November auf dem Rundkurs in Valencia die ersten Runden auf der Desmosedici dreht, dämmert dem neunfachen Weltmeister allerdings, dass seine Befürchtungen harmlos waren im Vergleich zu den Schwierigkeiten, die er nun tatsächlich auf sich zukommen sieht. „Zu dem Zeitpunkt, als er auf dieses Motorrad stieg, war Stoner der einzige, der damit etwas zustande gebracht hatte“, erinnert sich Davide Brivio, der damals Yamaha den Rücken kehrte, um Rossi als Manager und Berater zu folgen. „Valentino wusste, dass er es jetzt mit einem Motorrad zu tun hatte, das ganz anders war als seine bisherigen Maschinen, aber er dachte, dass er genau wie damals bei Yamaha etwas bewegen könnte.“ Leider kommt es anders. Bei seinem ersten Training mit der Desmosedici landet der Italiener auf Rang 15 und ist eine Sekunde langsamer als sein Teamkollege Nicky Hayden. Dabei muss man ihm zugutehalten, dass er wegen einer Schulterverletzung nicht aufs Ganze gegangen ist. Da er noch bei Yamaha unter Vertrag steht, darf Valentino seine ersten Eindrücke von der GP10 nicht kundtun. Das übernimmt sein Kumpel Uccio für ihn. „Sein erstes Feeling ist positiv“, versichert der langjährige Weggefährte. Filippo Preziosi träumt seit Langem davon, Rossi auf seiner Desmosedici fahren zu sehen, und freut sich dementsprechend über diesen ersten Praxistest. „Valentino ist wie ein Computer“, sagt der Ducati-Rennchef begeistert. „Er strahlt eine große Ruhe aus und ist außergewöhnlich präzise in seinen Rückmeldungen. Seine Grundeinstellung ist sehr positiv. Er sieht in jeder Situation zuerst das Positive, bevor er das, was ihm nicht passt, nach Wichtigkeit geordnet zur Sprache bringt. Dieser erste Praxistest sollte Valentino und Jeremy Burgess einen Eindruck vermitteln, wie unser Motorrad reagiert, wenn man bestimmte Einstellungen verändert.“ Trotz der Begeisterung des Ducati-Rennchefs realisiert die Rossi-Crew sehr schnell, dass es schwer werden dürfte, die bei Yamaha vollbrachte Heldentat zu wiederholen. Hinzu kommt, dass Lorenzo das Selbstvertrauen eines Weltmeisters entwickelt hat und dass sich Honda mit dem neu angeworbenen Casey Stoner eine ernst zu nehmende

Verstärkung ins Team geholt hat. Der Australier gewinnt denn den ersten Grand Prix der Saison 2011. Valentino Rossi fährt auf dem Rundkurs in Losail mit mehr als 16 Sekunden Rückstand auf den Sieger als Siebter ins Ziel. „Dass wir nicht Weltmeister werden würden, war uns seit Langem klar“, verrät Alex Briggs, einer von Rossis australischen Mechanikern. „Wir hatten während der Wintertests allerhand ausprobiert, ohne auch nur die geringsten Fortschritte zu machen. Bei dem Yamaha-Motorrad passte alles zusammen wie bei einem Zauberwürfel. Bei Ducati hatte man den Eindruck, kein Teil verträgt sich mit den anderen. Aufgrund des tragenden Motors waren uns bei der Entwicklung viel zu enge Grenzen gesetzt. Wir mussten so schnell wie möglich ein anderes Motorrad entwickeln.“

In Spanien schneidet Valentino beim zweiten WM-Rennen mit einem fünften Platz etwas besser ab. Vor allem aber macht er sich an diesem Tag Casey Stoner endgültig zum Feind, weil er ihn zu Beginn der achten Runde von der Strecke fegt. „Da habe ich einen schweren Fehler gemacht“, gibt Rossi zu. „Ich habe zu spät gebremst und fuhr etwas zu schnell in die erste Kurve. Ich hatte keinen Platz, um die Kurve außen anzufahren, weil Casey außen fuhr. Deshalb nahm ich die Innenbahn, aber mit zu viel Tempo und zu viel Schräglage.“ Der Honda-Pilot ist stocksauer und quittiert die Entschuldigung mit einer gehörigen Portion Ironie. 2008 waren die beiden schon einmal aneinander geraten, als Valentino seinen Gegner in Laguna Seca in der berühmten Korkenzieherkurve – der „Corkscrew“ – überholte und Stoner im Kies landete. Damals fuhr Rossi auf einer Yamaha und Stoner auf einer Ducati. Drei Jahre später hat Stoner nun Gelegenheit, Rossi seinen berühmt gewordenen Spruch an den Kopf zu werfen: „Da war dein Ehrgeiz wohl größer als dein Talent!“ Nach den Zwistigkeiten mit Biaggi und Gibernau – und vor den späteren Konflikten mit Márquez – wird Valentino wieder einmal seinem Ruf gerecht. „Valentino braucht immer einen verlässlichen Feind“, meint Livio Suppo. „Dass man auf diesem Wettkampfniveau keine Freunde auf der Piste hat, ist klar, aber bei ihm geht das noch einen Schritt weiter. Für ihn ist das eine Art Motivationsquelle.“ In dieser Phase seiner Karriere ist ein Streit mit seinem Lieblingsgegner jedoch nicht das, was der neunfache Weltmeister braucht, um voranzukommen. Rossi wird dafür kritisiert, dass die gewünschten Ergebnisse ausbleiben, bleibt aber bei der Maxime „Augen zu und durch". „Es ist schwierig. Ich habe Mühe, die Maschine zu bewegen, und wir haben eigentlich keine Lösungen für das Problem, wie wir die Einstellungen verbessern können", wiederholt er bei jeder Pressekonferenz. „Ich habe kein Feeling für die Vorderachse, und sobald ich versuche, mich an die Grenze des Möglichen heranzutasten, gehe ich zu Boden. Das Schlimmste ist, dass wir nicht vorankommen." Mit Filippo Preziosi, der die D16 entwickelt hat, kommt es zu einem regelrechten Tauziehen. Beim vierten Rennen der Saison in Le Mans schafft Valentino es immerhin auf das Podest. Darauf lässt sich aufbauen. „Dieses Ergebnis ist wichtig, denn es wird uns allen kräftigen Rückenwind geben", sagt er nach dem Zieleinlauf. „Wir haben eine Reihe von Verbesserungen erzielt. So gut wie jetzt war das Motorrad noch nie. Es gibt natürlich noch viel zu tun, aber es geht voran. Unsere Fortschritte sind allerdings nicht geradlinig. Deshalb setze ich mir keine festen Ziele. Diese Ducati fährt sich völlig anders als eine Yamaha. Deshalb muss ich alles neu lernen. Ich versuche, wieder zu dem Fahrstil zurückzufinden, den ich bei der 500er-Honda hatte: Die Kurven anbremsen, das Motorrad schnell wieder aufrichten, damit ich schneller beschleunigen kann." Leider ist für Rossi in dieser Saison die erste Podestplatzierung auch schon die letzte. Er wird Siebter im Gesamtklassement und liefert damit sein schlechtestes Ergebnis seit dem neunten Platz im Jahr 1996 ab, als er sein Grand-Prix-Debüt in der 125-cm^3-Klasse gab. Die Schmach ist bitter, sowohl für den MotoGP-Star als auch für den italienischen Hersteller. „Diese erste Saison bei Ducati war sehr schmerzhaft für ihn", bestätigt Loris Reggiani. „Valentino ist ein intelligenter Bursche. Ihm wurde rasch klar, dass er sich getäuscht hatte und dass es ein Fehler gewesen war, anzunehmen, er könnte das gleiche Husarenstück wie bei Yamaha noch einmal aufführen. Er dachte, er wäre Stoner überlegen. Meiner Meinung nach hatte er schon vor seiner zweiten Saison mit der Desmosedici innerlich resigniert. Er war 2012 eher langsamer unterwegs als 2011."

Bevor er 2011 als Technologie-Leiter für die MotoGP zu Dorna Sports wechselte, war Corrado Cecchinelli Vizechef der Ducati-Rennabteilung. Er war bei den Vertragsverhandlungen mit Rossi dabei. Seiner Einschätzung nach machte Filippo Preziosi damals den Fehler, sich gegenüber der Ikone Rossi allzu unterwürfig zu verhalten. „Für Ducati war es ein absoluter Traum, Valentino in Dienst zu nehmen", erzählt Cecchinelli. „Trotzdem wusste jeder, dass diese Verbindung nicht ohne Risiko war. Uns war bewusst: Im Erfolgsfall würde man diesen Erfolg dem Rennpiloten zuschreiben. Wenn es aber schiefging, mussten wir auf üble Kritik gefasst sein." Genau so kam es dann auch. „Bei Ducati war zu Beginn dieser Zusammenarbeit zu viel Bescheidenheit im Spiel", fährt er fort. „Valentino war ein Gott, dem wir nur eine mittelmäßige Maschine anzubieten hatten, fanden einige. Als hätten sie vergessen, dass die Desmosedici 2010 bei jedem Start eine Anwärterin auf den Sieg war. Deshalb gingen von Anfang an alle mit der Haltung ans Werk, das Motorrad tauge nichts und alles müsse umgekrempelt werden. Dementsprechend lautete die erste Frage an Valentino in Valencia auch nicht: Wie findest du das Motorrad?, sondern: Was muss verändert werden? Ich glaube, diese Herangehensweise war der Grund, warum das Projekt vor die Wand fuhr. Die Crew verrannte sich. Preziosi hätte nicht so unterwürfig sein dürfen, und Valentino hätte die Herausforderung aufgeschlossener angehen müssen und nicht mit der Einstellung, was bei Yamaha funktioniert hat, muss auch hier zum Erfolg führen. Statt dieses Motorrad von Grund auf umrüsten zu wollen, hätte er sich erst einmal die Zeit nehmen müssen, sich die gleichen Zeiten zu erarbeiten wie Stoner. So hat es Checa gemacht, als er Ende 2004 zu uns kam. Er wartete, bis er genauso schnell fahren konnte wie Bayliss, und erst dann fing er an, an der Entwicklung der GP5 zu arbeiten."

Livio Suppo sieht die Sache noch ein wenig anders. „Filippo ist ein Genie", meint der frühere MotoGP-Projektleiter bei Ducati. „Mit wenig Aufwand hatte er ein Motorrad kreiert, das auf Anhieb das Zeug zur Siegermaschine hatte. Aber dann sollte er eine Yamaha-Kopie aus dem Hut zaubern, wo er doch nur Ducatis bauen konnte. Vor diesem Hintergrund verlor der Rennfahrer rasch das Vertrauen in das Team und umgekehrt." Viele sagen, Valentino habe eigentlich nie recht daran geglaubt, dass er mit dem Hersteller aus Borgo Panigale Chancen habe. „Das stimmt nicht", versichert Aldo Drudi. „Valentino war motivierter als je zuvor, als es darum ging, mit dieser Desmosedici anzutreten. Er wusste: Wenn er mit diesem Motorrad gewinnt, wird er in Italien berühmter als der Papst!" Wie dem auch sei, Ende 2011 muss Filippo Preziosi sein Konzept des tragenden

Motors fallen lassen und auf seinen Halbrahmen aus Carbon verzichten, um stattdessen das Aluminiumchassis anzufertigen, das der italienische Star und sein Chefmechaniker Jeremy Burgess fordern. Unglücklicherweise bleibt die D16 auch mit dem neuen Aluminiumrahmen ein Motorrad, das in den Kurven stark untersteuert, schwer zu bewegen ist und dessen Traktion beim Beschleunigen aus der Kurve heraus schwer zu wünschen übrig lässt. „Man hätte alle Grand-Prix-Rennen bei Regen abhalten müssen", witzelt Alex Briggs. „Auf nasser Piste war die Desmosedici echt effizient. Stabil beim Bremsen, guter Grip beim Beschleunigen. Aber auf trockener Piste tat sich nichts." Rossi schafft es zwar zweimal aufs Podium – in Le Mans und in Misano – und macht damit im Gesamtklassement einen Platz gut, aber mit dem Herzen ist er längst nicht mehr bei der Sache. Er ist allerdings taktvoll genug, Filippo Preziosi aus der Schusslinie zu nehmen. Statt sich lauthals darüber zu beschweren, dass die italienischen Ingenieure ihm erst im September eine neue Version des mit Spannung erwarteten Fahrwerks geliefert haben, beklagt der neunfache Weltmeister den Mediendruck, der dazu führe, dass alle Beteiligten eher an morgen und nicht ans Heute dächten und vorschnelle Entscheidungen träfen.

Bereits im Frühjahr 2012 ringt sich Rossi dazu durch anzuerkennen, dass er gescheitert ist, und ein neues Kapitel aufzuschlagen. Doch erst im August wird offiziell bekannt gegeben, dass Rossi bei Ducati nicht verlängert – wenige Stunden bevor Yamaha mitteilt, dass das Wunderkind in den Schoß der Japaner zurückkehrt. Jeremy Burgess ist der Meinung, dass die unglückliche Ehe so enden musste. „Preziosi war mit dem erklärten Wunsch angetreten, mit Rossi ein leistungsstarkes Motorrad zu entwickeln, das für jeden Rennfahrer taugt", berichtet der australische Techniker. „Passiert ist zwei Jahre lang nichts. Wenn es bei Honda oder Yamaha Schwierigkeiten gab, bekamen wir für jedes Rennen ein neues Chassis. Die Entwicklungsarbeit muss in der Praxis und auf der Strecke stattfinden und nicht nur am Computer. Die italienischen Ingenieure sollten einmal mit den Japanern zusammenarbeiten, damit sie erkennen, was ihnen fehlt, um erfolgreich zu sein. Die Leute bei Ducati sind super, aber die Strukturen sind nicht optimal, weil es an Mitteln und Möglichkeiten fehlt. Außerdem glaube ich, dass Valentino und Filippo letztlich beide nie verstanden haben, was der andere meinte." Bei Ducati ist man der Auffassung, dass Rossi zu rasch aufgegeben hat. Manche meinen auch, Domenicali und Preziosi hätten nie akzeptieren dürfen, dass der neunfache Weltmeister sein Technikteam mitbringt. „Sie waren zu stark voreingenommen", meint Cecchinelli. „Sie hatten eine andere Arbeitsweise und haben nie wirklich versucht, den Betrieb und die Philosophie von Ducati zu verstehen und sich anzupassen." Das mag wohl sein, andererseits sollte nicht in Vergessenheit geraten, dass Stoner mit der Desmosedici 2010 zwar zweimal gewann, aber auch sehr oft stürzte. „Auch für ihn war es schwierig", gibt Randy Mamola zu bedenken. „Dass Casey 2007 den Titel holte, hatte er seinen Bridgestone-Reifen und der Überlegenheit des Ducati-Motors zu verdanken. Dann haben Honda und Yamaha ihren Rückstand aufgeholt. Ehe Ende 2013 Dall'Igna Rennchef wurde, war mit Ducati überhaupt nichts mehr los." Der amerikanische Ex-Rennfahrer, der mit den internen Abläufen bei dem italienischen Hersteller und bei Philip Morris bestens vertraut ist, weil er die Kunden des Tabakriesen auf seinem Desmosedici-Zweisitzer spazieren fährt, kann nachvollziehen, warum es Rossi schwer fiel, sich in die Ducati-Strukturen einzufügen. „Valentino ist eine zu starke Persönlichkeit, um sich in ein bloß ausführendes Organ zu verwandeln", meint Mamola. „Schon nach kurzer Zeit gab es Reibungen. Damit so ein Projekt funktioniert, muss der Pilot das perfekte Feeling für sein Motorrad haben. Aber er muss sich auch mit den Leuten gut verstehen, die ihn umgeben und mit denen er zusammenarbeitet. Auf diesem Wettkampfniveau ist es so: Wenn auch nur irgendwo Sand im Getriebe ist, klappt es nicht." Carlo Pernat ist der Meinung, dass Rossi zum falschen Zeitpunkt zu Ducati kam – entweder zu früh oder zu spät. „2010 hatte Stoner die Sache vor die Wand gefahren", meint der Manager aus Genua. „Bevor der Australier bei Ducati anheuerte, taugte die Desmosedici für alle Piloten. Um dem sehr speziellen Stil von Stoner gerecht zu werden, schlug Preziosi bei der Entwicklung jedoch eine falsche Richtung ein. Stoner erzielte zwar gute Ergebnisse, aber gerade weil alles so gut lief, hat man sich ein bisschen zu sehr auf seinen Lorbeeren ausgeruht. Da konnte Valentino das Steuer nicht herumreißen."

Dennoch bewahrt sich Rossi während der beiden Saisons bei Ducati seine Gelassenheit und behält die Nerven. „Es hätte auch zum großen

Knall kommen können“, betont Alex Briggs. „Es gab wirklich heftige Spannungen. Sogar unsere Gruppe hätte sich entzweien können, aber das Gegenteil war der Fall: Das alles schweißte uns noch mehr zusammen und machte uns noch stärker. Wir und Valentino waren eine Einheit. Das hat ihm sicher geholfen, seinen Frust zu bewältigen und die Kritik wegzustecken, die auf ihn einhagelte. Trotzdem war es für uns ein Glücksfall, dass wir danach zu Yamaha zurückkehren konnten.“ Rossi lässt kein böses Wort über seine Arbeitgeber verlauten, nimmt seine Fehler und sein Leistungsdefizit auf die eigene Kappe und übernimmt in der Öffentlichkeit seinen Teil der Verantwortung für alles, was nicht rund läuft. Davide Brivio findet lobende Worte. „Es ist mit Sicherheit nicht leicht, sich um den sechsten oder siebten Platz zu prügeln, wenn man schon neun WM-Titel und über 100 Grand-Prix-Rennen gewonnen hat“, sinniert Brivio. „Bei Ducati hat Valentino auf jeden Fall eine beachtliche Professionalität unter Beweis gestellt. Er hat nicht die Segel gestrichen und sich nie öffentlich beklagt. Er hat seine Enttäuschung und Frustration mit sich selbst abgemacht. Er wurde viel kritisiert; ihm wurde vorgeworfen, er gebe nicht das Maximum. Er hat nie versucht, sich herauszureden. Er hat seine Würde bewahrt. Trotzdem war es eine sehr harte Zeit. Ich habe diese beiden Saisons an seiner Seite miterlebt und weiß, was er durchgemacht hat.“

IX.
HASE UND TURTLE

„Ich höre immer wieder, ich sei ein Glückspilz, mein Leben stehe unter einem guten Stern und der Erfolg sei mein treuer Begleiter – vor allem wenn ich in meiner Karriere wichtige Entscheidungen treffen musste. Es heißt, ich hätte immer das jeweils beste Motorrad und immer das beste Team gehabt. Mit der Zeit habe ich gelernt, solche Äußerungen hinzunehmen, die oft sarkastisch gemeint sind. Schon als ich noch in der Sport Production unterwegs war und aus purem Vergnügen Motorrad fuhr, wurde mir vorgeworfen, ich sei privilegiert und hätte alle möglichen Vorteile. Im Laufe der Jahre habe ich mich daran gewöhnt. Bis zu einem gewissen Punkt habe ich mich auch an den Neid gewöhnt. Das Glück ist die eine Seite der Medaille. Ich habe ja wirklich Glück, und wie bei jedem anderen macht das Glück einen Teil meines Erfolgs aus. Ohne Glück geht es nicht. Aber das Glück zieht seine Kraft und seine Nahrung auch aus den Entscheidungen, die man trifft. Und was das angeht, finde ich, dass ich in meiner Karriere in den richtigen Momenten die richtigen Entscheidungen getroffen habe. Ich hatte Erfolg nicht nur, weil ich Glück hatte, sondern auch, weil ich darauf hinarbeite und den Boden für den Erfolg bereite. Darauf habe ich viel Zeit verwendet. Außerdem habe ich darauf geachtet, immer die richtigen Leute um mich zu scharen – Menschen, die sich als Begleiter auf dem Weg zum Erfolg eignen. Deswegen ist für mich Teamverständnis so wichtig. Und das hat mit Glück nicht das Geringste zu tun."

Unterhalb des Bauchnabels hat sich Valentino Rossi ein Schildkröten-Tattoo stechen lassen. Das Tierchen sieht exakt so aus wie das, das ihm sein Freund Uccio zu seinem Grand-Prix-Debüt in der 250-cm^3-Klasse schenkte: eine kleine Schildkröte aus Weichgummi, die man in der Hand knetet, um sich zu entspannen. „Damals lief nichts so, wie es sollte", erinnert sich Vale. „Ich war immer ziemlich angespannt. Da hat Uccio mir diese Schildkröte geschenkt und gesagt, dass sie mir helfen wird, Stress abzubauen." Das Tier bekommt von Aldo Drudi ein etwas anderes Design verpasst und wird Teil des Rossi-eigenen Symbolbestandes. Die Schildkröte gehört übrigens von Anfang an zu Rossis Fundus. Als er elf ist, schenkt ihm seine Mutter wenige Tage vor seinem ersten Pocket-Bike-Rennen einen Ninja-Turtle aus Plüsch, nachdem er im Supermarkt einen Aufstand gemacht hat. Irgendwann klebt er die Figur an seinen Helm. Da sie ihm Glück bringt, fährt er seine Rennen, bis er 13 ist, mit dem Ninja-Turtle am Helm. Noch heute hat er einen Ehrenplatz in Rossis Wohnmobil. Abergläubisch sind viele Rennfahrer, aber bei niemandem ist der Aberglaube so stark ausgeprägt wie bei Valentino Rossi. Der neunfache Weltmeister kann diese Eigenheit schwerlich verbergen, Rituale und kleine Fimmel prägen sein Verhalten beim Grand Prix unübersehbar. Nie weicht er vor einem Training oder Rennen von dem Ablauf ab, den er sich über die Jahre als Reaktion auf Erfolge und Fehlschläge selbst auferlegt hat. Immer auf die gleiche Art und Weise reibt er sich die Augenwinkel, feuchtet vor dem Einsetzen der Ohrstöpsel einen Finger an, spielt an seinen Ohrläppchen oder auch an den Ohren herum, zupft an seinen Handschuhen, rückt seinen Helm zurecht, hockt sich neben sein Motorrad, fasst mit beiden Händen die Fußraste an und murmelt irgendetwas vor sich hin. „Damit weite ich meinen Rennanzug", sagt er zur Erläuterung. Das gleiche Ritual wiederholt er vor dem Start. Beim Aufbruch in der Boxengasse richtet sich Valentino auf und zupft seine Lederkombi vorne und hinten zurecht. Auch ein kurzer Griff an die Genitalien darf nicht fehlen – in Italien ein Pflichtritual, mit dem man das Schicksal besänftigt, zum Beispiel wenn einem eine schwarze Katze über den Weg läuft oder ein Leichenwagen vorbeifährt. Feste Regeln befolgt Rossi auch, wenn er von seinem Motorrad absteigt. Während ein Mechaniker von vorne die Maschine festhält, stellt er zuerst den linken Fuß auf den Boden und schwingt dann das rechte Bein über den Tank und die Verkleidungsscheibe. Uccio kennt diese Abläufe auswendig. Er weiß zu berichten, dass sich Valentinos Aberglaube vor allem bei Grand-Prix-Rennen zuspitzt, aber hinterher auch wieder nachlässt: „Abseits der Rennstrecke kommt er schnell wieder zurück auf den Teppich, aber sobald er einen Fuß auf einen Circuit setzt, geht es los.“ Rossi besitzt ein bestimmtes T-Shirt für jedes Training und trägt bei Rennen stets dieselben Socken. Bei Rennen auf italienischem Boden präsentiert er immer ein spezielles Helmdesign.

In seinem Wohnmobil, im Lkw des Yamaha-Teams und in dem Container, der ihm bei Rennen in Übersee als Umkleideraum dient, muss sich alles genau am festgelegten Platz befinden, zum Beispiel die Plüschmaskottchen oder sein Ausweis, seine Armbänder, seine Uhr, seine persönlichen Gegenstände. Die Getreuen müssen darauf achten, dass nichts fehlt. Für die Dekoration von Rossis Motorrad gelten ebenfalls genaue Vorschriften. Kein Aufkleber darf vergessen werden. „Dass ein Aufkleber schief angebracht ist, geht gar nicht“, erläutert Bernard Ansiau, einer seiner Mechaniker. „Er sieht alles und lässt nichts durchgehen – auch nicht eine leicht schiefe Abdeckung eines Bremsflüssigkeitsbehälters.“ Mitunter ändert Valentino seine Marotten auch oder entwickelt sie weiter. „Lange Zeit legte er sich, wenn er eine neue Lederkombination zum ersten Mal anzog, in der Garage ausgestreckt auf den Boden, und die anderen mussten an seinen Füßen ziehen, damit der Rennanzug über den Boden schrappte, bevor er auf die Piste ging“, berichtet Ansiau weiter. „Einmal ist er bei der Ausfahrt aus der Boxengasse gestürzt, obwohl alle Anweisungen strikt befolgt wurden. Da war er echt bedient.“ Viele Jahre war es Rossis Gewohnheit, seine Getreuen in eine Bar in Tavullia einzuladen, bevor er bei einem Grand-Prix-Rennen an den Start ging. Der Anfang dieser rituellen Treffen, die mit der Losung ‚Kabbalah!‘ einberufen wurden, lag in Rossis Zeit in der 250-cm^3-Klasse. Damals saß Valentino am Tag vor einem Rennen, das er dann gewann, mit Uccio, Albi, Palazzi und Piwi im Lokal eines Freundes beisammen, um das eine oder andere Gläschen zu leeren. Vor dem nächsten Rennen gab es keine solche Zusammenkunft, und Valentino vergeigte. Danach führte für den Stamm kein Weg mehr daran vorbei, dem Kabbalah-Ruf zu folgen.

Manche Nationen sind für die Zeichen des Schicksals empfänglicher als andere. Italiens Kultur – angefangen mit dem Alten Rom – ist durchzogen von heidnischen Praktiken. Die vielen Naturkatastrophen auf der Halbinsel haben ihren Teil zur Verbreitung solcher Rituale beigetragen, die im Alltag des italienischen Durchschnittsbürgers fest verankert sind. Insbesondere in Neapel, das seit dem Mittelalter zu den größten Städten des Landes gehört, überlebten viele alte Bräuche. Daran hat zweifellos die Nähe des todbringenden Vesuv einen großen Anteil, der jederzeit ohne Vorankündigung ausbrechen kann. Die sogenannten *smorfie* – Zahlenorakel, nach denen die 7 eine Glückszahl ist und die 17 Unheil bringt – sind aus grauer Vorzeit überliefert. Sie schaffen Bedeutungszusammenhänge, die sich den Gesetzen des Verstandes nicht fügen, aber für viele Italiener Wirklichkeit sind. Ein anderes Beispiel ist die linke Hand, die als böse Seite galt. In dem italienischen Wort *sinistra* (links) schwingt noch heute die Bedeutung des lateinischen Wortes *sinister* (Unheil verkündend) mit. Vielerorts verband sich ein solcher Glaube mit frommen Vorstellungen und Heiligenverehrung, was ihm zusätzliches Gewicht verlieh. Der Aberglaube ist in weiten Teilen der Bevölkerung fest verankert. Gerade Sportler sind für derlei Dinge immer aufgeschlossen, und auch Rossi achtet stets aufmerksam auf Zeichen. Nach dem Großen Preis von Australien 2004 zum Beispiel, bei dem er zum sechsten Mal Weltmeister wurde, lud Vale seine Vertrauten in ein Restaurant in Cowes ein. „Wir saßen bei Tisch", erzählt Paride. „Als es ans Bezahlen ging, fragte Vale, wie viele wir sind. Stefania, seine Mutter, sagte spontan: 17. Als sie das entsetzte Gesicht ihres Sohnes sah, korrigierte sie sich sofort und schob hinterher: Ich meine, insgesamt – mit Luca – sind wir 18. In solchen Dingen versteht er keinen Spaß." Es scheint, als bräuchte das Genie aus Tavullia ungeachtet seines Talents und Erfolgs bis heute eine gewisse Beruhigung und Bestärkung durch höhere Mächte.

Zu Beginn der Saison 2012 hat Valentino allen Grund, die Kräfte des Guten anzurufen in der Hoffnung, das Schicksal auf seine Seite zu zwingen, denn es ist völlig offen, wie es mit ihm weitergeht. Dem Italiener ist inzwischen klar, dass er mit der Ducati Desmosedici auf keinen grünen Zweig kommt. Wird er sich etwa mit 33 Jahren zur Ruhe setzen? Diese Befürchtung haben zumindest einige, die ihm nahestehen. „Diese Zeit war für ihn echt schwierig", betont Aldo Drudi. „Er hatte nicht mehr dieses Leuchten in den Augen, das wir seit jeher von ihm kannten. Er litt und schien den Spaß am Rennbetrieb verloren zu haben. Wir fragten uns, ob er noch an sich glaubt." Valentino wird ihnen die Sorge bald nehmen. Sich mit einem Misserfolg aus dem Grand-Prix-Zirkus zu verabschieden, kommt für den neunfachen Weltmeister nicht infrage. „Seine Leidenschaft für Motorräder und für den Rennbetrieb war ungebrochen“, weiß Davide Brivio. „Er wollte sich den Spaß am Fahren zurückerobern. Um Resultate ging es ihm nicht. Es ging ihm darum, diese Freude wieder zu erleben.“ Dafür gibt es nur eine Lösung: Er muss ins Yamaha-Team zurückkehren, das er zwei Jahre zuvor verlassen hat, auch auf die Gefahr hin, dass er sich ein Rennwochenende nach dem anderen Jorge Lorenzo geschlagen geben muss, der inzwischen MotoGP-Weltmeister ist. „Das scherte ihn nicht“, berichtet Brivio weiter, „er wollte einfach wieder seinen Spaß auf einem MotoGP-Bike haben.“ Da Ben Spies seit seinem Debüt auf der Yamaha-Werksmaschine mit Schwierigkeiten zu kämpfen hat, ist der Gedanke an Rückkehr nicht abwegig. Außerdem ist Valentino Rossis Marktwert immer noch hoch, auch wenn er nicht mehr an der Spitze liegt. Muss nur noch Lin Jarvis überzeugt werden, mit dem er sich 2010 zerstritten hat, als er sich weigerte, auf seinen Status als Rennpilot Nummer eins zu verzichten. Der Chef von Yamaha Motor Racing hat deswegen zwar ein etwas unterkühltes Verhältnis zu seinem früheren Rennpiloten, aber mit Claudio Sanchioni, der seit der Trennung von Gibo Badioli das komplette Vertragsmanagement für den italienischen Rennfahrer abwickelt, versteht er sich bestens. „Wir sind immer in Kontakt geblieben“, verrät Jarvis. „Ich schätze Claudio Sanchioni als intelligenten Mann mit sehr weitem Horizont. Er ist mit der Nachricht an mich herangetreten, dass Valentino nichts dagegen hätte, wieder auf eine Yamaha zu steigen. Das war kein Ding der Unmöglichkeit, aber das eine oder andere Hindernis musste erst einmal aus dem Weg geräumt werden.“

Wenn Rossi zur Marke mit den drei Stimmgabeln im Logo zurückkehren will, muss er auf jeden Fall bereit sein, sich wieder mit Jarvis zu verständigen. Er muss sich mit dem Gedanken anfreunden, dass er nur der Teamkollege von Jorge Lorenzo sein wird, seine Einstellungen teilen muss und viel weniger verdienen wird als früher. Außerdem ist nicht denkbar, dass er wieder die ganze Mannschaft zu Yamaha mitbringt, die ihm damals zu Ducati gefolgt ist. „Seit seinem Weggang hatte sich bei uns jede Menge verändert“, so Jarvis weiter. „Das Team war auf verschiedenen Ebenen umgebaut worden, und es kam nicht infrage, das alles wieder zu verändern.“ Rossi ist zwar nicht mehr in einer Position der Stärke, denn niemand glaubt, dass er noch einmal in den Kampf um den

WM-Titel eingreifen kann, aber den einen oder anderen Trumpf hat er doch noch im Ärmel, zumal der japanische Hersteller seit über einem Jahr händeringend einen Titelsponsor sucht. „Unsere gemeinsame Geschichte war mit einem Missverständnis zu Ende gegangen", stellt der britische Teammanager fest. „Alle hatten das Gefühl, dass man das Verhältnis wieder reparieren und das Abenteuer, mit dem Yamaha in die Erfolgsspur zurückfand, zu einem anderen Abschluss bringen musste. Seine vier Weltmeistertitel mit der M1 hatten etwas Würdigeres verdient als diesen Bruch. Seine Rückkehr zu uns bot also auch die Chance, das wieder in Ordnung zu bringen. Natürlich rechneten wir damit, dass er ein bestimmtes Niveau in der Rangliste wieder erreichen könnte. Dass er es noch einmal schaffen könnte, Jorge Konkurrenz zu machen, glaubte allerdings niemand."

Valentino akzeptiert zwar ohne Weiteres, dass er weniger verdient als sein Teamkollege, dessen Weltmeisterstatus er anzuerkennen hat, aber er kämpft beherzt dafür, dass er wieder möglichst viele seiner Getreuen mitbringen kann – vor allem sein Technikteam, das ihn seit seinem Debüt in der Königsklasse betreut. Seit Beginn seiner Rennfahrerkarriere hat Rossi immer großen Wert auf die Qualität und das Engagement seiner Techniker gelegt. Als Carlo Pernat ihm seinen ersten Dreijahresvertrag mit Aprilia anbietet, setzt Valentino alle Hebel in Bewegung, damit er mit dem Team von Mauro Noccioli zusammenarbeiten kann. Der Sportchef des Herstellers aus Noale hatte geplant, ihn in das Team Italia aufzunehmen. „Mit Noccioli hatte ich immer ein schnelles und zuverlässiges Motorrad", betont Rossi. „In der Zeit von der Italien-Meisterschaft bis zu meinem Weltmeistertitel hatte ich nie Grund, mich über mein Material zu beklagen. Wenn es darum ging, den Einzylindermotor der Aprilia 125 einzustellen, war er einfach unschlagbar." Nach seinem Wechsel in die 250-cm^3-Klasse fordert Valentino, dass er mit Rossano Brazzi zusammenarbeiten kann. „Noccioli war ein bisschen zu patriarchalisch geworden", erläutert er. „Ins gleiche Horn stießen dann auch noch die Mechaniker, die mit ihm zusammenarbeiteten. Einer nach dem anderen fingen sie an, mir Tipps zu meinem Fahrstil zu geben. Das war für mich schon immer inakzeptabel. Jeder soll seine Arbeit machen und sich nicht in die Arbeit der anderen einmischen. Noccioli hatte die fixe Idee entwickelt, dass ich beim Lenken des Motorrads die Füße zu wenig einsetze. Auf jeden Fall hatte ich das Gefühl, dass mit dem ersten Weltmeistertitel ein Kapitel meiner Karriere abgeschlossen war. Ich musste ein neues aufschlagen und dafür eine neue Grundlage schaffen." Zu diesem Zweck schneidet er sich die Haare kurz – während seiner Lehrsaison mit der Aprilia 250 wird er mit verschiedenen Frisuren und Haarfarben experimentieren und sich schließlich den Schädel rasieren – und wechselt das Team. Dass er sich für die Saison 1998 Brazzi an seine Seite wünscht, liegt daran, dass der bei Aprilia hohes Ansehen genießt und mit Loris Reggiani und Doriano Romboni gearbeitet hat, die Rossi kennt, achtet und schätzt. „Rossano ist genau der Technikertyp, zu dem man rasch Vertrauen fasst. So ging es mir auch." Als Rossi 1999 mit Honda über den Wechsel in die 500-cm^3-Klasse verhandelt, bringt er bald den Namen Jeremy Burgess ins Spiel. Der steht bei Honda hoch im Kurs und kennt die NSR 500 bis ins kleinste Detail. Als klar ist, dass Doohan seine Karriere beenden muss, setzt der Italiener alles daran, sich den Techniker zu sichern, mit dem der Australier seine fünf WM-Titel gewonnen hat. Daraufhin arbeiten Burgess und Rossi 14 Jahre lang Seite an Seite. Als Rossi Jarvis bittet, auch Burgess und seine Mechaniker wieder aufzunehmen, zögert der nicht lange, denn er weiß, wie wertvoll, zuverlässig und einsatzbereit sie sind. Dass Max Montanari das Kommando in der Yamaha-Hospitality übernimmt, kommt für den britischen Manager dagegen nicht infrage. Er möchte die Fahrerlagerbetreuung nicht mehr in die Hände der Clique aus Tavullia geben. Damit kann Valentino leben, denn seinen „Kammerdiener" kann er allemal aus eigener Tasche bezahlen. „Nach Klärung dieser Frage waren wir uns in allen Punkten einig", erzählt Jarvis.

Offiziell bekannt gegeben wird Valentino Rossis Rückkehr zu Yamaha Anfang August 2012. Am Tag vor dem Großen Preis von Indianapolis erklärt sich der neunfache Weltmeister bei einer Pressekonferenz. „Ich habe über diese Entscheidung lange nachgedacht", beginnt er. „Im kommenden Februar werde ich 34. Meine Karriere neigt sich dem Ende zu. Ich wollte wieder auf einer leistungsstarken Maschine fahren, Spaß haben und mich im Kampf um die vordersten Plätze zurückmelden. Dafür ist die Yamaha meiner Meinung nach das richtige Motorrad. In meinem Alter kommt es darauf an, dass man es genießt, auf die Rennstrecke zu gehen."

Zu seinen Zielen äußert er sich nur vage. „Ich muss erst einmal herausfinden, ob ich noch in der Lage bin, mir eine Poleposition zu erkämpfen und aufs Podest zu klettern. Ich meine das ganz ehrlich: Im Augenblick weiß ich wirklich nicht, wo ich nach den beiden vergangenen Saisons stehe. Seit zwei Jahren gibt es mit Lorenzo, Pedrosa und Stoner drei Piloten, die sich deutlich vom Hauptfeld abgesetzt haben. 2010 habe ich mit ihnen um die Spitze gekämpft und gehörte zu den Top-Fahrern. Das ist inzwischen nicht mehr der Fall. Ich hoffe, dass ich mit der M1 wieder einer der Ihren werde." Birgt die Rückkehr des italienischen Stars nicht das Risiko, dass die Spannungen im Yamaha-Team wieder aufleben? „Die Gefahr besteht", meint Carlo Pernat. „Manch einer fragt sich vielleicht, warum Lorenzo sich seinen Teamkollegen nicht ausgesucht hat, als er mit dem lukrativen Angebot von Honda im Rücken mit Jarvis einen neuen Vertrag aushandelte. Jorge hätte seine Bedingungen diktieren können, so wie Rossi 2006, als er Edwards den Vorzug vor Stoner gab." Der Spanier macht von dieser Möglichkeit keinen Gebrauch, was ihn sehr ehrt. Zum einen hat er sich aus Flügelkämpfen immer herausgehalten, zum anderen kann Rossi für ihn der Ansporn sein, den er Ende des Jahres wegen Stoners Rückzug verlieren wird. Hinzu kommt, dass er – anders als der Australier – dem Italiener stets Respekt und Wertschätzung entgegengebracht hat. Das ist Rossi bewusst: „Das stimmt, und ich danke ihm für die positive Aufnahme. Ich bin sicher, dass wir ein gutes Team für Yamaha bilden können." Casey Stoner auf dem Rückzug, Marc Márquez als Debütant in der MotoGP-Klasse und Andrea Dovizioso auf einer D16, die er erst einmal bändigen muss – in dieser Gesamtsituation kann sich Valentino Hoffnungen machen, es wieder auf das Podest zu schaffen. Wilco Zeelenberg ist jedenfalls sehr zuversichtlich: „Valentino dürfte Mühe haben, Jorge und Dani regelmäßig zu schlagen, aber er ist auf jeden Fall gut dabei", meint der Yamaha-Teammanager. „Ich schaue ja immer vom Streckenrand zu und habe in den letzten zwei Jahren gesehen, wie sehr er sich mit der Ducati abgemüht hat. Es war ganz offensichtlich, dass er nicht in seinem Element war. Man merkte genau, dass er sein Potenzial nicht mehr zu 100 Prozent abgerufen hat. Er wollte kein Verletzungsrisiko auf sich nehmen, um am Ende auf dem fünften Platz zu landen. Unsere Yamaha hat zwar inzwischen einen anderen Motor, aber die Philosophie ist noch die gleiche wie zu der Zeit, als Rossi uns verließ. Er fand die M1 toll und wird mit dieser Maschine bestimmt nicht fremdeln. Für Valentino steht der Spaß am Fahren im Vordergrund. Er ist zwar nicht mehr der Jüngste, aber er ist ein Naturtalent und wird sich deswegen den Rang erkämpfen, der ihm zusteht." Noch optimistischer ist Jeremy Burgess. Er sieht Rossi schon in der kommenden Saison als Titelanwärter. „Manch einer wird sich wundern", prophezeit der Australier.

Beim ersten Rennen der Saison 2013 belegt Rossi in Katar den zweiten Rang hinter seinem Teamkollegen Lorenzo und landet damit in der Tat gleich den ersten Coup, dem er allerdings selbst nicht allzu viel Gewicht beimisst: „Ich weiß, dass ich nicht mehr der Beste bin", erklärt er mit demonstrativer Bescheidenheit. „Ich bin älter geworden und habe die automatischen Abläufe bei der Yamaha noch nicht alle wieder drauf. Im Vergleich zu Piloten wie Jorge und Pedrosa oder auch Márquez wird die Saison für mich keine leichte Übung werden. Ich bin schon sehr zufrieden, wenn ich mich im Wettkampf mit ihnen messen kann." Der weitere Verlauf gestaltet sich für den Yamaha-Piloten tatsächlich ein wenig schwieriger: Er hat Mühe, mit Lorenzo und Pedrosa, aber auch mit Márquez mitzuhalten, der ein spektakuläres Debüt in der MotoGP-Klasse hinlegt. „Mir fehlen drei Zehntel pro Runde", konstatiert Rossi nüchtern. In Mugello möchte sich der Italiener trotz eines Qualifyings, das seine Tücken hat, liebend gerne einen Platz auf dem Podest erobern und so die Verbundenheit mit seinem Publikum wieder aufleben lassen. Zur Feier des Tages hat Aldo Drudi für ihn einen Helm mit seinem Lieblings-Turtle angefertigt – eine selbstironische Deko, denn außer der Schildkröte sind drei kleine Männchen abgebildet, die der Fassade der Osteria degli Ultimi in Tavullia entlehnt sind und das Trio Pedrosa, Márquez, Lorenzo darstellen, dem Rossi inzwischen hinterherfährt. Die Schildkröte, die schon für die italienische Rennsportlegende Tazio Nuvolari ein Talisman war, ist ihm in Mugello leider keine große Hilfe. Ganz kurz nach dem Start des Großen Preises von Italien kommt er zwischen der Luco-Kurve und der Poggio-Secco-Kurve durch Alvaro Bautista von der Fahrbahn ab. Zwei Wochen später wird Valentino in Katalonien Vierter mit weniger als sechs Sekunden Rückstand auf Lorenzo, der bereits seinen dritten Saisonsieg in der WM einfährt. Am 29. Juni gelingt ihm in Assen, wo er 1998 seinen ersten Erfolg in der 250-cm^3-Klasse feierte und 2009 seinen 100. Grand-Prix-Sieg errang, sein erster Triumph seit dem Großen Preis von Malaysia 2010. Daraufhin begibt sich 1500 Kilometer von Assen entfernt Don Cesare Stefani, der Dorfpfarrer von Tavullia, zum Campanile und läutet mit ohrenbetäubendem Getöse die Kirchenglocken. „Die Glocken läuteten über 20 Minuten", gibt Fanclub-Präsident Flavio Fratesi amüsiert zu Protokoll. „Man muss dazu sagen, dass unser Pfarrer drei Jahre warten musste, bis er mal wieder einen Erfolg von Valentino nach Herzenslust zelebrieren konnte." Über den Lärm beschwert sich niemand. Mit seinen 90 Jahren ist Don Cesare nach wie vor einer der größten Fans des Jungen aus dem Dorf, den er aufwachsen sah und dessen Laufbahn er von den ersten Fahrradkunststücken bis zu seinen neun WM-Titeln miterlebt hat.

Bei diesem Großen Preis der Niederlande fährt Valentino zwei Sekunden vor Marc Márquez ins Ziel. Der dritte Mann auf dem Podest ist Cal Crutchlow vom Monster Yamaha Tech3 Team. „Nach den schwierigen Zeiten, die ich hinter mir habe, war ich nicht sicher, ob ich das schaffe", erklärt der Italiener, als er im Parc Fermé seinen Helm abnimmt. „Über den Podestplatz in Katar habe ich mich sehr gefreut, denn aufs Podest zu kommen, hatte ich mir ja bei meiner Rückkehr zu Yamaha als Ziel vorgenommen. Danach wurde es allerdings erst einmal schwieriger. Ich fand nicht das Front-Feeling, das ich suchte. In den Tests, die wir nach dem Großen Preis von Katalonien gemacht haben, konnten wir neue Sachen ausprobieren, die sich als sehr positiv erwiesen haben. Nachdem ich in Aragon gut gefahren bin, brannte ich auf den Praxistest dieser neuen Einstellungen in Assen. Ich blieb in allen Trainings am Ball, und zum ersten Mal seit langer Zeit haben wir nach dem Warm-up nichts mehr an dem Motorrad verändert." Direkt im Anschluss an diesen historischen Sieg schafft der Italiener es auch am Sachsenring und in Laguna Seca aufs Podest und profitiert dabei von Lorenzos Verletzung, der sich das Schlüsselbein bricht. Als sich sein Teamkollege wieder zurückmeldet, fährt Valentino ein ums andere Mal hinter dem spanischen Trio auf Rang 4. Offensichtlich hat er die zwei bis drei Zehntelsekunden, die er seit seiner Rückkehr an den Lenker der Yamaha M1 sucht, noch nicht wiedergefunden. Um dieses Ziel zu erreichen, beschließt er am Ende der Saison, Jeremy Burgess durch Silvano Galbusera zu ersetzen.

Der Bruch zwischen dem italienischen Piloten und dem australischen Techniker sorgt für großes Aufsehen. Nach 14 Jahren, in denen sie sieben Titel holten, erschien das Duo unzertrennlich. Das dachte auch Burgess, bis er vor dem Großen Preis von Valencia aus heiterem Himmel erfährt, dass sein Rennpilot vorhat, ihm zu kündigen. „Ich bin enttäuscht, aber ich verstehe, dass Valentino sich eine Veränderung wünscht, um einen Ausweg zu finden", kommentiert Jeremy nüchtern. „Das ist so, wie wenn eine Fußballmannschaft nicht mehr gewinnt. Früher oder später kommt der Zeitpunkt, wo man den Trainer wechselt. Ich habe genug Sportlerbiografien gelesen, um zu wissen, dass es der Coach ist, den man entlässt, wenn man auf einen neuen Impuls oder einen Elektroschock aus ist." Rossi bedauert, dass seine Entscheidung an die Presse durchgesickert ist, bevor er sie Burgess mitgeteilt hat. Zur Begründung führt er an, dass er sein Grand-Prix-Abenteuer unbedingt fortsetzen wolle, aber nicht mehr sicher sei, dass Burgess diesen Wunsch teile. Vertrauten gegenüber hatte sich Valentino genervt darüber geäußert, dass sein Chefmechaniker nach den Trainingstagen die Garage immer früher verließ und zu wenig Zeit in die Computertechnik und Datenerfassung investiert hätte. Vor der Presse argumentiert er so: „Ich bin an einem entscheidenden Punkt in meiner Karriere angelangt. Ich habe ihm nichts vorzuwerfen, aber ich musste eine Veränderung herbeiführen, um neuen Schwung zu bekommen. Jeremy und ich haben zusammen Großartiges bewerkstelligt, und jeder weiß, dass ich seine Ruhe und Gelassenheit nach wie vor schätze. Aber jetzt muss ich etwas Neues in Gang bringen." Um die neue Herausforderung erfolgreich zu meistern, bemüht Rossi Silvano Galbusera, einen engen Vertrauten von Massimo Meregalli, dem Chef des Yamaha Racing Teams, der lange in der Superbike-Klasse gearbeitet hat – erst bei Yamaha und dann bei BMW, wo er 2012 Marco Melandri betreute. „Ich lernte Silvano im Sommer 2010 kennen, als ich nach meinem Beinbruch in Mugello meine Rückkehr in den Wettbewerb vorbereitete", erzählt Rossi. „Zusammen absolvierten wir in Misano und in Brno zwei Testläufe mit einem Yamaha-Superbike. Ich schätze Silvano als Mensch, aber auch seine Art zu arbeiten. Ich glaube, er kann mir helfen, die zwei oder drei Zehntelsekunden aufzutreiben, die mir in diesem Jahr gefehlt haben." Eine letzte Pokerrunde, die der Yamaha-Pilot noch nicht gewonnen hat.

Seit den ersten Trainingsläufen in Malaysia 2014 lässt Rossi durchblicken, dass der von ihm beschlossene Wechsel ihm helfen kann weiterzukommen. In Sepang liefert der Italiener die zweitbeste Zeit ab – hinter Márquez, aber vor Lorenzo. Die Yamaha-Ingenieure haben dafür gesorgt, dass die M1 beim Bremsen stabiler ist. Der neunfache Weltmeister kommt jetzt besser klar. „Alle sind hochmotiviert, und dass wir schon eine Saison mit der Yamaha hinter uns haben, hilft mir, einen Fuß auf den Boden zu bekommen“, versichert Valentino. „Im vergangenen Jahr habe ich monatelang an den Nachwirkungen meines Wechsels zu Ducati laboriert. Dieses Jahr sollte ich in der Lage sein, die Weltmeisterschaft unter besseren Bedingungen in Angriff zu nehmen. Mein Ziel ist es, am Ende näher bei meinen drei Gegnern zu landen und regelmäßig um einen Podestplatz zu kämpfen.“ Um das zu schaffen, muss er auch seinen Fahrstil weiterentwickeln und seine Yamaha auf die neuen Bridgestone-Reifen einstellen. Während sich Lorenzo schwertut, holt der Italiener reihenweise Podestplätze – ganz so, wie er es sich selbst versprochen hat. In Misano schafft er es sogar, Márquez in einen Fehler zu treiben und seinen ersten Saisonsieg einzufahren, zugleich der 106. Sieg seiner Grand-Prix-Karriere und der 81. Sieg in der Königsklasse. Ein Sieg, der eindeutig aussagekräftiger ist als der Sieg in den Niederlanden in der Vorsaison. „Ich hatte ganz schön Angst, dass ich dieses Jahr nicht würde gewinnen können“, erklärt er vor Tausenden von *Tifosi*, die sich in Misano versammelt haben, um ihn zu feiern. „Wenn man von meinen beiden Saisons bei Ducati absieht, habe ich in jeder Saison immer mindestens ein Rennen gewonnen, seit ich in der WM fahre. Und da Silvano noch nie eine Saison ohne Sieg erlebt hat, konnte ich mich nicht mit dem Gedanken anfreunden, es in diesem Jahr nicht zu schaffen. Zu Beginn der Saison habe ich gesagt: Ich will mindestens ein Rennen gewinnen und regelmäßig auf dem Podest stehen. Neunmal stand ich oben. Ich glaube, ich war noch nie so stark wie heute. Ich hatte fünf schwierige Saisons hintereinander, aber ich habe nie aufgegeben, sondern immer an mich geglaubt. Mir ist klar, dass es heute schwieriger ist, weil ich nicht mehr 20 bin, aber die Arbeit zahlt sich aus. Ich bin jetzt stärker als zu den Zeiten, als ich jedes Jahr zehn Grand-Prix-Rennen gewonnen habe. Das liegt daran, dass ich gegen jüngere Piloten antreten muss, die obendrein viel stärker sind als alle anderen Gegner, mit denen ich in meiner Karriere zu tun hatte.“ Mit 35 Jahren gibt sich Valentino Rossi somit alles andere als geschlagen, sondern schaltet vom Schildkröten- wieder ins Hasentempo.

X.
DAS PETER-PAN-SYNDROM

„Rennfahrer zu werden, war immer mein Traum. Der Druck, unter dem man auf der Rennstrecke steht, ist wie eine Droge. Wenn ich heute auf die Piste gehe, fühlt sich das für mich genauso an wie damals, als ich bei meinen ersten Grand-Prix-Rennen an den Start ging. Ich komme mir so vor wie die jungen Piloten in meiner Akademie, die rund 20 Jahre jünger sind als ich. Ich bin immer noch genauso begierig, motiviert und siegeshungrig, auch wenn ich zugeben muss, dass das Ende der Saison 2015 schmerzhaft war. Was bei den letzten drei Rennen in Australien, in Malaysia und in Valencia passierte, hat man im Motorradsport noch nicht erlebt. Die drei Wochen nach dem Ende der WM waren eine schwere Zeit. Ich fand es ungerecht, dass man mich um die Möglichkeit gebracht hatte, meinen zehnten Titel zu holen, der ja schon in greifbarer Nähe war. Ich hatte enorm viel investiert. Wenn du gewinnst, kommt die Energie danach schnell wieder zurück. Wenn du verlierst, ist das anders. Aber nach und nach habe ich verarbeitet, was passiert ist. Nach der Rallye in Monza zog ich einen Schlussstrich und richtete den Blick mit der gewohnten Kampfeslust – und mit der gewohnten Leidenschaft – wieder nach vorn."

Dieser Händedruck ging um die Welt: Am 5. Juni 2016 geht Valentino Rossi, der soeben den Großen Preis von Katalonien gewonnen hat, im Zielbereich der Rennstrecke auf Marc Márquez zu und besiegelt den Waffenstillstand in einem Krieg, den die beiden Männer seit fast acht Monaten gegeneinander führen. Genauer gesagt: seit jenem unseligen Großen Preis von Malaysia. Dort bedrängt der Spanier den Italiener so, dass der ihn beim Versuch, ihn nach außen zu drängen, unglücklich zu Fall bringt. Zwei Tage vor dem Sieg des Italieners in Barcelona ist Luis Salom nach einem Sturz im zweiten freien Training der Moto2-Klasse ums Leben gekommen. „Das alles ging mir in der Nacht vor dem Rennen durch den Kopf", erzählt Rossi, um zu erklären, warum er mit ausgestreckter Hand auf Márquez zuging. „Dieser Sport ist etwas Großartiges, und wir betreiben ihn mit großer Leidenschaft. Aber er ist auch sehr gefährlich. Da muss man nicht noch eins draufsetzen, sondern sollte normal miteinander umgehen. Das ist das Beste, was man tun kann, um sich seine Konzentration zu bewahren und sich von negativen Gefühlen nicht unterkriegen zu lassen." Zwar mag noch niemand so recht daran glauben, dass der Yamaha-Pilot wirklich bereit ist, die Vergangenheit ruhen zu lassen, aber alle hoffen, dass diese versöhnliche Geste die erhitzten Gemüter vieler Rossi-Fans besänftigen und den Buhrufen ein Ende setzen wird, die Márquez und Lorenzo seit Anfang der Saison über sich ergehen lassen müssen, sobald sie auf das Podium steigen. Rossi, der seinen zweiten Saisonsieg einfährt, erklärt sich sogar bereit, den Dialog mit seinem Teamkollegen wieder aufzunehmen. Die Voraussetzung: Der andere muss den ersten Schritt machen. „Zu Jahresbeginn hatte ich nicht vor, mit Lorenzo weiterhin auf Kriegsfuß zu stehen", versichert Valentino. „Seit meiner Rückkehr zu Yamaha bin ich mehrmals auf ihn zugegangen. Jetzt ist er am Zug."

Seitdem er 2013 zur Marke mit den drei Stimmgabeln im Logo zurückgekehrt ist, steht es mit den Beziehungen zwischen Rossi und seinen spanischen Kontrahenten nicht zum Besten. Der Ausgang der Saison 2015 hat die Lage nur noch verschärft. Trotz der ausgestreckten Hand in Barcelona ist der Italiener ganz offensichtlich weiterhin überzeugt, dass Márquez alles daran setzt, seinen zehnten Titelgewinn zu verhindern, dass er ihm seine Popularität neidet und beleidigt ist, weil er sich ihm 2015 in Argentinien und in den Niederlanden geschlagen geben musste. Auch Lorenzos nach unten gesenkten Daumen auf dem Podium in Sepang und die Äußerungen seines Teamkollegen hat er nicht verdaut. „Niemand soll mir vorhalten, ich wäre an allem schuld, nur wegen meiner Aussagen am Vortag", entgegnet er jenen, die meinen, er hätte es bei der Pressekonferenz vor dem Großen Preis von Malaysia nicht darauf anlegen dürfen, Márquez aus der Fassung zu bringen. „Es war vollkommen klar, dass er schon in Australien sein Rennen gegen mich gefahren hat. Man braucht doch nur die Zeiten zu analysieren." Wie auch immer – in Malaysia wird der Italiener dazu verdonnert, beim letzten Rennen der Saison 2015 in

Valencia aus der hintersten Reihe zu starten. Aus dieser Ausgangsposition kann er nicht verhindern, dass Lorenzo ihn hinter sich lässt und den Titel holt, der ihm schon so gut wie sicher schien, nachdem er in der Weltmeisterschaft vom ersten Tag an in Führung lag.

„Die Saison 2015 hätte seine Saison werden können", sagt Jeremy Burgess. Er hat es dem Champion nicht übel genommen, dass der, als es für ihn darum ging, sich die zwei oder drei Zehntel zu erarbeiten, die ihm fehlten, um mit seinen jungen spanischen Widersachern gleichzuziehen, Silvano Galbusera den Vorzug gab. „Er wechselte mich aus, um sich selbst unter Druck zu setzen. Damit er gar nicht anders konnte, als noch besser zu werden", meint Burgess. „Wenn ein Tennisspieler gegen Ende seiner Karriere den Trainer wechselt, will er damit nicht seine Technik verbessern, sondern sich selbst zum Erfolg verdammen, weil er beweisen muss, dass der Wechsel richtig war. Auf diesem Leistungsniveau sind die Champions so in sich gefestigt, dass sie den Fehler mit Sicherheit nicht bei sich suchen. Was unter Umständen hilft, ist ein verändertes Umfeld." Das Ergebnis gibt dem italienischen Piloten Recht. Mit 14 Podiumsplätzen – darunter vier Siege – legt Valentino Rossi 2015 seine beste Saison seit dem Wechsel zu Ducati fünf Jahre davor hin.

Nachdem er dennoch unter den bekannten Umständen von seinem Teamkollegen geschlagen wurde, ist dem neunfachen Weltmeister allerdings klar, dass er noch eine Schippe drauflegen muss, wenn er der Garde der jungen Spanier ernsthaft gefährlich werden will. Mit klarem Blick erkennt er, dass er seine Leistung auf der Rennbahn verbessern muss. Zwar verfehlt er den Titel nur um fünf Punkte, aber Lorenzo hat drei Grand-Prix-Rennen mehr gewonnen als er. Auch bei den Qualifyings muss Valentino besser werden. Zu oft muss er aus der zweiten Reihe starten, aber riskante Aufholjagden kann er sich nicht mehr erlauben – schon gar nicht gegen Widersacher, die so auf Zack sind wie Lorenzo und Márquez. Der MotoGP hat sich in den vergangenen Jahren massiv gewandelt. Die stärksten Fahrer sind mittlerweile in der Lage, über 30 Runden das Tempo zu halten. Der Italiener ist überzeugt: Er muss seine Zeiten im Qualifying verbessern und an seinem Startverhalten arbeiten, damit er genauso schnell vom Start wegkommt wie seine Gegner. Er hofft darauf, dass die Einführung der Einheitssoftware für die elektronische Motorsteuerung und der Umstieg von Bridgestone auf Michelin ihm helfen werden, seinen Rückstand zu verkürzen. Während der Winterpause 2015/16 beschließt er außerdem, sich von Luca Cadalora helfen zu lassen. Die Idee zu dieser Zusammenarbeit kam den beiden Italienern bei einer Begegnung am Rundkurs von Misano. Rossi und der frühere Weltmeister waren sich schnell handelseinig. „Was mich begeistert und überzeugt hat, waren sein technisches Wissen und sein Scharfblick", erzählt Valentino. „Seit ich Rennen fahre, habe ich noch nie mit jemandem gearbeitet, der mich vom Streckenrand aus beobachtet und mir Ratschläge gibt. Ich sagte mir, dass Luca dafür genau der Richtige sein könnte. Wir haben vereinbart, dass er zu den Wintertests kommt und wir es mal ausprobieren. Da es gut lief, haben wir beschlossen, dass er an meiner Seite bleiben wird." Yamaha engagiert Luca Cadalora, der damit für Rossi eine ähnliche Rolle übernimmt wie Wilco Zeelenberg für Jorge Lorenzo. Luca Cadalora entdeckt in Rossi jemanden, der sehr an Rückmeldungen interessiert und fest entschlossen ist, Lösungen für seine Probleme zu finden. „Valentino überrascht mich jeden Tag aufs Neue", sagt Luca. „Und zwar zunächst mal als Rennfahrer. Er ist klar besser als ich damals. Er ist als Pilot ein Alleskönner und hat keine Schwachstellen. Er kann sehr schnell fahren, auch wenn das Motorrad nicht optimal eingestellt ist. Das konnte ich nie. Außerdem finde ich es beeindruckend, wie präzise er das Verhalten seines Motorrads bis in die kleinsten Feinheiten hinein beschreiben kann. Bei alldem ist er sehr bescheiden. Trotz seiner neun WM-Titel ackert er sich die Seele aus dem Leib und gibt immer 100 Prozent. Valentino ist der Frankenstein der MotoGP – er hat die Entschlossenheit eines Eddie Lawson, die Fantasie eines Kevin Schwantz, das Improvisationstalent eines Wayne Rainey und den Kampfgeist eines Mick Doohan. Gleichzeitig hat er ein sehr gutes Gespür und geht mit allen, die um ihn herum arbeiten, ausgesprochen respektvoll um. Wenn ich ihn beobachte, verstehe ich, was mir in meiner eigenen Karriere gefehlt hat."

Nachdem er mit großem Fleiß und Eifer die Wintertests absolviert hat, geht Valentino mit einem vierten Rang in Katar in der WM wieder in die Offensive. Vor allem verlängert er zur allgemeinen Überraschung seinen Vertrag mit Yamaha um zwei weitere Saisons. Warum jetzt schon? „Weil ich Lust hatte weiterzumachen, und weil wir uns einig waren", sagt

Valentino Rossi. „Warum hätten wir warten sollen, wenn der Vertrag fertig auf dem Tisch liegt und Valentino ihn gerne unterschreibt?", fügt Lin Jarvis hinzu.

Natürlich ist der Vorgang auch ein Indiz für die durchtriebene Genialität des Italieners. Indem er schon vor dem ersten Grand Prix die Verlängerung seines Vertrags mit Yamaha bekannt gibt, schickt Valentino seinen Teamkollegen in die Seile. Schließlich hat Lorenzo in dem Glauben, Rossi werde sich zum Jahresende zur Ruhe setzen, seit Anfang 2016 lauthals verkündet, er wolle bis zum Karriereende bei Yamaha bleiben. Indem Rossi ihm zuvorkommt, zwingt er Lorenzo geradezu, sich zur nächsten Saison Ducati in die Arme zu werfen. Mit Maverick Viñales, der Lorenzo ersetzen soll, wird Valentino es zwar auch nicht leicht haben, aber er weiß, dass er mit diesem geschickten Schachzug einen seiner größten Rivalen für 2017 geschwächt hat. Im Übrigen ist es eine Genugtuung für den Italiener, der Yamaha Ende 2010 den Rücken gekehrt hatte, weil Lin Jarvis ihm nicht mehr die Privilegien einer Nummer Eins zusichern wollte. „Die Geschichte geht manchmal kuriose Umwege", kommentiert Jarvis. „Ehrlich gesagt: Niemand hätte gedacht, dass Valentino sich noch einmal auf dieses Niveau hocharbeitet. Er hat unsere Erwartungen übertroffen. Er ist jemand, der immer an sich glaubt. Das ist eine seiner großen Stärken. Für Jorge wurde es schwierig, mit ihm auszukommen. Valentino hat ein einnehmendes Wesen, und als dreifacher Weltmeister kommt man nicht unbedingt damit zurecht, dass sich das Publikum und die Medien immer nur auf den Kollegen aus dem gleichen Rennstall stürzen."

Nach dem vierten Rang in Losail erkämpft sich Rossi beim zweiten WM-Rennen in Argentinien einen Podiumsplatz. In Texas unterläuft ihm ein Fahrfehler, weil ihm sein Vorderreifen einen Streich spielt. Nachdem er das erste WM-Event auf europäischem Boden in Jerez gewinnt, muss er in Mugello erneut einen Rückschlag hinnehmen. Er startet mit den besten Voraussetzungen, scheidet aber frühzeitig mit einem Motorschaden aus. Es passiert in der achten Runde, als der Publikumsliebling sich unter dem Jubel der Menge gerade ein Kopf-an-Kopf-Rennen mit Lorenzo liefert. „Wegen technischer Probleme aufgeben zu müssen, ist echt hart", kommentiert Rossi später. „Es schmerzt mich besonders, weil mir das seit dem Rennen 2007 in Misano nicht mehr passiert ist. Solche Pannen kommen heutzutage nur noch selten vor, und dann ereilt es mich auch noch zum denkbar ungünstigsten Zeitpunkt. Ich war an diesem Wochenende von Anfang an in Top-Form und fest überzeugt, dass ich heute gewinnen kann. Ich war besser im Rhythmus als Lorenzo, und die ganze Atmosphäre auf den Rängen und an der Strecke war einfach fantastisch … Für mich wäre es ein Traum gewesen, auf diesem Circuit, wo ich zuletzt 2008 gewonnen habe, ganz oben auf dem Treppchen zu stehen. Dass es nicht geklappt hat, ist eine Riesenenttäuschung, aber ich muss das abhaken, nach vorne schauen und beim nächsten Grand Prix in Barcelona noch mehr geben. Mein Rückstand in der Weltmeisterschaft wird größer, aber die Saison ist noch nicht vorbei. Ich werde kämpfen." Gesagt, getan. Zwei Wochen später gewinnt er den Großen Preis von Katalonien. Dann passiert dem Italiener in den Niederlanden erneut ein Missgeschick. Er stürzt bei Regen, als er sich an der Spitze abzusetzen versucht. Nachdem er in Deutschland wegen des schlechten Timings beim Motorradwechsel nur Achter wird, schwinden seine Titelchancen – zumal Márquez fest entschlossen wirkt, sich in dieser Saison nicht die gleichen Schnitzer zu leisten wie in der Vergangenheit. Der Honda-Pilot schafft es oft unter die ersten Drei und verwaltet seinen Vorsprung äußerst geschickt. Dem Enthusiasmus des großen Jungen, der Valentino Rossi auch mit 37 Jahren noch ist, tut das keinen Abbruch: „Die Hauptsache ist, dass ich nach wie vor Spaß habe und besser mithalte als im letzten Jahr", versichert der Yamaha-Pilot. Nach einem vierten Platz in Österreich schafft der Italiener es denn auch gleich mehrmals hintereinander wieder aufs Podium: Er wird Zweiter in Brno, Dritter in Silverstone, Zweiter in Misano, Dritter beim Großen Preis von Aragonien. Dann jedoch stürzt er in Motegi, und Márquez wird zum dritten Mal in seiner noch jungen Karriere MotoGP-Weltmeister. Das ist für Rossi allerdings noch lange kein Grund, den Kopf hängen zu lassen. In Australien und Malaysia holt er sich jeweils den zweiten Platz, bevor er die Saison mit einem vierten Rang in Valencia beendet. Damit wird das Idol aus Tavullia zum dritten Mal in Folge Vizeweltmeister. Manch einer in seinem Umfeld stellt sich die Frage, ob er dieses Niveau bis zum Ende seiner Vertragsverlängerung halten können wird.

„Wenn er nicht das Gefühl hätte, dass er dazu fähig ist, hätte er sich nicht für zwei weitere Jahre verpflichtet", meint Jarvis. „Valentino ist der

Peter Pan des MotoGP. Nach all den Jahren hat er immer noch die gleiche Energie und denselben Siegeshunger. Und er hat immer neue Ideen, wie er sich seine Jugendlichkeit bewahren kann – mit seiner Akademie, mit seinem Moto3-Team und demnächst auch mit einem eigenen Team in der Moto2." Auch Davide Brivio – der Mann, der sich Ende der Saison 2003 dafür stark machte, dass Valentino Rossi von Honda zu Yamaha wechselte – ist überzeugt, dass das italienische Phänomen noch Ressourcen hat. „Er verblüfft mich immer wieder", sagt der heutige Manager des MotoGP-Teams von Suzuki. „Er kann ein unglaubliches Arbeitspensum bewältigen. Er bringt es fertig, nach einem Training zwei Stunden lang in seiner Garage die gesammelten Daten Punkt für Punkt auszuwerten und mit den Ingenieuren zu besprechen. Man hat immer den Eindruck, er will seinen ersten Grand Prix gewinnen." Bei so viel Vitalität bleibt denen, die in seinem Umfeld arbeiten, nichts anderes übrig, als sich an dieses Tempo anzupassen. „Er liebt das, was er tut. So einfach ist das", resümiert der fünffache 500er-Weltmeister Mick Doohan. „An seiner Energie und seinem Enthusiasmus sollten sich junge Piloten ein Vorbild nehmen. Wenn er eines Tages aufhört, wird sein Abschied so rühmlich sein wie seine Karriere. Auf jeden Fall wird er so lange dabei bleiben, wie es ihm Spaß macht. Valentino ist im Paddock geboren und groß geworden. Das hier ist sein Leben."

Anfang 2017 bereitet der neunfache Weltmeister sich mit ungebrochenem Enthusiasmus auf seine 22. Grand-Prix-Saison vor und ist entschlossener denn je, den zehnten Titel zu holen, dem er nun schon seit bald zehn Jahren hinterherfährt. „Er legt sich voll ins Zeug wie immer", sagt Uccio Salucci vor der ersten Testserie in Malaysia. „Er hat in diesem Winter intensiv trainiert, und Yamaha kann in dieser Saison wieder mit ihm rechnen." An der Seite seines bis in die Haarspitzen motivierten Teamkollegen Maverick Viñales hat der Italiener nur eine Option: Er muss mehr als 100 Prozent geben. Mit drei Podiumsplätzen in den ersten drei Rennen lässt die Saison sich für den MotoGP-Veteranen auch bestens an. Obendrein gewinnt Viñales zwar sensationell in Qatar und Argentinien, scheidet aber in Texas nach einem Sturz aus. Márquez war bereits im argentinischen Termas de Rió Hondo gestürzt. So kommt es, dass Valentino Rossi die Gesamtwertung anführt, als der MotoGP nach Europa zurückkehrt. Das Rennen in Jerez läuft für den Italiener allerdings nicht nach Plan. „Ich stehe vor einem Rätsel“, kommentiert Valentino am Abend nach dem Großen Preis von Spanien. „Wir haben uns das ganze Wochenende abgerackert und es nicht geschafft, das Motorrad richtig einzustellen. Schon bei den Tests hatten wir mit Rutschproblemen zu kämpfen, die wir einfach nicht in den Griff gekriegt haben.“ Dass er fast 40 Sekunden nach dem siegreichen Dani Pedrosa als Zehnter die Ziellinie überfährt, ist für Rossi schwer zu verdauen. Immerhin ergeht es Viñales nicht viel besser. Der Spanier landet mit 24 Sekunden Rückstand auf den Sieger auf Rang 6. Als bester Yamaha-Pilot erreicht Johann Zarco, der in diesem Jahr mit dem Team Yamaha Tech 3 und einer M1 2016 sein MotoGP-Debüt gibt, einen achtbaren vierten Platz. Zwei Wochen später beim Großen Preis von Frankreich in Le Mans mischen die Fahrer der Marke mit den drei Stimmgabeln im Logo dann wieder ganz vorne mit. Viñales und Rossi ringen von der ersten Runde bis kurz vor Schluss um den Sieg. Valentino, der sich auf keinen Fall seinem Teamkollegen geschlagen geben will, patzt allerdings in der letzten Runde und beschert damit Johann Zarco Platz 2 und Vinãles die Führung im Gesamtklassement.

Ausgerechnet im Wonnemonat Mai fangen für den neunfachen Weltmeister die Ärgernisse aber erst an. Wenige Tage vor der nächsten Nagelprobe in Mugello zieht Valentino sich bei einem Motocross-Training eine Verletzung zu. Er bleibt eine Nacht zur Beobachtung in der Notaufnahme in Rimini, bevor er nach Hause entlassen wird. Er ist unversehrt, aber ziemlich angeschlagen. „Ich landete nach einem Sprung neben der Strecke. Dort blieb das Motorrad im Sand stecken. Ich schlug mit der Brust auf dem Lenker auf und ging zu Boden.“ Valentino klagt über Schmerzen in Brust und Bauch, aber für seinen Auftritt vor heimischem Publikum geben die Ärzte dennoch grünes Licht. Trotz eines kleinen Sturzes im vierten freien Training schafft der Yamaha-Pilot es in die erste Startreihe. Er erwischt einen guten Start, aber leider holen die Schmerzen ihn wieder ein. „Es ist wirklich schade, dass es nicht zu einem Podiumsplatz gereicht hat“, klagt er, nachdem er als Vierter ins Ziel gefahren ist. „Auf dem Podium stehen will ich sowieso immer, aber hier in Mugello ist es für die Zuschauer ganz besonders wichtig. Nachdem ich bei den Tests schnell genug war, habe ich gedacht, ich könnte es schaffen. Aber im tiefsten Innern wusste ich, dass 23 Runden keine leichte Aufgabe sein werden. Bei den Tests kann man sich wieder vorarbeiten, aber im Rennen ist das anders. Acht Runden vor dem Ende war ich ausgepowert. Ich habe versucht, hinter Petrucci zu bleiben, aber das war leider unmöglich. Andererseits: Vor dem Hintergrund, dass ich am Donnerstag noch ein Wackelkandidat war, lief das Rennen gut. Die Ducatis waren sehr stark, weil sie mittelharte Reifen aufziehen konnten, während wir mit den harten Reifen fahren mussten, die nicht genug Grip bieten." Eine Atempause gibt es nicht, denn schon am folgenden Wochenende steht in Katalonien das nächste Rennen an. Mehr als seine Schmerzen macht dem Italiener auch in Barcelona der mangelnde Grip seiner Yamaha zu schaffen. Wie in Jerez kommt Rossi immer wieder ins Rutschen und bekommt die Maschine nicht richtig in den Griff. Dementsprechend landet er auf Rang 8 – und das auf einem Circuit, der seit jeher zu seinen Lieblingsstrecken gehört. Obwohl der Abstand zur Spitze des WM-Klassements immer größer wird, steckt der Yamaha-Pilot nicht auf, zumal er gerade ein neues Fahrwerk bekommen hat. Als sein Flugzeug in den Niederlanden aufsetzt, spürt der seit über einem Jahr sieglose Valentino Rossi, dass er hier endlich wieder einmal einen Coup landen könnte. Kaum dem Flieger entstiegen, vertraut er seinem Freund Uccio an: „An diesem Wochenende kann ich auf Sieg fahren. Das habe ich im Gefühl. Auf jeden Fall muss ich mich gut schlagen, wenn ich Viñales in der Gesamtwertung auf den Fersen bleiben will."

Die Voraussetzungen sind günstig. Da ist zunächst einmal die Strecke, der TT-Circuit, auch „Kathedrale des Motorsports" genannt. In Assen, das seit Gründung der Motorrad-WM im Jahr 1949 ein fester Programmpunkt im Rennkalender ist, hat der Italiener schon neun Siege eingefahren. Das hat nicht einmal Giacomo Agostini geschafft. „Diese Rennstrecke habe ich immer schon geliebt", gesteht der neunfache Weltmeister bei der Pressekonferenz am Donnerstagnachmittag. „Sie wurde im Laufe der Jahre verkürzt, und einige Kurven, die ich großartig fand, sind verschwunden, sodass sie nicht mehr ganz so interessant ist wie früher, aber das macht nichts. Für Assen habe ich nach wie vor eine Schwäche." Der holländische Rundkurs dankt ihm diese Zuneigung. Mit ihren Highspeed-Passagen und ihrem legendären griffigen Belag kommt die technisch anspruchsvolle Strecke in Assen den Besonderheiten seiner Yamaha entgegen. Nicht zufällig war es Rossi 2013 hier in den Niederlanden gelungen, nach seinen beiden fruchtlosen Ducati-Jahren wieder auf die Siegerstraße zu kommen. 2016 konnte sich der Italiener auf dem Circuit noch nicht durchsetzen. Damals war er im Regen etwas zu sehr aufs Ganze gegangen und unglücklich gestürzt, als er mit zwei Sekunden Vorsprung in Führung lag. 2017 brennt Rossi darauf, mit dem neuen Fahrwerk, das er zuvor beim Großen Preis von Katalonien schon einmal testen konnte, in Assen auf die Piste zu gehen. Nach vier Rennen ohne Podiumsplatz spürt der Yamaha-Pilot, dass die Japaner gute Arbeit geleistet haben. „Die Tests in Spanien liefen sehr gut", erklärt er vor dem ersten Testtag. „Die Maschine ist am Kurveneingang leichter zu kontrollieren, und der Hinterreifen arbeitet besser. Ich bin sehr gespannt darauf, wie sich das auf einer Strecke auswirkt, die ganz anders ist als die in Montmelo." Am Freitagabend ist Valentino sichtlich zufrieden. Im zweiten freien Training wird er zwar mit sieben Zehntelsekunden Rückstand auf seinen Teamkollegen nur Sechster, aber das gute Gefühl, das er die ganze Woche über schon hatte, bestätigt sich. „Wir müssen nur noch an ein paar Einstellungen feilen", verkündet er im Pressegespräch. Unglücklicherweise regnet es am Samstag und auch beim Warm-up am Sonntag. Der Italiener qualifiziert sich zwar für den vierten Startplatz, aber er und sein Team schaffen es nicht, das Motorrad vor dem Start bis ins Letzte richtig einzustellen. In solchen Situationen ist Erfahrung das A und O. Während sich die Konkurrenz für weiche oder mittelharte Reifen entscheidet, beschließt Rossi, mit harten Reifen ins Rennen zu gehen. Elf Runden lang überlässt er Zarco die Führung, an dem Márquez und Petrucci dranbleiben. Der Franzose ist ganz entspannt – er hat als Einziger vorne und hinten weiche Reifen aufgezogen. Doch dann geht Valentino zum Angriff über. Johann Zarco versucht, sofort zu reagieren; die beiden Yamahas berühren sich. Ein paar Kilometer weiter fängt es zu regnen an. Es ist kein heftiger Niederschlag, aber der leichte Schauer strapaziert die Nerven der Rennfahrer und zwingt sie, einen Gang herunterzuschalten. Die Devise lautet: Zwei oder drei Sekunden mehr pro Runde, aber dafür auf dem Sattel bleiben. Sechs Runden vor dem Ziel gibt es nur noch zwei Anwärter auf den Sieg: Rossi und Petrucci. Nachdem er in den beiden letzten Runden erst von Barberá und dann von Rins behindert wird, muss der Pramac-Pilot sich geschlagen geben. Valentino triumphiert zum zehnten Mal in Assen und fährt seinen 115. Grand-Prix-Triumph ein. „Nach über einem Jahr ohne Sieg tut dieser erste Platz besonders gut", erklärt der Italiener, als er vom Motorrad steigt. „Ich freue mich umso mehr, weil es ein heißer Kampf unter sehr schwierigen Bedingungen war. Es bleibt abzuwarten, wie es auf anderen Strecken läuft, aber dieser erste Platz zeigt, dass wir mit unserem neuen Fahrwerk auf dem richtigen Weg sind. Und was das Punktekonto angeht, freue ich mich natürlich, dass jetzt wieder alles möglich ist."

Nachdem Maverick Viñales in dem Moment, als Rossi sich in Assen an die Spitze setzt, einen Sturz hingelegt hat, liegen die beiden Yamaha-Piloten nach dem achten Saisonrennen nur noch drei Punkte auseinander. Beim Großen Preis von Deutschland ist es Márquez, der Grund zum Feiern hat. Der Honda-Pilot gewinnt vor Jonas Folger, der überraschend Zweiter wird, und seinem Teamkollegen Pedrosa. Rossi wird knapp hinter Viñales Fünfter. In Tschechien bietet sich praktisch genau das gleiche Bild, nur Jonas Folger schafft es nicht in die Spitzengruppe. Márquez setzt sich vor Pedrosa, Viñales und Rossi durch. Einmal mehr muss Valentino seinem Teamkollegen den Vortritt lassen. Der August 2017 geht für die beiden Yamaha-Fahrer so unerfreulich weiter, wie er begonnen hat. In Österreich landen sie auf den Rängen 6 und 7. Vollkommen unerwartet ist es inzwischen Andrea Dovizioso mit seiner Ducati, der mit Márquez und Honda um den Weltmeistertitel ringt. In Großbritannien schafft Valentino es endlich wieder auf das Podium. Dabei profitiert er davon, dass Márquez sieben Runden vor dem Zieleinlauf wegen eines Motorschadens aufgeben muss.

Ist das ein gutes Omen für den Großen Preis von San Marino? Die Fans gehen fest davon aus. Folglich sind zwei Wochen vor dem Rennen, das nur wenige Kilometer von Rossis Heimatort Tavullia stattfindet, die Tickets restlos ausverkauft. Und dann nimmt das Drama seinen Lauf. Am 31. August verbreitet sich wie ein Lauffeuer die Nachricht, dass der Yamaha-Pilot sich verletzt hat. Viele können es gar nicht glauben. Schließlich hat Rossi, der Junge aus der Gegend, noch nie ein Rennen in Misano verpasst. Außerdem ist er drei Monate zuvor beim Großen Preis von Italien in Mugello sogar trotz seiner Motocross-Blessuren an den Start gegangen. Diesmal ist die Lage leider deutlich ernster. Bei der unglücklichen

Landung nach dem Motocross-Sprung Ende Mai hatte sich Rossi ein Thoraxtrauma zugezogen. Ende August verletzt sich der Yamaha-Pilot beim Enduro-Training, als er mit dem rechten Bein gegen einen Stein prallt, und kommt mit einem Schien- und Wadenbeinbruch ins Krankenhaus. Handelt es sich um die gleiche Verletzung wie damals bei den Tests vor dem Großen Preis von Italien 2010? „Nicht ganz“, erklärt Dottore Pascarella, der den neunfachen Weltmeister im Krankenhaus in Ancona operiert. „Der Bruch war verschoben, aber nicht offen. Wir haben ihn mit einem Nagel und einigen Schrauben gerichtet, sodass Rossi übermorgen wieder nach Hause kann.“ „Drei Tage später ist er schon wieder auf den Beinen und lernt, an Krücken zu gehen“, erinnert sich sein Vater Graziano.

Nachdem die Yamaha-Teamverantwortlichen schon befürchtet haben, die Saison könnte für den Italiener gelaufen sein, schöpfen sie Hoffnung, er könnte im Oktober wieder fit genug für die Übersee-Tour sein. Bald träumen sie sogar davon, ihr Kultfahrer könnte schon beim nächsten Rennen in Alcañiz wieder auf seine M1 steigen. „Er wird alles dafür tun“, versichert Graziano. „Sein Rennhunger hat nicht nachgelassen.“ Damit erteilt er allen Schwarzmalern, die Rossi wegen des neuerlichen Unfalls schon als Vorruheständler sehen, eine klare Absage. Auch Uccio bekräftigt einmal mehr: Valentino denkt überhaupt nicht daran, sich zur Ruhe zu setzen. „Ich glaube sogar, dass er nach der kommenden Saison seinen Vertrag bis 2020 verlängern wird. Er hat nur eines im Sinn: Er will den zehnten Titel. Dieses Ziel ist für ihn zur Obsession geworden, und wenn in der laufenden Saison nichts mehr daraus werden sollte, versucht er es eben im nächsten Jahr.“ Um seine Prognose zu stützen, verweist der Rossi-Vertraute darauf, wie hart sein Freund trainiert. „Wenn man alles zusammennimmt, ackert er zwischen zwei Grand-Prix-Rennen an die zehn Stunden jeden Tag beim Krafttraining und auf seinen Motorrädern. Und wenn er gerade nicht trainiert, schaut er sich Videos von Grand-Prix-Rennen oder seinen Trainingsfahrten an. Er verfolgt alle Rennfahrer in allen Klassen ganz genau. Ihm entgeht auch nicht die kleinste Kleinigkeit. Er weiß von jedem Einzelnen, wie er sich auf der Strecke oder in seinem Rennstall verhält. Er geht auch immer seltener aus. Er hat nur noch die Rennen im Kopf.“ Das alles trägt dazu bei, dass er beim Rennen in Aragonien wieder zurück ist. Obwohl Lin Jarvis Michael van der Mark bereits gesagt hat, er solle sich als Ersatzmann bereithalten, ist der neunfache Weltmeister beim ersten freien Training auf dem Circuit von Alcañiz mit von der Partie. Der Italiener qualifiziert sich nicht nur für die erste Startreihe, sondern behauptet sich beim Rennen elf Runden lang auf der zweiten Position. Erst gegen Ende überlässt er Márquez, Pedrosa und Viñales das Feld und fährt als Fünfter ins Ziel. Damit kann das MotoGP-Urgestein einen neuen Erfolg für sich verbuchen: „Es war eine große Überraschung, denn ich wusste nicht, was ich erwarten kann", erklärt er hinterher. „Noch vor einer Woche habe ich überlegt, ob ich bei diesem Rennen überhaupt antreten kann. Ich habe nicht allzu viele Schmerzen. Eine Einschränkung merke ich nur in den Linkskurven, weil es mir da schwerfällt, mit dem Fuß in der Luft die Hinterradbremse zu betätigen." Dass Valentino in Australien noch einmal auf dem Treppchen steht, nötigt Beobachtern Respekt ab. Nachdem er dreimal hintereinander am Saisonende Zweiter in der Gesamtwertung war, muss er sich in diesem Jahr mit dem fünften Platz begnügen – fast 90 Punkte hinter Marc Márquez. Sechs Podiumsplätze, ein Sieg. Für ihn, der noch zu Saisonbeginn als Titelanwärter galt, ist das eine magere Bilanz. „Diese Saison lief nicht wie erwartet, aber ein Desaster war sie auch nicht", wendet Yamaha-Teamchef Lin Jarvis ein. „Wir hatten auf den Pisten mit zu wenig Grip unerwartete Probleme. Deswegen war die ganze Saison ein einziges Auf und Ab."

In dieser Situation gibt es nur eines: 2018 muss besser werden. Damit das gelingt, macht Valentino bei Yamaha Druck und drängt auf die Verbesserungen, die er seiner Meinung nach braucht, um mit Márquez und Dovizioso mithalten zu können. Im Klartext heißt das: Die im Winter getesteten Teile werden den Erwartungen des Yamaha-Piloten nicht gerecht. „Honda und Ducati sind uns voraus", erklärt der Italiener vor dem Saisonauftakt. „Wir haben immer noch Schwierigkeiten mit den Reifen, sobald die Griffigkeit nachlässt. Wir müssen herausfinden, woran das liegt, und schnell Lösungen finden." In Qatar, wo er immer gut zurechtkommt, schneidet der neunmalige Weltmeister dennoch gut ab, obwohl er nur von Startplatz 8 ins Rennen geht. „Wir haben bei den Tests Lösungen gefunden, die dafür sorgen, dass ich mich auf meiner Maschine wohlfühle", berichtet er. „Ich bin gespannt, ob die Rechnung auch auf den nächsten

Circuits aufgeht.“ Das zweite Rennen wird in Argentinien ausgetragen. Wie schon 2015 kommen sich dort die beiden größten MotoGP-Rivalen Valentino Rossi und Marc Márquez mächtig ins Gehege. Die Spannungen zwischen den beiden haben ohnehin wieder zugenommen, doch der Spanier treibt es auf die Spitze, nachdem er seinen Start vollkommen vermasselt. Er würgt seine Maschine in der Startaufstellung ab und erhält eine Durchfahrtsstrafe, die ihn zu einer Blitz-Aufholjagd zwingt. Bei ausgesprochen tückischen Streckenverhältnissen dreht der Honda-Pilot viel stärker auf als seine Rivalen. In der 20. Runde drängt Márquez bei einem übereilten Überholmanöver Rossi auf den Rasen ab, wo der Italiener zu Boden geht. Die Rennleitung belegt den Spanier nachträglich mit einer 20-Sekunden-Strafe, die ihn vom fünften auf den 18. Platz zurückwirft.

Vor allem aber sorgt Márquez dafür, dass die alte Fehde wieder aufflammt. Nach dem Rennen ist der neunfache Weltmeister außer sich. „Ich habe Angst, wenn ich auf der Strecke mit Márquez unterwegs bin. Ich habe Angst, wenn ich auf dem Pitboard seinen Namen hinter mir sehe. Dieser Typ ist eine Gefahr. Mit so einem Verhalten zerstört er unseren Sport.“ Eine Stunde nach der Siegerehrung lässt der von Journalisten umdrängte Valentino Rossi vor laufenden Kameras noch einmal richtig Dampf ab. Der Italiener ist stinksauer und zieht nach allen Regeln der Kunst gegen Marc Márquez vom Leder. Erinnerungen an die Stimmung beim Großen Preis von Malaysia 2015 werden wach. „Márquez hat keinerlei Respekt für seine Gegner. Er drückt sein Bein gegen dein Bein, weil er weiß, dass du dann von der Piste abkommst, er aber nicht. Und wenn du stürzt, freut er sich darüber.“ Der amtierende Weltmeister verteidigt sich: „Das war ein Rennen mit sehr schwierigen Streckenverhältnissen. Ich zog innen an ihm vorbei, aber ich habe mit dem Vorderreifen eine nasse Stelle erwischt. Die Vorderbremse hat blockiert, ich musste sie lösen und habe ihn berührt. Das war keine Absicht. Das Gleiche ist Zarco mit Pedrosa und Petrucci mit Espargaró passiert. Ich bedaure den Vorfall, aber er ist eine Konsequenz der Streckenbedingungen.“ Mit dieser Erläuterung gibt der Italiener sich nicht zufrieden. „Er war heute schneller als ich und hätte locker bis zur nächsten Kurve warten können, um mich zu überholen“, widerspricht er. „Okay, so etwas kann passieren. Aber nur ein Mal und nicht vier Mal an einem Rennwochenende! Am Freitag hat er beinahe Viñales abgeschossen, dann Dovizioso und schließlich mich. Und heute ... Schon beim Start lässt man ihm alles Mögliche durchgehen. Man hätte ihn gar nicht erst starten lassen dürfen. Er berührt erst Espargaró und Rabat, dann bringt er mich zu Fall. Ich habe zu Mike Webb gesagt: Wenn alle so fahren, haben wir nach fünf Grand-Prix-Rennen keinen Piloten mehr am Start. Es ist höchste Zeit, etwas zu unternehmen; sonst wird das ein böses Ende nehmen. Heute habe ich mich von der Rennleitung nicht beschützt gefühlt. Der MotoGP ist kein Demolition Derby. Lorenzo bekam eine Sperre, als er Pedrosa touchierte. Auch Capirossi wurde bestraft, als er Lucchi in Mugello zu Fall brachte. Es muss etwas passieren." Im Honda-Lager hat man kein Verständnis für Rossis heftige Reaktion. „Ich kann nachvollziehen, dass Valentino enttäuscht ist, aber Marc wollte nie und nimmer diesen Sturz provozieren", beteuert Alberto Puig. „Bei solchen Kollisionen, die es immer gibt, gehen die Meinungen immer auseinander – je nachdem, auf wessen Seite man steht. Márquez ist eben ein Vollblut-Rennfahrer. Nicht zuletzt deswegen ist er so erfolgreich." Vielleicht könnte er trotzdem versuchen, ein bisschen weniger hitzköpfig zu agieren, vor allem dann, wenn er der Schnellste ist. Im Übrigen fährt der Spanier direkt im Anschluss an den Großen Preis von Argentinien mit Leichtigkeit drei Siege hintereinander ein: in Texas, in Spanien und in Frankreich.

Rossi legt sich ins Zeug, um wieder den Weg auf das Podium zu finden, aber in Austin reicht es nur zu einem vierten Platz und in Jerez nur zu Rang 5. Das hindert ihn nicht, seinen Vertrag mit Yamaha wie geplant um zwei weitere Saisons zu verlängern. „Seit zwei Jahren hat unser Motorrad keine Fortschritte gemacht", murrt er allerdings. „Das bedeutet, dass wir nicht das Nötige getan haben. Nun wird die Zeit allmählich knapp." Rossi ist inzwischen überzeugt, dass die M1 an einer unzulänglichen Steuerungselektronik krankt, und macht sich dafür stark, neue Ingenieure zu engagieren. Während Viñales durch eine Reihe von schlechten Leistungen weitere Belege dafür liefert, dass sein Team in Schwierigkeiten ist, rettet Rossi mit drei dritten Plätzen in Le Mans, Mugello und Barcelona, was zu retten ist. Bei dieser Gelegenheit knackt der Italiener als erster Motorradrennfahrer überhaupt die 5000-Punkte-Grenze in der Königsklasse. In den Niederlanden, wo er im Vorjahr gesiegt hat, mischt Valentino bis zur letzten Runde in der Spitzengruppe mit, wird aber am Ende nur Fünfter. Einmal mehr löst der Traum vom zehnten Titel sich in Wohlgefallen auf.

Rossi und Viñales schaffen es nicht mehr, jener M1 zum Sieg zu verhelfen, mit der Jorge Lorenzo zwischen 2010 und 2015 immerhin drei WM-Titel holte. Es ist nicht zu verkennen, dass die Erfolgskurve des Yamaha-Teams seit dem Wechsel des Mallorquiners zu Ducati steil nach unten zeigt. „Lorenzo wusste die Qualität unseres Motorrads perfekt zu nutzen", heißt es bei Yamaha. Gemeint sind die hohe Kurvengeschwindigkeit, das agile Fahrwerk und der leicht zu beherrschende Motor. Rossi sieht das etwas anders. „Mit dem Versuch, unseren Motor weiterzuentwickeln, haben wir uns andere Probleme eingehandelt", meint der neunfache Weltmeister. „Im letzten Jahr lagen wir auch bei der Wahl des Fahrwerks daneben. Wir hatten auf Rennstrecken wie Jerez und Barcelona, auf denen wir sonst immer gut zurechtkamen, auf einmal große Schwierigkeiten mit dem Grip. In diesem Jahr klappt es mit dem Fahrwerk besser, aber unsere Elektronik ist nach wie vor verbesserungsfähig." Zwei Wochen später belegt Valentino zur allgemeinen Verwunderung einen erfreulichen zweiten Platz in Deutschland, hinter Márquez und vor Viñales. Damit kann das Yamaha-Team, das mit zwei Piloten auf dem Podium vertreten ist, zwar das Gesicht wahren, aber nicht vergessen machen, dass Yamaha seit nunmehr über einem Jahr nicht mehr gewonnen hat. Eine traurige Bilanz. Lin Jarvis und Kouichi Tsuji wollen versuchen, die M1 zu optimieren, und rekrutieren deshalb im Sommer 2018 Michele Gadda, einen jungen und brillanten Ingenieur, der an der Universität in Mailand studierte. Er begann im Superbike-Programm von Yamaha, bevor er 2011 ins BMW-Team wechselte. Von 2013 bis 2016 profilierte er sich an der Seite von Gigi Dall'Igna bei Ducati, bevor er – nach wie vor in der Superbike-Klasse – zu Yamaha zurückkehrte. Jetzt bekommt er die Aufgabe, die Elektronik einer Maschine weiterzuentwickeln, die nach Meinung der Piloten beim Beschleunigen aus der Kurve heraus immer noch zu wenig Kraft entwickelt, vor allem gegen Ende des Rennens, wenn die Reifen schon gelitten haben. In die zweite Hälfte der WM-Saison startet Valentino nicht gerade mit Vollgas. In Brno wird er Vierter und in Österreich Sechster.

Nachdem der Große Preis von Großbritannien abgeblasen wird, geht der Italiener dem Großen Preis von San Marino entgegen, ohne recht zu wissen, wie er dort zu Werke gehen soll. 2017 konnte er wegen des Beinbruchs nicht teilnehmen; eine schmerzliche Erinnerung für den Italiener. „Dass ich vor meinem Heimpublikum nicht an den Start gehen konnte, war hart für mich“, gesteht er. „Auch wenn ein Wochenende hier immer ein bisschen schwierig ist, weil so viele Ansprüche an mich gestellt werden, ist die Atmosphäre unvergleichlich.“ Obendrein kennt Valentino die Rennstrecke wie seinen Vorgarten. In Misano saß er zum ersten Mal auf einem echten Motorrad. „Da war ich zwölf“, erinnert er sich. „Die Fahrtrichtung war damals noch umgekehrt. Ich hatte mir eine alte Lederkombi von meinem Vater übergezogen und war noch so klein, dass meine Füße kaum den Boden berührten. Ich weiß noch genau, dass ich damals schon wusste: Das hier werde ich den Rest meines Lebens machen.“ Sonntagmorgen pilgern die allesamt gelb gekleideten Rossi-Anhänger andachtsvoll nach Misano und verteilen sich auf den Tribünen, auf denen sie sich schon viele Wochen zuvor einen Platz gesichert haben. Etliche tragen einen Helm mit der Zahl 46, andere schleppen vorsichtig riesige Transparente mit sich, die sie zu Ehren ihres Idols angefertigt haben. „Kaum hatte der Ticketverkauf begonnen, wurden wir überrannt“, berichtet Flavio Fratesi. „Von den 18.000 Plätzen, die wir reserviert hatten, war nach wenigen Tagen keiner mehr zu haben.“ Dass Valentino Rossi seit 441 Tagen sieglos ist, spielt keine Rolle. „Die Leidenschaft ist immer stärker“, weiß Fratesi, der führende Kopf beim Fanclub des legendären Fahrers aus Tavullia. „Und das ist nicht nur in Italien so. In Japan waren die 2500 Tickets, die dem Fanclub schon im März zugeteilt wurden, innerhalb von 40 Minuten restlos ausverkauft. Für den Großen Preis von Malaysia, mit dem die herbstliche Überseetournee der MotoGP endet, hat der Fanclub 11.500 Tickets vorbestellt. Vor zwei Jahren waren es noch 2500.“ Nachdem er seit seinem MotoGP-Debüt elf Rennen auf der italienischen Rennstrecke bestritten hat und sechsmal auf dem Podium stand – davon dreimal als Sieger –, träumt Valentino insgeheim von einem durchschlagenden Erfolg, einem Sieg oder wenigstens einem Platz auf dem Treppchen. Leider wird daraus nichts. Der Yamaha-Pilot kommt nicht richtig in Tritt und fährt mit fast 20 Sekunden Rückstand auf den Sieger als Siebter ins Ziel.

Nach dem Rennen schwankt er zwischen Frust und Resignation: „Bei mir zu Hause, vor meinem Stammpublikum, habe ich mir mehr erhofft. Vor allem nach den guten Zeiten im vierten freien Training dachte ich, ein Platz auf dem Podium wäre drin. Noch heute vormittag beim Warm-up lief es nicht schlecht. Leider kletterte die Temperatur auf der Strecke in die Höhe, sodass wir wieder mit den bekannten Grip-Problemen beim Beschleunigen zu kämpfen hatten. Darunter haben alle Yamaha-Fahrer gelitten – Viñales, Zarco und ich. Ich war eine Sekunde langsamer als gestern, obwohl die Verhältnisse vergleichbar waren. Es hat auch nicht bloß an den Reifen gelegen, denn wir haben fast alle die mittelharten aufgezogen. Ehrlich gesagt, verstehe ich nicht ganz, warum wir dort stehen, wo wir stehen."

Leider ist Valentino nicht der einzige Yamaha-Pilot, bei dem es nicht rundläuft. Das nächste Grand-Prix-Rennen steht in Alcañiz an. Dort erreicht Valentino mit Mühe den achten Platz. Der neunfache Weltmeister ist bedient. Eine solche Misserfolgsserie hat der japanische Hersteller seit dem ersten Yamaha-Sieg am 23. September 1972 in Montjuic mit Chas Mortimer noch nicht erlebt. 23 Rennen ohne Sieg. So etwas hat es bislang nicht gegeben. Seit Valentino Rossis Wechsel ins Yamaha-Team hatten die Japaner zu diesem Saisonzeitpunkt noch nie so wenig Punkte auf dem Konto. Rossi mit 15 Sekunden Rückstand Achter, Viñales Zehnter und Zarco auf Rang 14. „Seit vergangenem Jahr doktert Yamaha herum und tritt auf der Stelle, weil man die Lösungen für die Zukunft in der Vergangenheit sucht", meint Nicolas Goyon, einer der Techniker des Tech-3-Teams. „Anfang des Jahres hatten wir bei Tech 3 den Vorteil, dass wir uns auf bewährtes Material verlassen konnten, das wir in- und auswendig kannten. Das reicht inzwischen nicht mehr aus. Was mich wundert, ist, dass der Motor der M1 seit dem Umstieg von 20 auf 21 und dann auf 22 Liter nicht leistungsstärker geworden ist. Anders als Ducati und Honda haben wir von dieser Reglementänderung nicht profitiert. Im Unterschied zu Yamaha, das von seiner Vergangenheit lebt, entwickeln diese beiden Konstrukteure permanent neue Lösungen, und zwar nicht nur für den Motor. Aerodynamik, Fahrwerkskomponenten aus Karbon, Testteams in Europa. Yamaha liegt in allen Belangen zurück." Überraschenderweise fahren beim nächsten Rennen in Thailand drei M1-Maschinen unter die ersten Fünf. Hinter Márquez und Dovizioso kommen Viñales, Rossi und Zarco praktisch Rad an Rad ins Ziel. „Mit Yamaha ist es ein bisschen wie mit Inter Mailand“, witzelt Valentino, nachdem er in Buri Ram sechs Runden in Führung lag. „Wenn du den Rasen betrittst, weißt du nicht, was auf dich zukommt – eine angenehme oder eine böse Überraschung. Beides ist möglich.“ In Japan wird Rossi erneut Vierter, während Márquez dort seinen siebten Weltmeistertitel unter Dach und Fach bringt. Es folgt Rang 6 in Australien, wo Viñales dem Yamaha-Team den ersten Sieg seit dem 2017er-Erfolg in Le Mans beschert. In Malaysia ist es der Italiener, der den Triumph knapp verpasst. Nachdem er bis vier Runden vor Schluss in Führung liegt, stürzt er unglücklich, als der ihm im Nacken sitzende Márquez den Druck erhöht. Der um Entspannung bemühte Honda-Pilot würdigt als Erster die Leistung des Grand-Prix-Veteranen: „Valentino hatte einen unglaublichen Rhythmus. Wir waren echt am Limit. Vier- oder fünfmal musste ich mich mit dem Ellenbogen retten. Wenn der Titel nicht schon in trockenen Tüchern gewesen wäre, hätte ich nie so viel riskiert, um ihn einzuholen.“ Rossi ist schnell, fährt extrem gleichmäßige Zeiten und liefert mit dem spanischen Unhold im Rücken sein bestes Rennen in der Saison ab. „Das war in diesem Jahr meine beste Leistung“, konstatiert er. „In den letzten Runden hatten wir wieder Schwierigkeiten, aber ich glaube, dass wir interessante Lösungen gefunden haben, um unsere Grip-Probleme beim Beschleunigen besser in den Griff zu bekommen. Natürlich bin ich ein bisschen enttäuscht, denn selbst der zweite Platz hätte mir gereicht, um in der Gesamtwertung an Dovi vorbeizuziehen. Aber das letzte Quäntchen Glück fehlte leider.“ Der abschließende Grand Prix in Valencia verläuft nach demselben Muster: Valentino, der mächtig unter Strom steht, stürzt im spanischen Regen, als der Sieg schon in greifbarer Nähe scheint. Gedanklich ist der Italiener da längst bei der Saison 2019.

XI.
VON DER PISTE ZUM IMPERIUM

„Mein allererster Sieg war der Sieg über die Ängste meiner Eltern. Als Zweites habe ich meinen Mangel an Selbstvertrauen besiegt. Ich war nicht schlecht in der Schule. In einer Reihe von Fächern kam ich ganz gut zurecht. Aber in Wahrheit wollte ich nur eines werden: Rennfahrer. Ich wollte schnell fahren. Sehr schnell. Das habe ich dann ja auch gemacht. Manchmal frage ich mich, wie mein Leben verlaufen wäre, wenn ich keine Rennen gefahren wäre. Was wäre aus mir geworden, wenn ich es nie ausprobiert hätte?"

Seit seinem Grand-Prix-Debüt vor 23 Jahren hatte der Italiener Zeit genug, um zu säen, zu ernten und in die Zukunft zu investieren. Trotzdem sehen in Tavullia manche Leute dem Tag, an dem ihr Held den Helm an den Nagel hängt, mit Sorge entgegen. „Dann gehen hier die Lichter aus", prophezeit Franco Franca, der früher das Tabak- und Souvenirgeschäft im Ort betrieb. Ob er recht behält, ist keineswegs ausgemacht. Gewiss wäre Tavullia ohne seinen neunfachen Weltmeister nicht der ruhmreiche und prosperierende Ort geworden, der er heute ist. In regelmäßigen Abständen wird das Rossi-Dorf – ein mittelalterliches Städtchen auf einer kleinen Anhöhe rund zehn Kilometer von der Adriaküste entfernt – von Fanhorden heimgesucht, die sich auf der Hauptstraße sammeln und von dort auf die Suche nach dem Haus des Yamaha-Piloten gehen. „Manche machen sogar ihre Hochzeitsreise hierher", berichtet Flavio Fratesi mit einem Schmunzeln. Dabei ist Tavullia eigentlich ein unscheinbarer Marktflecken, der sich die Hauptstraße entlangzieht und schutzsuchend unter den Glockenturm der Kirche San Lorenzo Martire duckt. Einige wenige Häuser drängen sich an das Kastell, das einzige historische Relikt im Ort. In früheren Zeiten hatte in dieser Gegend noch der unbedeutendste Berg seine eigene kleine Festung. Heute prangt stattdessen an jeder Behausung das Erkennungszeichen des Lokalherren: eine gelbe Standarte mit der blauen Zahl 46, das unverkennbare Symbol des ortsansässigen Stars. Bevor der Motorrad-Champion den Durchbruch schaffte, stand Tavullia selten im Rampenlicht. Für Bruno Del Moro ist der Bekanntheitsgrad, den sein Dorf inzwischen erreicht hat, ein Grund zum Jubeln. Nie hatte seine Gemeinde so viel Publicity wie heute. Tavullias Bürgermeister wurde ebenfalls in der fruchtbaren Region geboren, die sich „die Marken“ nennt, und kann sich nicht entsinnen, dass unter seinen Mitbürgerinnen und Mitbürgern jemals so große Einmütigkeit geherrscht hätte. „Die Mentalität hat sich dank Valentino gewandelt“, sagt er. „Als ich ein kleiner Junge war, haben sich die vielen Weiler, aus denen sich die 44 km2 große Gemeinde zusammensetzt, gegenseitig bekriegt. Die Rivalität war extrem ausgeprägt: Sobald das Bürgermeisteramt einen unbedeutenden Verwaltungsbeschluss fasste, um zum Beispiel irgendwo eine Straßenlaterne aufzustellen, wurde dieser Beschluss von den Bewohnern der anderen Weiler in Grund und Boden geredet und mit oftmals stumpfsinnigen Begründungen abgelehnt. Damit sich niemand auf den Schlips getreten fühlt, wurde schließlich gar nichts mehr beschlossen.“ Das Dorf galt als rückständig. Wenn die Bewohner in die Nachbarorte fuhren, genierten sie sich beinahe zu sagen, wo sie wohnten. „Als ich jung war und mit einem Mädchen ausging, schämte ich mich zuzugeben, dass ich aus Tavullia komme“, gesteht Franco Franca. „Gefragt, wo ich herkomme, behauptete ich einfach, aus Pesaro. Heute ist alles anders, wie Sie sehen. Heute ist Tavullia bekannter als Cattolica.“ Auch sein Laden, den er inzwischen aus Altersgründen verkauft hat, veränderte sich im Laufe der Jahre so sehr, dass der Tabakverkauf zum Nebenerwerb wurde. In seinem Geschäft findet man das komplette Sortiment der Miniaturnachbildungen von Valentinos Motorrädern sowie Souvenirs und Accessoires, die der Fanclub beisteuert. Dazu ein bunt zusammengewürfeltes Sortiment an Merchandising-Artikeln vom Feuerzeug bis zur Mütze und zum Gürtel – in den Farben und mit dem Konterfei des Lokalmatadors. „Nach und nach stellte ich alle diese Sachen ins Schaufenster“, erzählt er. „Als wir Valentinos dritten Weltmeistertitel in der MotoGP feierten, habe ich 300 Motorradmodelle an einem Tag verkauft. Tavullia ist ein echter Wallfahrtsort geworden. Vor allem im Sommer kommen scharenweise Besucher aus aller Welt."

Damit Franco und seine Freunde nicht doch eines Tages das Licht ausmachen müssen, denkt der neunfache Weltmeister voraus. „Er verhandelt gerade über den Lagerschuppen hinter den Räumlichkeiten des Fanclubs und will da ein Museum aufbauen", erzählt Flavio Fratesi. „Tavullia wird also berühmt bleiben, wenn Valentino sich zur Ruhe setzt. Ins Museum kommen seine Motorräder, aber auch alle Fanclub-Objekte, die bei seinen Siegesfeiern eine Rolle gespielt haben." Seit er seine Schulden beim italienischen Fiskus beglichen und sich 2008 wieder offiziell in seinem Geburtsort niedergelassen hat, investiert Valentino Rossi im großen Stil in Tavullia.

Auch wenn er sich damals Asche aufs Haupt streute, das Kind war erst einmal in den Brunnen gefallen. Erst schnappten 2006 Hayden und 2007 Stoner ihm den Titel weg, und dann musste Valentino sich der Kritik an seiner Steuerflucht stellen. „Alle ließen ihn im Regen stehen. Er war völlig neben der Kappe", erinnert sich Alberto Tebaldi – Spitzname „Albi" –, der früher als kaufmännischer Angestellter für einen Fensterhersteller arbeitete und heute Geschäftsführer der Firma VR46 ist. Der Motorradfreak und Valentino-Fan der ersten Stunde gehörte noch vor dessen Grand-Prix-Debüt zur Entourage des italienischen Piloten. „Wir haben uns 1994 näher kennengelernt, weil ich zu der Clique gehörte, die bei jedem Großen Preis von Italien in Mugello zwischen der Casanova-Kurve und der Savelli-Kurve ihre Zelte aufschlug", erzählt er. „Valentino und er wurden rasch Freunde", erinnert sich Flavio Fratesi, die zentrale Figur im Fanclub. Auf der berühmten Panoramica, jener bei den Bikern der Region besonders beliebten Küstenstraße, lieferten sich Albi und Vale Motorradduelle mit der Clique aus Riccione. „Valentino sagte immer, Albi sei der Schnellste von allen gewesen", erinnert sich einer, der beiden nahestand. „Wir waren alle versessen auf Motorräder und Motorradrennen", berichtet Tebaldi weiter. „Mit den Jahren sind wir echte Freunde geworden. Wir fingen an, gemeinsam in den Urlaub zu fahren, und als Valentino 1998 in die 250er-Klasse wechselte, bot Uccio mir an, mit ihm zusammen im Wohnmobil zu den Austragungsorten der Rennen zu fahren." Nachdem er den zwielichtigen Gibo Badioli in die Wüste geschickt hat, bietet Valentino Rossi Alberto Tebaldi an, sein Manager zu werden. „Er wollte etwas Neues auf die Beine stellen und unsere Freundschaft auf eine neue Stufe heben", erzählt Albi. „Das war die Geburtsstunde der Firma VR46."

Die beiden Männer zogen die logische Konsequenz und machten sich daran, das Örtchen Tavullia zum Zentrum des entstehenden Imperiums auszubauen. Sie eröffneten eine Pizzeria, an die heute ein VR46-Store angegliedert ist. Sie befindet sich gleich neben der Osteria degli Ultimi, in der Rossi einen vor fremden Blicken geschützten Stammtisch hat. Pizzeria und Store heißen naheliegenderweise „Da Rossi" – also „Bei Rossi". Dort arbeiten Luca Ricci, Stefano Musto und Mattia Bartolini, mit denen er seit seiner Kindheit befreundet ist. Paride, der lange Zeit der einzige Pizzabäcker in Tavullia war, hat sein Restaurant mittlerweile verkauft, beteuert aber, dass das nichts mit Valentinos Pizzeria zu tun hat. „Ich war meine Arbeit einfach leid", erklärt Paride, der zu den aktivsten Fanclub-Mitgliedern zählt. „Hier ist bequem Platz für zwei Restaurants. In all den Jahren gab es immer wieder Zeiten, in denen ich die vielen hungrigen Mäuler gar nicht satt kriegte." Paride ist nicht undankbar. Wie könnte es auch anders sein? „Valentino hat das Leben in Tavullia verändert", gibt Fratesi zu bedenken. „Niemand hier vergisst ihn. Mit der Firma und allem anderen, was er geschaffen hat, gibt er ziemlich vielen Leuten Arbeit. Dazu kommen noch all die Beschäftigten in den zahlreichen Hotels, in die er in und um Pesaro investiert hat."

Mit der Zeit wurden die geschäftlichen Aktivitäten vielfältiger. Nach Immobiliengeschäften und der Gastronomie ist es inzwischen das Merchandising, das die meisten Erträge abwirft. Kleidung, Schlüsselanhänger, Mützen, Accessoires. „Die Idee war, ein Universum aufzubauen, das wirklich zu dem passt, was Valentino verkörpert", sagt Albi. „Valentino ist bei allem, was mit seinem Image zu tun hat, sehr anspruchsvoll. Er will über seine Produkte seine Werte vermitteln. Deswegen hat Qualität für ihn einen extrem hohen Stellenwert." Inzwischen produziert und vertreibt die Firma VR46 auch Produkte für viele Rennfahrerkollegen wie Crutchlow, Viñales, Miller, Redding, Mir, Quartararo oder auch für den MXGP-Piloten Cairoli. Sogar die Brüder Márquez hatten ihre Imageverwertung der Firma VR46 anvertraut, um sie ihr nach dem Eklat in

Sepang Ende 2015 wieder aus der Hand zu nehmen. Neben T-Shirts und Helmen der Grand-Prix-Rennfahrer gehören mittlerweile auch die Monster-Kollektion und alle Yamaha-Bekleidungsartikel zum Sortiment. „Die Vergabe der Yamaha-Lizenz an VR46 war naheliegend", findet Lin Jarvis, der Chef von Yamaha Motor Racing. „Dank ihrer tadellosen Produktqualität ist diese Firma heute Marktführer beim Merchandising. Alles, was Valentino anpackt, betreibt er mit großer Ernsthaftigkeit und Konsequenz."

VR46 hat auch das Marketing der Kleidungskollektionen von Lamborghini, KTM und Juventus Turin übernommen. Der Firmensitz liegt unterhalb von Tavullia an der Straße nach Cattolica und bietet 3200 m^2 Platz für die diversen Aktivitäten des Unternehmens, das 2018 rund 30 Millionen Euro Umsatz erwirtschaftete, davon allein fast 20 Millionen Euro mit Merchandising. „Den Rest spielen wir durch Partnerschaften mit Marken wie Monster und Oakley ein", erläutert Tebaldi. In der Via Pio la Torre Nummer 1 beherbergt die Firma VR46 die Akademie und den Bereich für die Moto2- und Moto3-Teams. „Heute arbeiten fast 80 Leute für das Unternehmen", so Geschäftsführer Gianluca Falcioni. Auch wenn nicht alle Beschäftigten Vollzeitkräfte sind, ist VR46 ein wesentlicher Wirtschaftsfaktor für Tavullia. „Vor 20 Jahren hätten wir uns das nicht träumen lassen", gesteht Albi. Besonders fällt auf, dass es in der Firma praktisch keine Personalfluktuation gibt. „Wir lernen gemeinsam dazu und entwickeln uns gemeinsam weiter. Bei uns hat das Zwischenmenschliche oberste Priorität. Valentino wollte nicht einfach nur Geschäfte machen, sondern etwas Eigenes schaffen, das mit ihm zu tun hat. Alles, was hier bei uns passiert, ist ein Abbild seiner Persönlichkeit. Als wir gestartet sind, hatten wir nicht unbedingt die nötige Sachkenntnis. Die haben uns ein paar qualifizierte und engagierte Leute vermittelt, die für unser Projekt Feuer und Flamme waren. Die zwei Millionen Euro Umsatz, mit denen wir eingestiegen sind, haben sich mittlerweile mehr als verzehnfacht, aber unsere Seele haben wir nicht verkauft. Wir haben uns vorgenommen, nicht zu viel zu machen, denn wir wollen die Kontrolle über unser Unternehmen behalten und schnelle Entscheidungen treffen können." Das letzte Wort bei den Entscheidungen hat natürlich Valentino. Auf seinem Handy hat Alberto Tebaldi seine Telefonnummer unter „Capo" gespeichert – Chef. Albi fungiert als Manager und Hauptgeschäftsführer, aber der Boss ist und bleibt Rossi. Wie Uccio, Rossis Kindheitsfreund, der sich mit den Jahren für immer höhere Aufgaben qualifizierte, ist Albi der Motorradlegende aus Tavullia treu ergeben. Beide haben sich sogar das VR46-Zeichen auf den Arm tätowieren lassen. „Im Büro lässt Valentino sich nicht oft blicken", verrät Albi. „Aber wenn er kommt, gibt es immer eine Menge zu besprechen. Wir präsentieren ihm unsere Vorschläge, die er entweder annimmt oder verwirft. Meistens sind wir aber einer Meinung. Bislang ist Valentino in erster Linie Motorradrennfahrer und will an nichts anderes denken als an den Rennbetrieb. Mit allem, was er macht, verfolgt er das Ziel, sich auf der Piste immer noch weiter zu perfektionieren."

Den Platz des persönlichen Assistenten von Rossi hat mittlerweile Max Montanari eingenommen, ein weiterer langjähriger Freund des neunfachen Weltmeisters. „Ich lernte Valentino kennen, als er mit Capirossi und Harada in der 250-cm3-Klasse antrat", erklärt der Tausendsassa, der als Einziger nicht in Tavullia oder in der Nähe von Tavullia lebt, sondern in der Gegend von Bergamo. „Ich war für die Bar der Aprilia-Hospitality zuständig. Wir wurden rasch Freunde. An dem Tag, an dem er in die 500-cm3-Klasse wechselte, bat er mich, mit ihm zu Honda zu wechseln und dort in der Hospitality zu arbeiten. Auch zu Yamaha und zu Ducati bin ich ihm gefolgt." Als Valentino Ende 2012 in den Schoß der Marke mit den drei Stimmgabeln im Logo zurückkehrt, machte er ihn zu seinem Assistenten auf den Circuits und befreite damit Uccio von seinen Betreuungsaufgaben. „Ich kümmere mich um seine Ausrüstung", erklärt Max. „Ich bringe ihn mit dem Motorroller von A nach B und halte die Fans in Schach, die manchmal ein bisschen hysterisch werden. Ich bin da, wenn er irgendwas braucht. Ich sorge dafür, dass alles so abläuft, wie er sich das vorstellt, und nehme dabei auf seine Bedürfnisse und auch auf seine abergläubischen Anwandlungen Rücksicht, die ja recht zahlreich sind. Ich wecke ihn morgens, bereite ihm sein Frühstück zu und koche mittags Pasta. Zur Hospitality gehen wir nur am späten Abend, wenn Gäste und Journalisten das Feld geräumt haben." Auf den Circuits hat Max genau wie Valentino, Uccio und Albi seinen eigenen Raum im riesigen VR46-Wohnmobil. Die vier Männer sehen sich das ganze Jahr über und fahren in Begleitung ihrer Partnerinnen auch regelmäßig zusammen in den Urlaub. „Das Wohnmobil ist unser Zuhause", sagt er. „Uccio und ich bringen

Vale von einem Grand Prix zum nächsten. Ich betreue ihn zusätzlich auf den Circuits und zwischen den einzelnen Läufen." Auch wenn er sich Rossi mit Leib und Seele verschrieben hat, betrachtet sich Max keineswegs als Leibeigenen. „Die Arbeit ist anstrengend, weil der Chef sehr hohe Ansprüche stellt", bekennt er. „Aber gleichzeitig ist Vale ein Freund. Es ist also nicht so, als hätte ich einen Vorgesetzten im üblichen Sinne. Außerdem ist er ein cooler Typ. Er liebt das Leben und gibt sich so, wie er ist. Wenn er lächelt, ist das nie ein gezwungenes Lächeln." Uccio kann dem nur zustimmen: „Vale sagt immer, was er denkt – im Guten wie im Schlechten. Und wenn ihm einer übel mitspielt, reagiert er sofort. Eine seiner größten Qualitäten ist seine Offenherzigkeit. Bei ihm weiß man immer, woran man ist."

Die Zusammenarbeit zwischen Yamaha und VR46 beschränkt sich nicht auf die Herstellung und den Vertrieb von Kleidung und Accessoires. Nachdem feststand, dass der Italiener seine Karriere bei der Marke mit den drei Stimmgabeln im Logo beenden wird, machten sich beide Parteien daran, die Weichen für die Zukunft zu stellen. Eine besonders wichtige Rolle spielt dabei die inzwischen berühmte Motor Ranch. Die Ranch in der Nähe von Tavullia besteht aus einem riesigen Gelände mit einem alten Gebäude darauf. Rossi kaufte das Land, um dort eine Piste anzulegen, auf der er jeden Tag mit einer ganzen Reihe von Rennfahrern trainiert, die er nach seinem Gutdünken dorthin einlädt. Vor zehn Jahren trainierte Rossi meist in der Cava, einem stillgelegten Steinbruch, wo sich die Clique aus Tavullia traf. „Damals war Valentino oft mit Marco Simoncelli zusammen", erzählt Tebaldi. „Wenn sie zusammen Motorrad fuhren, konnte Marco als Einziger wirklich mit ihm mithalten. Auf Schotter war er ein wahrer Meister, und in der Cava fuhr niemand so risikofreudig wie er. An den Wochenenden legten wir einen Rundkurs an, in dem wir unsere Transporter rechts und links aufstellten, um ein paar Schikanen einzubauen; das war schon ein bisschen abgedreht. Im Laufe der Jahre kamen immer mehr junge Motorradrennfahrer, die mit Valentino trainieren wollten. So entstand die Idee, nach dem Muster der Ranch von Kenny Roberts unser eigenes Trainingszentrum aufzubauen. Da Vales Vater Graziano in dem kleinen Tal, das zum Gemeindegebiet von Tavullia gehört, 90 Hektar Ackerland gekauft hatte, konnten wir das Vorhaben in die Tat umsetzen."

2010 wurde mit dem Bau der 2,5 Kilometer langen Piste begonnen, auf der die Piloten der VR46-Akademie heute ihre Reifen strapazieren. „Die Streckenführung hat Valentino mit Pasini und Simoncelli ausklamüsert", erklärte Albi. „Zu diesem Zweck sind die drei mit ihren Crossmotorrädern kreuz und quer über den Hügel gefahren."

Marco wird den Tempel, zu dem sich Valentino Rossis Motor Ranch heute entwickelt hat, leider nie erleben – er kommt im Oktober 2011 bei einem Rennunfall auf dem Circuit in Sepang ums Leben. Das Gelände sieht inzwischen ziemlich anders aus als vor acht Jahren. Die Olivenbäume und Reben werfen zwar weiterhin Öl und Wein ab, die in Tavullia im VR46-Shop verkauft werden, doch das alte Bauernhaus wurde zu einer Unterkunft für die Rennfahrer umgebaut, die zum Trainieren ins Basecamp des neunfachen Weltmeisters reisen. Zimmer, Gemeinschaftsraum, Küche, Speisesaal, Werkstatt, Büros. Es ist alles da. Die Piste wird so sorgfältig gepflegt wie der Rasen des Camp Nou in Barcelona. „Wir haben zwei konzentrische Ovale und eine zwei Kilometer lange Piste mit zehn Links- und neun Rechtskurven – das Ganze mit einem Höhenunterschied von 50 Metern", erläutert Albi. „Der Belag besteht aus einer 50 Zentimeter dicken Tragschicht aus Zement und einer ungefähr 10 Zentimeter dicken Deckschicht aus einem Schotter-Flusssand-Gemisch. Das Ganze wurde von Spezialisten, die den Belag regelmäßig auflockern und wieder verdichten, sehr gekonnt ins richtige Verhältnis gebracht." Hier lebt Valentino die Leidenschaft, die in ihm brennt und dafür sorgt, dass er noch mit 40 Jahren einem 14 Jahre jüngeren Marc Márquez die Stirn bieten kann. Jedes Wochenende trifft sich der Yamaha-Pilot mit den Rennpiloten aus seiner Akademie. Keine Trainingseinheit endet ohne den obligatorischen Americano, ein K.o.-Rennen auf den beiden perfekt gepflegten ovalen Pisten. „Die Nachwuchsfahrer halten mich jung", sagt Valentino. „Und außerdem haben wir immer jede Menge Spaß." Früher oder später wird er sein Refugium wohl um eine Leichtathletikanlage und eine Sporthalle erweitern. „Die Motor Ranch soll ein richtiger Trainingskomplex für unsere Motorradpiloten werden", meint Tebaldi.

Rossis Manager vermutet, dass Marco Simoncellis Unfalltod einer der Auslöser für die Gründung der VR46-Akademie war. „Als Marco ums Leben kam, verlor Valentino nicht nur einen Freund, sondern auch seinen täglichen Trainingspartner", erzählt Albi. „Damals wollten sehr viele junge Motorradrennfahrer mit uns in Tavullia trainieren. Freunde von Valentino, aber auch andere Jungs, die ein paar Ratschläge oder eine helfende Hand brauchten. Sie füllten in gewisser Weise die Lücke, die Marcos Tod hinterließ." 2012 beschloss Valentino Rossi, Ducati zu verlassen und zu Yamaha zurückzukehren. Nach zwei schwierigen Saisons auf einer Ducati Desmosedici, die er nie wirklich in den Griff bekam, trieb ihn ein wenig die Sorge um, ob er wieder sein Top-Niveau erreichen würde und der neuen Generation noch etwas entgegenzusetzen hätte. Die Arbeit mit jungen Fahrern versprach erfrischende Impulse und einen neuen Ansporn und diente zugleich als Zukunftsvorsorge für die Zeit nach dem Karriereende. Da Sky TV und Carmelo Ezpeleta ihn außerdem drängten, unter seinem Label ein Team für die Moto3 ins Rennen zu schicken, nutzte Valentino die Gunst der Stunde und legte den Grundstein für seine Akademie. Seitdem kümmert Uccio Salucci sich darum, die Beziehungen zu den Teams der Fahrer zu pflegen, Alberto Tebaldi ist für Logistik und Außenbeziehungen, Rechtsanwalt Claudio Sanchioni für Vertragsangelegenheiten und Trainer Carlo Casabianca für die Kondition und die medizinische Betreuung der Fahrer zuständig. Heute, sechs Jahre später, darf die VR46-Akademie mit ihren mittlerweile elf „Pensionsgästen" sich rühmen, die Moto2-Champions von 2017 und 2018 ausgebildet zu haben: Franco Morbidelli und Francesco Bagnaia. Zudem hat das Team Sky VR46 im vergangenen Jahr seinen ersten Titel in der mittleren Grand-Prix-Klasse geholt. 2019 treten Morbidelli und Bagnaia in der MotoGP, Luca Marini, Lorenzo Baldassarri, Nicolò Bulega, Marco Bezzecchi und Stefano Manzi in der Moto2 und Dennis Foggia, Nicolò Antonelli, Celestino Vietti und Andrea Migno in der Moto3 an.

Für alle diese jungen Männer gilt ein denkbar einfaches Prinzip. Wer in die VR46 Academy aufgenommen wird, unterschreibt einen Dreijahresvertrag. Damit darf er sämtliche Trainingsmöglichkeiten auf der Motor Ranch, aber auch auf dem Circuit in Misano und in der Sporthalle in Pesaro nutzen und die Dienste der medizinischen Berater sowie des Englischlehrers in Anspruch nehmen, der den Akademieschützlingen beibringt, sich vor der internationalen Presse sprachlich gut zu präsentieren. Zusätzlich gibt es Tipps und Hilfestellung vom Meister und von seinem

Stab. Als Gegenleistung für dieses ganze Paket verpflichten sich die angehenden Champions, einen Teil dessen, was sie eines Tages in den Rennställen, bei denen sie beschäftigt sein werden, verdienen, an die Akademie abzuführen, damit die ihre Arbeit fortsetzen kann. Uccio Salucci achtet als Leiter der Akademie sorgsam darauf, dass die Rossi-Schule nicht ihre Seele verliert. „Die Fahrer, die bei uns aufgenommen werden, müssen hinter unserem Projekt stehen", betont er. „Wir helfen den Nachwuchsfahrern auch über Zeiten hinweg, in denen sie nicht die Erfolge einfahren, die wir uns erhoffen. Hier gibt jeder das Maximum. Ich für meinen Teil gebe mein Bestes, um die richtigen Leute für die Teams auszusuchen und für eine gute Materialausstattung zu sorgen, damit die Fahrer sich bei uns wohlfühlen."

Indem er junge Nachwuchstalente entdeckt und ausbildet, betreibt Valentino Vorsorge für den italienischen Motorradsport, aber möglicherweise auch für Yamaha. Im März 2016 unteschrieb der japanische Hersteller einen Dreijahresvertrag mit der VR46 Academy, der inzwischen verlängert wurde. Darin verpflichtete er sich, 26 Trainingsmotorräder zur Verfügung zu stellen, und sicherte sich zugleich die Möglichkeit, im Rahmen einer Partnerschaft junge asiatische Rennpiloten zum Training nach Tavullia zu schicken. „Yamaha hat ein Spartenproblem", konstatiert Lin Jarvis. „Wir stellen keine Moto3-Maschinen her und engagieren uns nicht in der Moto2. Im Unterschied zu Honda, die von der Basis bis zur Spitze präsent sind, klafft bei uns eine Lücke, die wir füllen müssen, indem wir junge Piloten ausbilden und fit machen für die MotoGP. Da Valentino schon mit jungen Piloten arbeitet, lag es nahe, sich bei diesem Projekt zusammenzutun. Zunächst arbeiten wir mit Nachwuchsfahrern aus Malaysia, Thailand, Indonesien und Japan. Aber nichts spricht dagegen, im nächsten Schritt den Blick nach Südamerika zu richten. Die Strukturen, die VR46 geschaffen hat, eröffnen uns neue Perspektiven." Schon jetzt sorgt Valentino Rossis Akademie dafür, dass bei Siegerehrungen wieder häufiger die italienische Nationalhymne erklingt. 2018 schafften Francesco Bagnaia, Marco Bezzecchi und Luca Marini es nach ganz oben aufs Treppchen, und in der MotoGP wurde Franco Morbidelli bester Newcomer. „Wenn du Teil dieser Gruppe bist, entwickelst du dich auf jeden Fall weiter. Das geht gar nicht anders", konstatiert Bezzecchi, der aus Rimini stammt und gegen Ende der Saison 2015 zur Akademie kam, nachdem er die italienische Meisterschaft CIV gewonnen hatte. „Hier hast du alles, was du zum Arbeiten brauchst, bekommst dazu gute Tipps von Valentino und kannst permanent unter Rennbedingungen trainieren." Traumvoraussetzungen für jeden, der sich zum Champion ausbilden lassen will. Eines dürfte gewiss sein: Wenn der neunfache Weltmeister eines Tages Helm und Rennanzug an den Nagel hängt, wird er der Welt der MotoGP-Meisterschaft erhalten bleiben. „Valentino ist mit dem Paddock verwachsen", versichert Pernat. „Der Rennsport ist für ihn mehr als eine Passion. Er ist sein Leben." Manager, Teamchef, Botschafter, Berater, Coach: Es gibt genug Aufgaben, die der Italiener nach seiner aktiven Grand-Prix-Zeit übernehmen könnte, um auf die eine oder andere Weise auf den Circuits präsent zu bleiben. Ein schwacher Trost für Hunderttausende Fans der MotoGP-Ikone Valentino Rossi.

NACHWORT

Viele Jahre sind seit meinem WM-Debüt vergangen. 23, um genau zu sein. Michel lässt in diesem Buch jedes dieser Jahre Revue passieren und blickt noch weiter zurück in die Zeit vor meinem ersten Grand-Prix-Rennen. So entstand ein Buch voller Erinnerungen. Ich habe dieses Buch mit großem Vergnügen gelesen und mich über die Fotos gefreut. Dabei kamen mir viele, viele Geschichten wieder in den Sinn. Ich danke Michel, dass es ihm gelungen ist, diese Geschichten so professionell und mit so viel Leidenschaft zu erzählen.

Valentino Rossi

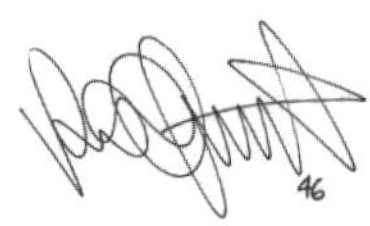

DANK

Der Autor dankt Valentino Rossi, Wayne Rainey, Carlo Pernat, Jan Witteveen, Kevin Schwantz, Giampiero Sacchi, Loris Reggiani, Lucio Cecchinello, Jeremy Burgess, Davide Brivio, Luca Cadalora, Loris Capirossi, Silvano Galbusera, Matteo Flamigni, Lin Jarvis, Flavio Fratesi, Carlo Fiorani, Aldo Drudi, Bernard Ansiau, Alex Briggs, Livio Suppo, Uccio Salucci, Rino Salucci, Max Montanari, Enrico Borghi, Mat Oxley, Corrado Cecchinelli, Randy Mamola, Mick Doohan, William Favero und Dino Di Meo.